결핍, 글쓰기의 기원

고인환(高印煥)

경북 문경 출생. 경희대학교 국어국문학과 졸업 및 동대학원 졸업(문학박사). 2001년 중앙일보에 문학평론「순정한 허구, 혹은 소설의 죽음과 부활―성석제론」이 당선되어 작품 활동 시작. 문학평론가. 경희대, 경희사이버대, 협성대 강사. 계간『시선』편집위원. 저서로는『이문구 소설에 나타난 근대성과 탈식민성 연구』가 있음.

청동거울 문화점검 ㉔

결핍, 글쓰기의 기원

2003년 11월 10일 1판 1쇄 인쇄 / 2003년 11월 15일 1판 1쇄 발행

지은이 고인환 / 펴낸이 임은주
펴낸곳 도서출판 청동거울 / 출판등록 1998년 5월 14일 제13-532호
주소 (137-070) 서울 서초구 서초동 1359-4 동영빌딩 / 전화 02)584-9886~7
팩스 02)584-9882 / 전자우편 cheong21@freechal.com

편집장 조태림 / 편집 하은애 / 북디자인 김세희 / 영업관리 김경우

값 13,000원

잘못된 책은 바꾸어 드립니다.
지은이와의 협의에 의해 인지를 붙이지 않습니다.
무단 전재 및 무단 복제를 금합니다.
ⓒ 2003 고인환

Copyright ⓒ 2003 Ko, In Hwan
All right reserved.
First published in Korea in 2003
by CHEONGDONGKEOWOOL Publishing Co.
Printed in Korea.

ISBN 89-5749-008-6

청동거울 문화점검 ㉔

결핍;

고인환 문학 평론집

글쓰기의 기원

청동거울

책머리에

　지금까지 발표했던 글들을 모아 첫 평론집을 낸다. 문학과 함께 한 사유의 폭과 깊이가 이 정도밖에 되지 않는 것 같아 부끄럽다. 새로운 시작은 늘 설렘과 두려움을 동반한다. 미욱하기 그지없는 글들이 독자들과 만나 어떠한 정서적 파장을 만들어 낼지 걱정이 앞선다. 물론 이 불안감이 스스로가 쓴 글에 대한 책임감을 회피하는 것은 아니다. 문학을 처음 접하고 느낀 감정을 서투르고 우직하게 진술하던 시기의 글부터 나름의 비평적 잣대를 가지고 텍스트를 분석한 평론까지 이 책에 실린 글들에는 모두 지난 시기의 열정이 녹아 있다. 이전에 발표했던 글들을 거의 수정하지 않고 수록했다. 서툴고 미흡하지만 필자에겐 무엇과도 바꿀 수 없는 소중한 삶의 자산이기 때문이다.
　이 책은 문학이라는 배를 타고 항해한 하나의 여정을 정리하고 새로운 돛을 올리는 신호, 즉 결절점(結節點)의 의미를 지닌다. 결절점의 자리는 끝과 시작, 지우기와 쓰기, 해체와 건축 등이 혼종되어 몸을 바꾸는, 문학의 심연을 응시하는 역동적인 통과제의 공간이다. 이 공간이 스스로를 갱신하는 밑거름이 될 수 있다면 더 이상 바랄 것이 없다.
　이 책은 '결핍'이라는 코드를 통해 문학 작품에 다가가려 한 작은 노력의 결실이다. 존재론적 의미를 지니든, 사회·역사적 의미를 지니든 문학은 본질적으로 '결핍'을 채워 넣으려는 욕망의 발현이다. 이 결핍의 흔적을 포착하는 작업은, 현실과 이상, 재현과 창조, 정착과 유목, 사실과 허구 등 이질적인 공간을 가로지르는 긴장의 무늬를 감상하는 즐거움, 즉 '현실 속에서 현실 너머를 꿈꾸는' 문학의 운명과 만나는 떨림을 동반한다. 이 떨림이야말로 진부한 현실을 견디는 동력이 아닐까.

 이 책은 크게 네 부분으로 구성되어 있다.

 먼저, '제1부 한국문학의 위치와 방향성'은 한국문학 전반에 대한 개괄적 성찰을 담은 글들을 모았다. 근대성의 문제를 중심으로 고찰한 리얼리즘과 탈리얼리즘 이론, 분단문학, 노동문학, 독자중심이론 등은 한국문학 전반에 관한 필자의 문제의식을 함축하고 있다. 포괄적 주제에 비해 성찰의 깊이가 얕은 것은 순전히 필자의 무능함과 게으름 탓이다.

 '제2부 순정한 결핍의 서사'는 서사 문학에 대한 탐색의 글로 채워져 있다. 김소진, 성석제, 하성란 등은 필자의 글쓰기를 추동해 온 원류에 해당하는 작가이다. 이들의 작품을 통해 문학에 입문하게 되었다는 사실을 밝혀 둔다. 그리고 서사 텍스트에 대한 작품론의 성격을 갖는 글들은 이러한 원류에서 뻗어 나온 지류에 해당하는 평론들이다. 일관된 주제의식을 가지고 체계적으로 쓰여졌다기보다는 개별 작품의 특성에 초점을 맞추다 보니 텍스트에 끌려다니지 않았나 하는 아쉬움이 남는다.

'제3부 자연과 삶에 공명하는 서정'은 시문학에 대한 성찰을 담고 있는 글들이다. 자아와 세계의 조화 혹은 불화를 수놓은 화폭을 읽는 재미 또한 힘들고 어려울 때 문학에 대한 애정을 잃지 않게 한 한 축이었다. 분석 대상이 된 최종천, 이은봉, 김재석, 박영근, 전동균, 송종찬, 정우영 등의 시인에게 고마운 마음과 더불어, 서정의 순정한 결을 미욱한 비평의 잣대로 재단하여 결례를 범하지 않았나 하는 두려움의 감정이 든다. 이 또한 전적으로 필자의 몫이리라.

마지막 4부는 최근 북한문학에 대한 동향을 탐색한 글들이다. 북한문학은 우리 문학의 반쪽을 비추어 주는 거울이자 '타자'이다. 특히, 북한문학 전반에 나타나는 미세한 변화에 주목함으로써, 분단 극복의 실마리를 유추해 볼 수 있는 기회를 가졌다는 점에서 소중한 체험이었다.

이 책은 문학과 함께 한 필자의 부끄러운 자화상이다. 필자의 문학에 대한 열정과 진정성은 여기까지이다. 앞으로의 몫 또한 필자의 노력 여하에 달려 있다. 여기까지 오는데 많은 분들의 도움이 있었다. 문학의 엄정함과 가치를 몸소 실천하시며 이를 제자들에게 올곧게 전수해 주시는, 늘 그 자리에 있는 것만으로도 큰 힘이 되시는 학과 스승님들께 감사의 마음을 담아 큰절을 올린다. 기대에 어긋나지 않는 좋은 글을 써야겠다는 말 이외에 보답할 다른 방도를 찾을 수 없다. 문학은 함께 하는 것이라는 사실을 깨우쳐 준 현대문학연구회의 선·후배, 동료들에게도 동업자의 훈훈한 마음을 전한다. 늘 가족 같이 친근한 청동거울 식구들에게도 고마운 마음을 전한다. 마지막으로, 무엇으로도 대신할 수 없는 내 생의 버팀목이자 존재 증명인 부모님, 아내, 그리고 예쁜 딸 '은섬'에게 이 조그마한 열매를 바친다.

2003년 가을
고인환

차례

책머리에 04

**제1부
한국문학의 위치와 방향성**

리얼리즘과 탈리얼리즘 이론의 전개 13
1980년대 문학을 '타자화'하는 한 방식 27
'분단' 소설에서 분단 '소설'로 44
1990년대 노동소설의 좌표 63
독자중심이론의 영향과 과제 77

**제2부
순정한 결핍의 서사**

순정한 허구, 혹은 소설의 죽음과 부활 — 성석제론 105
결핍의 서사 — 김소진론 120
상실과 부재의 서사 — 하성란론 133
경계를 응시하는 사랑의 서사 — 황석영의 『오래된 정원』 149
아름다움과 사랑, 그 이미지의 서사
　— 최윤의 『마네킹』과 김연수의 『사랑이라니, 선영아』 164
겹의 일상, 겹의 서사 — 정미경의 『장밋빛 인생』 179
세 여자 이야기 — 전혜성의 『트루스의 젖가슴』 187
가족, 공동체, 욕망, 그리고 소설의 자리 198

제3부
자연과 삶에 공명하는 서정

눈물과 상징의 이중주—최종천론 217
자연과 삶에 공명하는 서정의 언어—이은봉의 시세계 232
시 혹은 '눈물겹도록 곧은 곡선'
　—김재석의 『샤롯데 모텔에서 달과 자고 싶다』 248
성찰과 모색의 공명—송종찬·정우영의 시세계 261
서정, 그 절망과 희망의 이중주
　—박영근 시집 『저 꽃이 불편하다』와
　　전동균 시집 『함허동천에서 서성이다』 279
몸과 시, 불일이불이의 미학 291

제4부
최근 북한문학의 동향

『주체문학론』의 서술 체계 고찰 301
소재와 구성을 통해 본 최근의 북한소설 319
북한소설에 나타난 사랑의 존재 방식과 이원적 서사 구조 325
'거인'의 몰락과 북한소설의 향방 335

제1부
한국문학의 위치와 방향성

리얼리즘과 탈리얼리즘 이론의 전개

1980년대 문학을 '타자화'하는 한 방식

'분단'소설에서 분단'소설'로

1990년대 노동소설의 좌표

독자중심이론의 영향과 과제

리얼리즘과 탈리얼리즘 이론의 전개
— '근대성'의 문제를 중심으로

1. 한국문학과 근대성

 '근대성(modernity)' [1]은 지금 우리가 살고 있는 시대 전반에 관한 근원적 문제의식을 함축하고 있다는 점에서 실존적이면서도 현재진행형인 개념이다. 우리에게 '근대성'은 상이한 역사적 시기를 배경으로 다양한 스펙트럼을 형성한다. 개화기, 일제 강점기, 해방 공간, 전후 시기, 산업화 시기 그리고 오늘날에 이르기까지 각 시대의 본질을 규명하는 도구로서 '근대성'은 중요한 위치를 차지해 왔다. 근대성은 "자신이 처한 역사적 상황의 산물"이며, "자기 시대의 위기를 문제화하려는 의식으로부터 출발한 개념"이기 때문이다.[2]

---

1) 모더니티(modernity)는 근대성, 현대성 또는 근(현)대성 등으로 번역되어 사용되고 있다. 본고에서 필자는 모더니티를 근대성으로 번역하여 사용하고자 한다. 이러한 관점은 모더니티를, 자본주의 경제 체제와 동의어로 보는 시간적인 개념 규정이나, 동시대성의 의미와 혼동되기 쉬운 현대성으로 개념화하는 시각을 지양(止揚)하고, '하나의 이념형이나 시대의식으로 보는' 입장을 수용한 결과이다.

이러한 근대성이 서구에 의해 이식되었다는 점에서 우리의 근대성은 복잡한 문제를 안고 있다. 서구의 분류 체계에서 나타난 "모더니티가 어떻게 해서 '우리'의 것이 되었는지 그리고 왜 이 문제를 심각하게 전면적으로 검토"[3]해야 하는지에 대한 응답을 회피할 수 없기 때문이다. 이러한 물음에는 우리 근대사의 상처와 그에 대한 처방이 복합적으로 얽혀 있다. 근대성의 원리와 관련하여 우리의 지난 역사는 "그 적극적, 문명의 차원은 극소화되고 그 부정적, 반문명적 차원만이 일방적으로 극대화, 전면화되어 온 역사"[4]라 해도 과언이 아니다. 이러한 반문명적 차원, 즉 도구적 합리성에 의해 붕괴된 삶의 전체성을 회복하는 일이야말로 문학의 주요 과제 가운데 하나였던 것이다.[5] 따라서 서구적 의미의 근대성이 성취한 역동성을 수용하면서도 이와는 차별적인 우리의 근대성에 대한 주체적 문제의식이 요구된다.

우리에게 근대성의 경험은 "시간적인 이질 혼재성에 대한 체험"[6]으로 나타난다. 근대 문명의 급속한 수용으로 인해 '전근대성', '근대성', '탈근대성·탈식민성'이 혼종되어 다층적으로 표출되기 때문이다.

> 한국의 근대는 비서구의 근대이며 동시에 제도나 개념의 이식으로서의 근대이다.
>
> 〔…중략…〕
>
> 결국 근대적인 제도의 이식에도 불구하고 전근대적 규범은 이 사회를 움직이는 실질적인 요소로 지속되는 셈이다. 이처럼 식민지 권력에 의한 근대

---

2) 이광호, 「문제는 근대성인가」, 『미적 근대성과 한국문학사』, 민음사, 2001, p.47.
3) 장성만, 「개항기의 한국 사회와 근대성의 형성」, 『모더니티란 무엇인가』, 민음사, 1994, p.262.
4) 이병천, 「세계사적 근대와 한국의 근대」, 위의 책, p.323.
5) 이를테면 다음과 같은 언급을 그 예로 들 수 있다. "서사를 통한 진리란 우리를 전근대에서 해방시킨 대로 과학이 빼앗아간 바로 그것을 찾으려는 시도인 것이다." (나병철, 『근대 서사와 탈식민주의』, 문예출판사, 2001, p.22)
6) 서영채, 「한국 소설과 근대성의 세 가지 파토스」, 『문학동네』, 1999년 여름, p.340.

적 제도의 갑작스럽고 강제적인 이식을 통해 진행된 근대화는 전지구적 자본주의라는 플롯과 토착적 플롯을 공존시키거니와, 이 때문에 식민지의 주체들은 교리를 전혀 달리하는 두 신을 떠받들어야 하는 이율배반적인 상황에 직면한다. 〔…중략…〕 우리의 특수한 맥락을 지워내면서까지 보편적인 요소를 찾아내지 말고 우리의 특수한 실상을 정확히 파헤친 후, 한편으로는 그 안에서 '불가능한 프로그램'을 진행하고자 했던 문학적 실천을 찾아내고, 다른 한편으로는 이것을 보편화하는 작업이 이제 필요한 것은 아닐까. 그것이 우리 근대문학의 실상에 접근하는 길이 아닐까. 아니, 더 나아가 주변부의 모더니티가 이처럼 이식과 굴절을 통해 이루어진다고 한다면, 이러한 작업은 또 다른 근대성을 설명하는 중요한 모델을 정립하는 중요한 계기가 될 수도 있지 않을까.[7]

이러한 상황에서 '근대성의 성취'는 '부정적 근대 극복의 과제'와 겹치고, '근대성의 극복'이라는 '탈근대적·탈식민적' 상황과 대면하게 된다.[8]

본고에서는 이러한 근대성의 문제와 관련하여 리얼리즘과 탈리얼리즘 이론[9]을 고찰하고자 한다. 우리에게 리얼리즘과 탈리얼리즘 이론은 '서구 세계만을 배려한 보편적' 근대성에 의문을 제기하고, 우리의 특수한 '토착적' 서사 양식을 발굴·전경화함으로써 주변부 근대성의 이식과 굴절의 양상을 구체적으로 표출하고 있다. 이러한 문학적 실천은 서구적 의미의 '근대성의 자기 고양 전략'을 체현하면서도, 이를 넘어설 수 있는 하나의 가능성을 보여준다.[10] 이는 '타자'의 배제를 통하여 동일성을 확보한 서구 중심의 근대성을 상대화하고 이와는 이질적인 또 다른 '근대성'을 구축하려는 탈근대·탈식민의 과제와 연결됨으로

---

7) 류보선, 「중심을 향한 동경」, 『한국근대문학연구』, 태학사, 2000년 창간호, pp.77~80.

써 우리 근대 문학의 화두와 밀접히 관련된다.

본고는 "근대성이란 서구적 근대성과 식민지적 근대성 사이의 상호작용, 그 뒤얽힘의 특이한 양상으로서만 존재했고, 또 존재하고 있"[11]

---

8) 백낙청은 한반도에서 가능한 '근대성의 성취와 근대 극복'에 관한 이론을 '분단체제론'으로 제시한다. "자본주의 세계경제가 탄생·성장·확산하여 다른 무엇으로—그게 정확히 어떤 것이고 반드시 더 나은 무엇일까라는 문제와는 별도로—변모하기까지의 시대를 일단 '근대' 라고 볼 때, 분단체제론은 한반도의 통일이 한반도 안에서건 세계 전체에서건 곧바로 '근대이후'를 실현한다고 믿지 않는다는 점에서 '근대성'의 일정한 성취를 빼버린 탈근대주의와 다르고, 근대의 위세가 한창인 오늘날을 '근대이후' (심지어는 '현대이후')로 규정하는 포스트모더니즘류의 탈근대론과도 구별된다."(백낙청, 「민족문학론, 분단체제론, 근대극복론」, 『창작과비평』, 1995년 가을, p.20)

서영채에 따르면, 근대성은 근대에 대한 비판과 거부까지 포함하고 있다. 말하자면 스스로에게 문제를 제기하며 또 그에 대한 해결책을 제시하고 있는 셈인데, 이러한 근대성의 자기 전개과정을 우리는 근대성의 변증법이라 부를 수 있다(서영채, 「인문주의, 근대성, 문화」, 『소설의 운명』, 문학동네, 1996, p.83 참조).

볼프강 벨슈(Wolfgang Welsch)는 근대적 모던(neuzeitliche Moderne)과 근본적 모던(radikale Moderne)을 구별하면서, 전자는 근대의 틀을 깨뜨리지 않고 그것을 떠맡고 계승하지만, 후자는 근대의 내용을 비판하고 앞질러가는 형식이라는 점에서 포스트모던과 연결된다고 주장한다. 모던의 철학은 자신의 싹, 즉 과학에 대한 자기 비판을 넘어서 근대적 기획의 강박관념적 잔재들로부터 해방되었고 이를 통해서 포스트모던이 된다. 이 포스트모던 철학은 철저한 다원성의 철학이다. 포스트모던적 사유는 결코 이국적인 어떤 것이 아니라 이 세계의 철학, 금세기의 엄격하고 근본적 모던의 사색적인 전개와 회복으로서의 사유이다. 그는 포스트모던이 모던에서는 다만 특별한 영역에서만 획득될 수 있었던 것을 모든 일상 생활 속에서 실현시킨다고 말한다. 그에 따르면 포스트모던은 새로움을 추구하는 사조가 아니라 다원주의를 의미한다. 그리고 이 다원주의는 확실히 자신의 고대적, 중세적, 근대적 선형태들을 가지고 있다. 벨슈는 '포스트모던은 실제로 금세기의 근본적 모던이다'라는 테제로 모던과 포스트모던의 연속성을 강조하고 있다(Welsch, W., 주은우 역, 「근대, 모던, 포스트모던」, 『모더니티란 무엇인가』, 민음사, 1994 참조).

백낙청, 서영채, 벨슈 논의의 공통점은 모던과 성급하게 단절한 포스트모던의 위험을 경고하고 있다는 점이다. 이들의 관점을 따른다면 근대 극복은 근대 문화에 대한 견인과 비판을 동시에 수행함으로써 형성될 수 있다. 즉, '탈근대론/탈식민'은 이성의 횡포로 모든 것을 주체화한 부정적 형이상학을 비판하고 근대성의 건강한 변증법적 운동으로 복귀하는 것을 전제로 해야 형성될 수 있다는 것이다. 이러한 근대성에 대한 재구성 과정에서 우리는 근대 극복에 대한 자기 이해를 얻을 수 있을 것이다.

9) 본고에서는 리얼리즘을 '현실을 사실적으로 포착하려는 문학적 방법' 정도로 정의하여 사용한다. 이러한 관점은 창작 방법(기법)으로서의 리얼리즘과 시대 정신(세계관)으로서의 리얼리즘을 포괄하는 광의의 개념을 수용한 입장이다. 탈리얼리즘은 이러한 리얼리즘의 성과와 한계를 양가적으로 반영하는 용어이다. 본고에서는 모더니즘, 포스트모더니즘(탈근대주의), 포스트콜로니얼리즘(탈식민주의) 등을 포괄하여 지칭하는 개념으로 사용한다.

10) 이는 1970년대 민족문학의 도약을 배경으로 한다. 백낙청의 시민문학론, 김병걸·구중서·신경림·염무웅 등의 리얼리즘론, 농민문학론 등은 하나의 뚜렷한 시대의 흐름으로 자리잡으면서 제3세계 민족문학의 주체성을 확립하는 데 기여하였다.

그것은 넓게 보면 식민지시대 이래 우리의 문학계 전반에 지배적이었던 서양추종적 태도를 일신할 실질적·주체적 근거가 확보되고 또 서구의 진보적 문화유산조차도 우리의 현실에서 쇄신될 가능성이 구체적으로 확인되었다는 뜻이기도 하다(임홍배, 「창비 30년, 민족문학론의 어제와 오늘」, 『창작과비평』, 1996년 봄 참조).

다는 인식에 바탕하여, '서구적·보편적 근대성'과 '식민지적·특수한 근대성'의 이분법을 넘어서려는 문제의식에서 출발한다. 이에 따라 본고에서 사용하는 '근대성'은 근대의 부정적인 양상을 비판적으로 지양하려는 서구 근대성의 개념을 포괄하면서도, 이러한 근대성의 경계를 일탈하는 탈근대성, 탈식민성과도 연결되는 개념이다.

2. 리얼리즘과 모더니즘

리얼리즘과 모더니즘은 우리 근대문학의 형성과 변모에 절대적 영향력을 행사해 왔다. 이식되고 굴절된 근대성의 문학적 구현 양식으로서의 리얼리즘과 모더니즘은 우리 근대문학의 양대 산맥을 형성해 왔다.

리얼리즘은 자본의 현실을 지배하는 동일성(identity)의 논리[12]를 역이용해 부정적 현실을 비판한다. 부정적 상상력으로서의 리얼리즘은 도구적 합리성에 동화되지 않는 의사소통적 합리성을 지향한다. 이러한 지향이 현실 세계에서 실천으로 전화될 때 리얼리즘은 의사소통의 합리성을 넘어서는 차원으로 나아간다. 타자성(alterity)[13]의 침투에 의해 동일성이 해체되는 순간 리얼리즘은 기표들의 연쇄에 의해 역사의

---

11) 조형근, 「역사 구부리기 : 근대성에 대한 계보학적 탐색」, 서울 사회과학 연구소 편, 『근대성의 경계를 찾아서』, 새길, 1997, p.36.
   이러한 관점은 근대성이란 하나의 단일한 기원에서 출발한다기보다는 서로 떨어져 있던 사회체들의 접촉에 의해 생겨나는 변환의 역사적 과정이라는 사실을 시사한다. 근대성을 단일한 체계가 아닌 복잡성의 관점에서 이해하고, 언제나 균열되어 있는 전체 현상으로 파악할 필요가 있는 것도 이 때문이다(강내희, 「한국의 식민지 근대성과 충격의 번역」, 『문화/과학』, 2002년 가을, p.82. 참조).
12) 정화열은 '동일성(identity)'을 'i(eye)/dentity'로 분철한다. 그는 동일성의 논리를 '모호성'보다는 '명료성'을 추구하는 텔레비전의 시각주의에 연결한다. 텔레비전의 시각주의 〈sI(eye)/ght〉는 인식에 있어서 '명확성'을 추구하는 주관(I)과 시각(eye)의 형이상학적 연합으로서 데카르트적 코키토의 연장에 불과하다. 따라서 동일성의 논리는 주체가 시각을 통해 대상을 지배하는 근대 담론의 본질을 함축한다(정화열, 박현모 역, 『몸의 정치』, 민음사, 1999, pp.87~88 참조).

장과 만난다. 여기에서 리얼리즘은 동일성 논리의 이면에 숨겨진 실체를 드러내는 차원으로 고양된다. 그러나 동일성 논리의 자기 모순을 부정하고 순수한 동일성이 가능하다고 주장할 때 '권력에의 의지'가 작용한다. 이렇게 되면 열정에 기초한 리얼리즘의 이념적 선명성은 집착과 도취에 함몰된다. 현실 사회주의의 몰락 앞에 망연자실할 수밖에 없었던 1980년대 리얼리즘의 퇴색한 깃발은 이와 무관하지 않다.[14]

경직된 리얼리즘의 틈을 비집고 포스트모더니즘, 해체주의, 탈구조주의 등의 담론들이 1990년대 들어 적극적으로 수용되고 논의되었다. 문제는 리얼리즘에서 탈근대론으로의 비약이다. 여기에는 1980년대 리얼리즘 문학의 '타자', 모더니즘이 소외되어 있다. 모더니즘의 역동성은 동일성 담론의 자동화된 의사소통 체계에 저항하는 소외된 주체의 부정 정신에서 나온다. 모더니스트들은 세계와의 화해를 열망하지만 실제 현실에서는 그것이 불가능함을 비동일성의 의식을 통해 보여준다. 이러한 모더니즘의 부정 정신은 탈근대론이 빠지기 쉬운 해체를 위한 해체, 상업주의 문화에의 함몰이라는 유혹을 견디는 효소로 기능할 수 있다.

미적 가상을 통하여 부정적 현실과의 화해를 추구하는 '미메시스(mimesis)'[15]의 정신은 주체와 대상 간의 비억압적이고 화합적인 교감을 전제로 한다. 그러나 이러한 교감은 산업화 시대에는 불가능한 의

---

13) '타자성' 혹은 '이타성'은 자기 동일성 내부에 타자와의 관계가 각인되어 있는 것을 말한다. 이에 자기 동일성은 또한 타자이기도 한데, 이 말은 타자와의 관계망이나 차이작용의 연쇄에 연결되지 않은 의미, 사물, 진리의 근원은 존재(현존)할 수 없다는 것이다. 모든 사상, 관념, 사물의 자기 동일성은 역사의 장 속에서 타자성의 침투에 의해 해체된다(나병철, 『한국문학의 근대성과 탈근대성』, 문예출판사, 1996, p.82 참조).
14) 이러한 리얼리즘 문학의 성과와 한계는 다음의 글 속에 선명하게 드러난다. "주체와 현실이라는 두 축을 두고, 민중과 지배세력을 곧바로 '선/악'의 표상으로 도식화했다는 점은 두고두고 민중문학적 지향들이 성찰해야 할 요소겠지만, 그것은 계급성이 인간 조건을 규정하는 배타적이고 결정적인 몫을 행사했다는 것을 꾸준히 보여주었고, 주관의 허위와 싸우면서 객관의 신화를 구성하려는 첨예한 노력을 보여준 사례로 기록될 것이다."(유성호, 「동일성의 논리와 비극성의 미학」, 『문학인』, 2002년 가을, pp.43~44)

사소통 방식이다. 그것은 오직 미적 가상(예술)을 통해서만 가능할 뿐이다. 모더니즘은 주객 화해가 불가능한 상황에서 동일성 논리에 기반한 리얼리즘을 파괴해 가면서까지 또 다른 미학적 주객 화해(미메시스)를 시도하는 예술이다. 탈근대 담론은 모더니티를 선취한 서구 시민사회에서 제기되었다. 이는 근대 사회의 양면성에 대한 성찰에서 비롯되었으며, 근대 생활의 모순과 투쟁하는 창조적 노력의 결실이다. 이러한 탈근대 담론은 이성의 횡포로 모든 것을 주체화한 부정적 형이상학을 비판하고 근대성의 건강한 변증법적 운동(자기 자신을 넘어선 자기 자신의 원리)으로 복귀하는 것을 전제로 해야 형성될 수 있다. 이는 우리에게 리얼리즘 문학의 '타자', 모더니즘을 복원하는 작업과 긴밀한 연관을 가진다. 우리의 탈근대 담론은 모더니즘이 복원된 근대 담론을 우리의 특성에 맞게 재구성하는 과정에서 성취될 수 있다.

이광호와 하정일은 리얼리즘과 모더니즘의 만남을 '미적 근대성(aesthetic modernity)'의 문제와 연관하여 고찰하고 있다는 점에서 주목을 요한다. 이광호는 서구의 미적 근대성이 사회적 근대성과 대립하는 듯이 보이지만 궁극적으로는 근대의 합리적 자기 고양 전략에 대한 부차적인 현상으로 볼 수 있다고 지적하면서 이를 무비판적으로 수용하기보다는 우리의 현실을 고려한 주체적인 미적 근대성이 추구되어

---

15) 나병철은 미메시스를 주체와 대상 사이의 비억압적인 교감의 관계라 보면서 모더니즘의 주요 특질의 하나로 규정한다. 그에 의하면 사물화된 세계를 반복하는 음화로서의 미메시스는 주술시대의 그것과는 달리 진정한 화해를 얻지 못한다. 다만 그 과정에서 화해에 대한 열망과 그 열망이 받아들여질 수 없다는 '부정적 인식'을 드러내게 된다. 이러한 화해의 열망(미메시스)과 부정적 인식은 동일성 세계에 동화되지 않는 모더니즘의 두 가지 진리라고 할 수 있다. 그러나 이러한 모더니즘의 두 가지 진리는 결코 내부/외부의 경계선이 해체된 제3의 공간(역사의 장)을 드러내는 데 이르지는 못한다. 그것은 모더니즘이 현실의 음화, 즉 단자화된 공간(혹은 내면 공간)을 통해 바깥을 열망하기 때문이다. 이처럼 타자와 만나는 공간을 마련하지 못한다는 점이 모더니즘의 가장 중요한 한계일 것이다. 그 때문에 모더니즘의 진리(미메시스, 부정적 인식)는 정치학에 연관되지 못한 채 미학적 영역에 폐쇄되고 만다(나병철, 앞의 책, pp.156~157 참조). 이러한 화해의 열망과 부정적 인식 그 자체에 머물러 있는 모더니즘의 시선을, 타자의 배제를 통해 정체성을 확립한 근대 동일성 담론을 전복하는 동시에 소외된 주변 문화의 재구성을 촉구하는 문학적 실천으로 전화시키는 일이야말로 우리 근대문학의 주요 과제 중 하나이다.

야 한다고 주장한다.

리얼리즘이 시장 자본주의 시대의 중요하게 대두된 문학 양식임에는 틀림이 없지만 리얼리즘이 문학의 근대성의 전체를 의미할 수는 없다. 가령 리얼리즘이 중세적인 마술적 언어를 해체하고 현실을 객관적으로 반영하는 기호를 생산해 낸다는 측면에서 근대성의 한 총아일 수 있지만, 기호와 문학의 자율적 영역에 대한 의미 부여를 제기한 모더니즘 역시 미적 근대성의 한 중요한 국면이다. 리얼리즘뿐만 아니라 모더니즘 역시 근대적 경험의 모순과 치열하게 대결한 인간의 창조적 능력의 소산이다. 모더니즘이 일종의 결핍된 근대성이라고 본다면 리얼리즘 역시 그러하다. 리얼리즘 문학이 한국문학의 근대성의 중요한 일부라는 것은 분명하지만 그것은 근대성 전체와 동일시하고 규범화될 수는 없다. 더욱이 모더니티 문제라는 틀에서는 모더니즘에 대한 리얼리즘의 존재론적 우위는 의미가 없다. 따라서 리얼리즘을 근대성의 전범으로 상정하는 이러한 논리 범주는 미적 근대성과 이념으로서의 근대성 혹은 제도로서의 근대성 사이의 모순과 긴장을 해결하지 못하며 그것과 정당하게 대결하지도 않는다.[16]

그는 '근대적 현실 안의 인간 경험의 모순과 아이러니를 이해하고 그것의 문학적 양식화의 문제를 탐구'하는 데 있어 '미적 근대성'의 개념은 리얼리즘과 모더니즘의 대립·갈등을 해소할 수 있다고 주장한다. 이러한 한국에서의 미적 근대성의 문제는 서구 사회의 '근대성/미적 근대성'과 한국 사회의 '결핍된 근대성'에 복합적으로 대응되고 이것들과 동시에 투쟁해야 하는 이중적이고 중층적인 소명을 짊어지고 있다는 것이다.

---

16) 이광호, 앞의 책, pp.68~69.

하정일 또한 '미적 근대성'의 개념을 통해 모더니즘과 리얼리즘의 만남을 지향한다.

> 미적 근대성은 근대문학의 보편적 특성이다. 자본주의적 근대화의 진전은 사회적 분화를 낳았고, 그 과정에서 문학예술 또한 과학이나 도덕과는 다른 독자적 영역을 이루게 되었다. 이러한 문학예술만의 독자성, 곧 자율성이 바로 미적 근대성의 바탕이거니와 이 자율성은 자본주의가 모든 것을 지배하는 시대로 오면서 자본주의에 대한 미적 저항의 원리가 된다. 왜냐하면 자본주의는 모든 것을 자본 논리의 지배하에 두려고 하는 데 비해 예술적 자율성의 이념은 이러한 자본 논리를 거부하기 때문이다. 그런 점에서 자율성은 모더니즘뿐 아니라 리얼리즘의 원리, 다시 말해 근대문학의 일반 원리가 된다. 다만 리얼리즘이 생각하는 자율성과 모더니즘이 생각하는 자율성은 다른 것이 사실이다.[17]

그는 한국 모더니즘의 주류가 미적 자율성을 예술지상주의적 고립성으로 협소화시켰다는 점에서 서구 모더니즘의 아류에 불과하다고 지적한 후, 한국 모더니즘의 '최선의 전통', 즉 '이상―김수영―조세희'로 이어지는 아방가르드적 전통이나 세계에 대한 비판적 성찰의 전통은 20세기 한국문학사에서 소중한 예술적 성취라고 지적한다. 이렇게 볼 때, '근대성 비판과 진정한 근대성 지향'이라는 측면에서 리얼리즘과 모더니즘은 유사한 고민과 문제의식을 보여준다. 따라서 리얼리즘과 모더니즘을 포괄하는 해방의 근대성은 20세기 한국문학 특유의 미적 근대성을 구성하는 주요 원리가 되는 것이다.

이에 서구의 '미적 근대성'의 이념이 제외하고, 왜곡하고, 감춘 요소

---

17) 하정일, 「민족문학론의 쟁점」, 『20세기 한국문학의 반성과 쟁점』, 소명출판, 1999, p.82.

에 주목하여 주체적인 근대성을 성취하려는 자세가 요구된다. 이러한 점에서 이광호와 하정일이 제기한 '미적 근대성'에 대한 문제의식은 탈근대 담론과 연결된다.

3. 포스트모더니즘과 포스트콜로니얼리즘

포스트모더니즘과 포스트콜로니얼리즘은 근대성과 관련하여 미묘한 위상을 갖는 개념이다. 포스트모더니티(post-modernity) 논의는 근대가 신화화한 절대적 진리나 단선적인 진보 이데올로기를 해체하고 있다는 점에서 '근대성'의 딜레마를 반영하는 담론이다. 대표적인 이론가로는 푸코, 들뢰즈, 바르트, 라캉, 데리다 등이 있다. 이들은 16세기 말 이후 유럽에서 성립하여 공간적으로 인류 문화의 모든 분야에 영향력을 행사해 온 근대를 넘어서고자 하는 경향의 실재성과 도덕적 필요성을 강조[18]한다.

포스트모더니즘은 이성과 감성, 문명과 자연, 발전과 미개, 서구와 바깥 타자의 엄격한 이분법적 구분을 고집하는 근대화 기획에 대한 자기 반성에서 비롯된다. 근대화 프로젝트 자체에 대한 거부라기보다는 그 인식적 기초를 이루는 유럽 중심적 보편주의와 인간 중심의 일선적 역사의식, 과학주의적 세계관의 억압성에 대한 의문 달기와 거부의 움직임이라고 할 수 있다.[19] 포스트모더니즘 이론가들은 근대의 담론이 '허구/우연'의 산물에 불과하다고 주장하면서 이를 상대화하는 데 주

---

[18] 탈근대론의 기본적 입지점은, 근대화에 의해 형성된 문제 가운데 근대화의 '완성'에 의해서 극복되지 않는 것이 있는 이상, 그것은 근대의 과제가 아니라 탈근대의 과제로서 설정할 수밖에 없다는 것이다(윤건차, 이지원 역, 「근대 기획과 탈근대론, 그리고 탈식민주의」, 앞의 책, p.20 참조).
[19] 전규찬, 『포스트 시대의 문화 정치』, 커뮤니케이션북스, 1997, p.11 참조.

력한다. 포스트모더니티 담론은 '근대성의 자기 비판의 논리' 또한 근대성의 효소로 기능한다고 주장하면서 이를 일탈한다. 그러나 이러한 탈근대성은 급진적인 통찰력을 통해 근대의 신화를 상대화하는 데 기여했지만, 작품의 표면적 논리나 주변적 모티프를 분석하는 데 그침으로써 텍스트 중심주의에 함몰되었다는 비판을 받는다. 근대 사회의 물적 토대, 특히 (신)제국주의의 제3세계에 대한 새로운 방식의 지배와 이에 반발하는 저항 담론에 대한 관심을 배제함으로써 실천적 한계를 노출하고 있다는 것이다. 또한 탈식민 상황에 놓인 국가들의 현실과 연관해서, 포스트모더니즘 이론가들은 "서구 문화 내부에서부터 서구의 개념적 경계들에 도전"하지만, "이들 경계들을 '식민 주변부에까지' 밀어내기를 거부함으로써 악명 높고 자의식적인 자민족 중심주의를 드러"낸다는 한계를 노출한다.[20]

이에 식민 경험을 가지고 있는 우리와 같은 제3세계 국가들의 문화를 분석하기 위해서는 포스트콜로니얼리즘(post-colonialism)의 개념이 요구된다. 포스트모더니즘과 포스트콜로니얼리즘의 공통점과 차이점을 정리하면 다음과 같다.[21] 우선 양자의 공통점은 주제 면에서 구심성보다는 원심성을 더 중시한다는 점, 경험을 구성하는 언어의 역할을 중시한다는 점, 이항대립을 거부한다는 점, 그리고 환상적 리얼리즘, 반어와 우화, 흉내내기와 패러디 등의 형식적 기교나 서술전략을 주로 사용한다는 점 등이다. 반면, 차이점은 포스트콜로니얼리즘이 포스트모더니즘과 달리 텍스트성보다 역사성에 무게를 싣는다는 점, 정치적 측면에 관심을 가지는 실천적 담론이라는 점, 과거의 역사를 사회 변혁의 중요한 수단으로 인식한다는 점, 서구 본질주의와 보편주의의 이름으로 무참히 짓밟힌 개별성과 특수성을 되찾으려 한다는 점 등이다.

---

20) Gandhi, L., 이영욱 역, 『포스트식민주의란 무엇인가』, 현실문화연구, 2000, p.95.
21) 김욱동, 『전환기의 비평 논리』, 현암사, 1998, pp.119~132 참조.

포스트콜로니얼리즘은 포스트모더니즘의 텍스트 수사학을 국가와 국가 사이의 수사학으로 확장한다. 포스트콜로니얼리즘은 가치중립적인 문화란 존재하지 않는다는 관점을 전제로 문화 비평의 한 갈래인 프로이트와 마르크스의 이론 등 텍스트 외적인 이론을 끌어들여 텍스트의 억압적 측면을 정밀하게 읽어낸다. 그럼으로써 그 속에 묻힌 제국주의 이데올로기를 밝혀낸다.[22]

포스트콜로니얼리즘이라는 용어는 "식민주의 시기로부터 현재에 이르기까지 제국주의적 영향으로부터 자유로울 수 없었던 모든 문화를 포괄하는 통칭적 개념"[23]이다. 시대와 지역에 따른 차이에도 불구하고 여러 형태의 포스트콜로니얼리즘 비평이 지향하는 공통분모가 있다면, 그것은 서구문학의 다시 쓰기와 다시 읽기를 통한 유럽중심주의의 해체와 극복일 것이다.[24] 일제 강점기를 경험하고 해방 이후 지금까지 서구 문화의 압도적 영향에서 자유롭지 못한 우리의 현실을 감안할 때, 위의 관점은 유용한 시각을 제시한다. 포스트콜로니얼리즘은 법적, 제도적으로는 더 이상 식민지가 아니지만 문화적·정신적으로 여전히 식민 상태가 계속되고 있는 식민지 시대 이후의 문제를 극복하기 위한 비평 형식이기 때문이다.[25] 이러한 관점은 전근대성과 근대성, 그리고 탈근대성이 혼종된 우리의 현실에서 서구 중심의 부정적 근대를 상대화하고, 주체적 근대성을 성취하는 과제와 나아가 근대 이후의 세계에 대한 전망을 확립하는 데 주요한 시사점을 제공한다.

포스트콜로니얼리즘은 에드워드 사이드가 『오리엔탈리즘』에서 보여

---

22) 권택영, 「탈식민주의와 문화 비평—이론과 실천」, 『현대시사상』, 1996년 봄, pp.75~77 참조.
23) Ashcroft, B. etc., 이석호 역, 『포스트 콜로니얼 문학이론』, 민음사, 1996, p.12.
24) 고대의 헬레니즘, 중세의 기독교, 르네상스의 휴머니즘, 그리고 근대의 계몽주의로 이어지는 서구의 문화적 전통은 근본적으로 주체와 객체, 중심과 주변, 문명과 야만 등의 유럽 중심적 이원론에 그 바탕을 두고 있으며, 이러한 인식론은 은연중에 서구의 인종적·문화적 타자를 억압하고 주변화시키는 데에 가담해 온 혐의를 면하기 어렵다(이경원, 「탈식민주의론의 탈역사성—호미 바바의 '양면성' 이론과 그 문제점」, 『실천문학』, 1998년 여름, p.257 참조).
25) 권택영, 앞의 책, pp.76~77 참조.

준 '서양/동양, 문명/미개, 백인/흑인' 등의 이분법적 사유를 넘어서려는 시도에서 출발한다. 서구의 이분법적 사유는 동양을 문명화한다는 허구적 기획을 낳고, 이를 통해 식민지 정복에 나서는 계기를 마련하였다. 식민지 해방 이후에도 이러한 논리는 여전히 지속되고 있다.

오리엔탈리즘(Orientalism)[26]은 우리에게 1960~70년대 이후의 산업화 논리를 통해 재생산된다. '타자'로서의 서구를 우리의 이상적 모델로 설정했을 때, 산업화 시대의 현실은 근대의 동일성 담론에 동화된 지배 계층과 이와는 이질적인 하위 계층 사이의 명확한 경계선 긋기를 강요한다. 즉, 서구화에 앞장선 산업화 중심세력(개발 독재 정권)과 소외된 민중들은 제3세계 내부에서 새롭게 만들어진 오리엔탈리즘적 이분법을 구축하였다.[27] 이러한 서양과 동양, 서구 문화와 전통 사이에 있던 전선이 탈식민 상황에 놓인 우리의 현실에도 재현된다. 따라서 서구 중심의 산업화에 의해 전통공동체가 붕괴되는 상황은 '서양에 점령 당하는 동양'이라는 오리엔탈리즘의 논리[28]와 일치한다.

이제 문제는 우리의 탈근대 담론에 대한 온전한 좌표를 찾는 일이다.

---

[26] "오리엔탈리즘은 '동양'과 (대체로) '서양'이라고 하는 것 사이에서 만들어지는 존재론적이자 인식론적 구별(ontological and esistemological distinction)에 근거한 하나의 사고방식이다."(Said, E., 박홍규 역, 『오리엔탈리즘』, 교보문고, 2001, p.17) 사이드에 의하면 오리엔탈리즘은 경제적, 문화적, 종교적으로 동양을 정복함으로써 스스로의 힘을 획득한 유럽의 사고방식으로 정의할 수 있다.
이러한 관점에서 유럽의 세계관을 상대화한 사이드의 『오리엔탈리즘』은 "기존의 제국 문학과 신생독립국 문학에 대한 서구의 연구를 탈식민주의의 모습으로 탈바꿈하도록 만든 하나의 전환점"이 되었다는 평가를 받는다(Moore-Gilbert, B., 이경원 역, 『탈식민주의! 저항에서 유희로』, 한길사, 2001, p.110 참조).

[27] "탈식민 국가들은 내셔널리즘을 새로운 영역이나 국가의 이데올로기로 전환시킴으로써 이번에는 바깥쪽의 규범에 근거한 전지구적 합리화의 과정을 따를 수밖에 없었기 때문이다. 다시 말해서 전후의 근대화나 개발의 이데올로기에서 볼 수 있듯이 한줌의 선진 국가들이 지배하는 전지구적 자본주의로서 세계체제 이론에 적합해져야 했기 때문이다."(姜尙中, 이경덕·임성모 역, 『오리엔탈리즘을 넘어서』, 이산, 2000, p.174)

[28] "오리엔탈리스트는 동양을 근대성 속에 이전시킴으로써, 과거의 낡은 세계를 창조한 신과 같이 새로운 세계를 창조한 인간, 세속적인 창조주로서 스스로의 방법과 입장을 축복할 수 있었다."(Said, E., 박홍규 역, 앞의 책, p.226) 이러한 논리는 전통공동체를 산업화 과정에 편입시킴으로써 스스로의 방법과 입장을 합리화한 우리의 근대화 주체 세력의 이데올로기와 정확하게 일치한다.

서구의 탈근대론으로부터 방법적 치밀성은 섭수(攝收)해야 할 것이지만, 우리의 문화 현실과 사회적 요구에 부합되는 독자적인 노선의 모색 또한 요구되기 때문이다. 우리에게 진정한 근대성의 성취와 근대 극복은 동시적 과제라는 점에서 리얼리즘, 모더니즘, 포스트모더니즘, 포스트콜로니얼리즘 등은 서로 스미고 짜인다. 우리의 탈근대 담론에 대한 전망은 서구 중심의 근대 담론을 상대화하여 주체적 근대문학을 성취하는 과제와 주변화된 전통 양식을 현재적으로 전용함으로써 근대 이후 문학을 정초하는 작업에서 확보될 수 있으며, 그 과정에서 우리는 '근대성의 성취와 근대 극복'에 대한 자기 이해를 얻을 수 있을 것이다.

1980년대 문학을 '타자화'하는 한 방식
— 이문구, 김소진, 성석제의 소설을 중심으로

1. 1980년대 문학을 넘어서

　이 글은 1980년대 문학을 '타자화'하는 목적의 일환으로 쓰여진다. '타자성'(alterity)이란 기표와 기의 사이에 틈입한 '타자'에 의해 자기 중심적 주체의 현존이 끝없이 연기되는 것을 말한다. 80년대는 '타자'의 틈입을 허용하지 않는 동일성(identity) 담론의 시대였다. 동일성 담론은 인간 관계를 획일화하는 억압과 지배의 논리를 말한다[1]. 자본의 논리인 도구적 합리성이나 교환원리는 물론, 이에 저항한 80년대 도그마화한 스탈린주의도 생활세계의 억압과 단절을 은폐했다는 점에서 동일성 담론이라 할 수 있다. 반면 비동일성의 논리는 형이상학의 껍질을 벗고 욕망의 언어를 통해 동일성 논리를 탈주함으로써 일상 속에 은폐된 억압과 단절을 폭로한다.

---

1) 나병철, 『모더니즘과 포스트 모더니즘을 넘어서』, 소명출판, 1999, p.196 참조.

이 글의 관심은 리얼리즘, 모더니즘, 포스트모더니즘, 전통 양식 등 다양한 담론들이 공존하는 역사의 현장에서 각각의 문화들이 지니는 의미와 서로의 긴장 관계를 추적하는 데 있다. 각각의 담론들이 자신의 목소리로 대화할 수 있는 조건을 마련하는 일이야말로 새로운 담론 형성의 전제 조건이 된다.

  이 글의 논의는 두 방향에서 전개된다. 리얼리즘의 동일성 논리에 억눌렸던 모더니즘을 복원하는 작업과 우리의 전통을 바탕으로 한 탈근대론의 모색이 그것이다. 우리에게 진정한 근대성의 성취와 근대 극복은 동시적 과제라는 점에서 양자는 스미고 짜인다. 근대성에 대한 재구성은 근대에 대한 비판적인 시각에서 이루어질 수 있으며, 그 과정에서 우리는 탈근대론에 대한 자기 이해를 얻을 수 있을 것이다.

  이 글은 80년대 속으로 들어가서 그 시대의 눈으로 세계를 보기보다는 밖에서 80년대를 관찰하는 방식을 시도한다. 80년대를 우회하여 다시 사유하는 일이야말로 80년대를 넘어서는 방법이라는 판단에서이다. 80년대는 여전히 넘어서야 할 우리의 화두이다.

  우리가 지나갈 문학의 궤적은 이문구, 김소진, 성석제가 만나고 헤어지는 지점이다. 이들이 그리는 소설의 지형도는 근대와 탈근대의 경계에서 80년대를 '타자화'함으로써 우리 문학의 새로운 가능성을 시사한다.

2. 부정적 근대화 비판, 혹은 공동체적 삶에 대한 향수—이문구의 경우

  이문구는 서구 중심의 부정적 근대화에 대한 비판으로 '세계관으로서의 농촌'을 제시한 작가이다. 여기에서 농촌은 근대화론의 유토피아에서 벗어난 탈유토피아적 '고향'이다. 1960년대 이후 이문구가 추구해온 농촌 현실의 복원은 근대의 문제를 우리의 근원적 공간에서 제기하는 것이며, 우리에게 있어 근대 극복의 과제는 농촌공동체에 대한 구체적 천착없이 이루어질 수 없다는 사실을 말해 준다. 이는 서구와는 다른 우리의 근대에 대한 탐색으로 이어진다. 서구적 담론을 비판, 공격함으로써 상대화하려는 전략은 서구와의 비동일성, 차이에 주목함으로써 전통에 대한 관심을 불러일으킨다.

이문구는 『관촌수필』에서 왜곡된 근대화에 대한 반발로 공동체적 삶에 대한 그리움을 제시하고 있다. 근대화는 저급한 생산력의 농촌 공동체를 붕괴시키고 도시적 삶의 풍요로움을 선사한다. 이것은 시대적 흐름이요, 필연의 역사라 할 수 있다. 그러나 근대화 자체가 파행적으로 전개된 사회에서 표출되는 공동체적 삶에 대한 향수는 개발논리가 최우선시되는 근대화 기획의 동일성 담론을 해체하는 '타자'로 기능할 수 있다.

'관촌'에는 할아버지로 대표되는 전통 세계와 아버지로 대표되는 근대 지향의 세계가 공존한다. 주목할 점은 두 세계관이 대립하거나 갈등하지 않는다는 점이다. 오히려 서로가 통합되어 공동체적 질서를 유지하는 중요한 기반이 되고 있다. 할아버지는 마을의 정신적 지주의 위치에서, 아버지는 주민들의 권익을 옹호했던 실천적 행동인으로 기능하며 마을 사람들의 존경과 사랑을 받고 있다.[2] 화자의 기억 속에 '관촌'은 전통적 유교 질서와 진보적 신념이 어우러진 조화로운 공간으로 존재한다.

그러나 이러한 공간은 6·25, 서구 중심의 산업화, 미군의 진주와 같은 외부의 폭력에 의해 해체됨으로써 현실 속에서는 존재할 수 없는

---

2) 이춘섭, 「이문구 농민소설 연구」, 경희대학교 석사학위 논문, 2000, pp.39~40 참조.

유토피아로 변모한다. 화자의 내면에만 존재하는 아름다운 고향인 것이다. 이문구는 기억이라는 형식을 통해 '관촌'을 재구성함으로써 현실의 부정성을 넘어 공동체적 질서와 화해를 시도한다. '미적 가상'(서사 형식)을 통해 현실의 부정성을 넘어서려는 이문구의 지향은 이상/현실, 이야기/소설(Novel), 감성/이성 등의 긴장으로 확장되어 문학의 본질과 존재방식에 대한 탐구로 이어진다.

역설적이게도 이문구의 전통 지향은 모더니즘의 정신과 만난다. 미적 가상을 통하여 부정적 현실과 화해를 추구하는 '미메시스'(Mimesis)의 정신은 산업화 시대 붕괴된 농촌공동체를 회복하려는 이문구의 서사적 욕망과 정확히 일치한다. 공동체적 유대에 바탕한 직접적 의사소통은 주체와 대상 간의 비억압적이고 화합적인 교감을 전제로 한다. 산업화 시대에는 불가능한 의사소통 방식인 것이다. 이는 오직 미적 가상(예술)을 통해서만 가능할 뿐이다. 모더니즘은 주객화해가 불가능한 상황에서 동일성 논리에 기반한 리얼리즘을 파괴해 가면서까지 또 다른 미학적 주객 화해(미메시스)를 시도하는 예술이다.

이문구는 소설의 시대에 전통적인 이야기체를 고수한다. 의사소통의 직접성에 의존하는 이야기체는 근대적 삶의 전개에 따라 몰락의 길을 걷게 된다. 그러나 이러한 지향이 근대적 삶의 부정성, 즉 소외와 분열을 극복하려는 부정적 인식의 미학적 계기로 작동할 때, 강력한 정서적 파급력을 일으킬 수 있다.

근대와 더불어 형성된 서구적 소설 양식에 대한 이문구의 미학적 해체도 이와 무관하지 않다. 꽉짜여진 플롯 중심의 소설에 반발하는 인물 중심의 느슨한 서사 구조(傳의 차용), 사실의 전달보다는 언어의 향연을 통해 소설의 육체를 풍요롭게 하는 형식 등은 이야기체에 대한 이문구의 지향을 잘 보여준다.

근대의 중심에서 밀려난 주변부의 언어인 토속어는 대상의 생생한 이미지를 직접적으로 묘사하는 데 적절하다. 표준어가 이성의 언어라면 토속어는 감성의 언어이다. 이문구가 사용하는 토속어는 대상의 재현 차원을 넘어, 현장의 모습을 직접 체험하는 분위기를 자아낸다.

　내가 서슴없이 그에게 알은체를 할 수 있었던 것은, 무엇보다도 그의 얼굴에 아직 애티가 많이 어리어 있는 덕이었지만, 여러 조상을 제 땅에 묻고 지켜온 농투성이 아들로 태어나 가업을 이어나가는 사내답게, 오랜 세월 볕에 태우고 비바람에 쐰 데다 땀으로 젖 담가온 몸이 적실하면서도, 눈자위가 애리하고 볼때기에는 젖살이 남아 있던 것이다. 나는 그것이 타고난 체질과 품성 덕이라고 여겼다. 코흘리개 적부터 장정이 다되도록 이웃하여 지냈던 만큼, 나는 용모의 성질을 누구보다도 잘 알았던 것이다. 어디서 무슨 일을 만나도, 그것이 남보매는 불나게 서둘러야 될 일임에도, 그래서 어서 부딪쳐 치를 것은 치르고 보라던 재촉이 빗발치고 성화같아도, 당사자인 그는 언제나 내전보살했으며 해찰부릴 것 다 부리고 찾을 것 고루 챙겨 갖추는 늑장 끝에야 슬며시 집적거려보는, 생전 늙잖을 위인이 그였던 것이다[3].

위의 인용문은 『관촌수필』 일곱 번째 이야기의 주인공 신용모를 소개하는 대목이다. 판소리 문체를 계승한 듯 보이는 익살과 해학, 주저리주저리 엮이는 서술자의 사설, 인물의 인정미를 섬세하게 묘사하는 장문, 주체를 비유적으로 구상화하는 관형어 등은 근대적 문체에 대한 강한 거부의 성격을 띤다. 이러한 문체는 꽉 짜여진 플롯, 논리 정연한 서술 등으로 이루어져 있는 근대소설과는 어울리지 않는 소설미학을 형성한다. 이는 근대의 동일성 담론에 대한 저항(낯설게 하기)이며, 사라진 유토피아에 대한 희구를 미적 형식으로 표출한 것이다. 그의 소

---

3) 이문구, 「輿謠註序」, 『관촌수필』, 문학과지성사, 1977, p.256.

설에서 전통적인 서사 양식은 서구 담론에 대한 '타자'로 기능함으로써 근대의 동일성 담론을 자기 모순에 빠뜨린다. 전통은 서구 담론의 동일성 논리에 동화되지 않는 유동성을 지님으로써 그의 작품 속에서 역동적으로 기능한다.[4]

이문구의 리얼리즘은 동일성 담론의 획일적 기획을 파괴하는 '타자성'(농촌, 방언, 욕설, 구어, 문체, 이야기체 등)을 내포한다. 그의 리얼리즘은 동일성 담론을 비판함으로써 왜곡된 근대화의 논리에 균열을 낸다. 그 틈 사이로 자본주의 기획이 소외시킨 의사소통의 직접성을 회복하려는 서사적 욕망(모더니즘)이 개입한다. 이러한 리얼리즘과 모더니즘의 역동성은 공동체의 완전한 충족을 연기하는 동시에 동일성 담론의 완결성을 와해하는 작용을 한다. 이문구의 리얼리즘이 모더니즘을 소외시킨 80년대 리얼리즘과 변별되는 지점은 바로 여기이다. 탈근대 문학 논의의 밑그림을 그리는 이 글의 논의가 이문구에게서 시작되는 이유는 그의 작품 속에 리얼리즘, 모더니즘, 전통 양식이 왜곡된 근대 담론에 대항하는 미학적 형식으로써 긴장 관계를 유지하고 있기 때문이다.

3. 80년대 리얼리즘의 내면화, 욕망의 복원—김소진의 경우

김소진의 글쓰기는 80년대의 자장에서 자유롭지 못하다. 그는 80년대의 거대담론을 해체함으로써 80년대가 소외시킨 '타자'(욕망)를 복원한다. 먼저 김소진이 거대담론의 시대인 80년대를 내면화하여 개인

---

[4] 이문구의 전통적인 한국문체(조선적인 문체)를 서구식 번역 문체에 대한 저항의 형식으로 이해한 진정석의 분석은 타당하다고 생각한다(진정석, 「이야기체 소설의 가능성」, 『1970년대 문학 연구』, 예하, 1994, p.174 참조).

의 미세한 욕망으로 제시하는 과정을 추적해 보자. 이는 김소진의 근원적인 체험의 공간을 엿보는 데에서 시작된다.

국민학교 삼학년 여름이었을 게다. 나는 좁디좁은 부엌 바닥에 돗자리 깔고 서늘하게 배를 대고 누운 채 산수 숙제를 하고 있었다. 저녁 끼니때가 되오자 어머니는 방에 있는 쌀자루에서 쌀을 몇 주먹 꺼내 안치느라 나의 이마빡으로 치맛자락을 차란차란 스치며 오갔다. 나는 마침 숙제도 다 돼가는지라 공책을 덮고 굳은 어깻죽지를 펴느라 등을 대고 돌아누웠다. 그때 또 어머니가 지나갔다. 치마 속이 훤히 들여다보였다. 그때 단 한벌뿐인 광목 팬티를 빨아너느라 어머니는 홑치마 바람이었다.
나는 얼굴이 빨개져서 아무 말도 하지 못했다. 그때의 비릿한 내음을 두고두고 잊을 수가 없었다. 나는 속으로 끊임없이 되뇌었다. 나는 아무것도 보지 못했다.[5]

어머니의 음부를 우연히 훔쳐 본 유년시절의 체험은 화자인 '나'의 순결한 성(性)에 대한 동경을 깨뜨린다. 순결한 성(性)에 대한 꿈(이상)의 훼손, 이것이야말로 김소진 글쓰기의 원동력이다. 결핍의 충격에서 벗어나는 방법은 '나는 아무것도 보지 못했다'라고 부인하는 것이다. 그 체험으로부터 일정한 거리를 유지하며 충격적 체험을 의식적으로 완화하는 작업이기도 하다. 따라서 김소진의 소설은 기억에 의존해 원초적 체험의 결핍 대상을 찾아 나서는 환유적 욕망의 발현이다. 그러나 현실은 기표의 미끄러짐 속에서 결핍 대상의 충족을 끊임없이 연기한다. 오직 미적 가상(미메시스)을 통한 대리 충족만이 가능할 뿐이다.
김소진의 환유적 욕망은 전쟁과 분단으로 이어지는 정치적 격변기에

---

[5] 김소진, 「용두각을 찾아서」, 『열린 사회와 그 적들』, 솔, 1993, pp.201~202.

이데올로기에 의해 억압되고 소외된 아버지의 삶과 만난다. 아버지의 선량한 양심은 유년 체험에 의해 상실된 꿈의 상징으로 대치되며, 이데올로기는 개인의 꿈을 억압하는 도구, 즉, '나'의 무의식적 욕망을 억압하는 현실(어머니)의 상징으로 변주된다. 여기에서 그의 소설은 아버지의 삶이 매개한 우리 민족의 특수한 시대적 현실과 조우한다.[6]

「개흘레꾼」에서 아버지의 훼손된 성(性)은 분단 이데올로기에 대립되는 개인의 순수한 내면적 욕망을 상징한다. 성(性)은 인간의 생물학적, 유희적 본능을 규정하는 중요한 요소로, 누구도 침범할 수 없는 개인의 가장 내밀한 욕망이다. 따라서 이러한 설정은 이데올로기의 폭력성에 의해 개인이 가지는 원초적 욕망인 성(性)이 훼손되었다는 점에서, 이로 인해 아버지의 삶 속에 희망이 사라졌다는 점에서 우리 역사현실에 대한 준엄한 비판을 보여준다.

아버지의 삶은 80년대 저항 이데올로기에 소외된 지식인의 아나키즘적 열정으로 변주된다(「혁명기념일」). 운동권의 중심에 있었던 석주는 동료 진기의 애인을 가로채서 결혼까지 했으며, 현재 외교관으로 출세의 가도를 걷고 있다. 이에 반해 '민중의 분노 어린 자발적인 폭동만이 역사를 바꿀 수 있다'고 주장한 아나키스트 진기는 내면에 지울 수 없는 상처를 안고 술로 소일하고 있다. 진기의 삶은 80년대 저항 이데올로기와 90년대 은폐된 자본의 논리에 무참히 거부되는 지식인들의 순수한 열정을 보여준다.

김소진은 개인의 내밀한 욕망을 상징하는 성(性)과 아나키즘을 무기로 이데올로기의 폭력성을 비판하고 있다. 성(性)과 아나키즘은 인간

---

6) '아버지는 개흘레꾼이었다'라는 테제로 그의 작품 세계를 규정하는 태도는 일면적인 평가라 할 수 있다(김윤식, 『김윤식의 소설읽기』, 열림원, 1995, pp.390~391 참조). 우리 민족의 비극적 현대사를 전경화하고 있는 이러한 평가는 그의 문학이 가진 근원적이고 본질적인 화두인 어머니에 의한 선험적 결핍의 충격을 글쓰기로써 대리 충족하려는 욕망을 천착하지 못한 지적이라 할 수 있다.

의 해방과 자유를 규명하는 중요한 수단으로써 문학과 강한 근친성을 가진다. 문학은 금기나 한계 상황을 돌파하려는 자유 의지를 인간의 근원적 욕망과 관련하여 탐구하기 때문이다. 김소진 글쓰기에 있어서 성(性)과 아나키즘은 문학, 즉 '미적 가상'의 다른 이름이다. 그것은 사회적 억압 구조에 대한 저항의 성격을 띤다.

김소진의 소설은 80년대의 동일성 담론을 해체함으로써 80년대 문학의 '타자'(욕망)를 부활시킨다. 그러나 김소진이 성(性), 아나키즘, 문학의 이름으로 해체하여 재구성한 80년대 현실에는 어머니와 같은 서민들의 구체적인 생활력, 생명력이 소외되어 있다. 훼손된 현실 속에서도 일상적 삶의 소중한 가치를 실현하는 서민들의 모습은 김소진 글쓰기의 또 다른 '타자'로 기능한다. 어머니에 의해 훼손된 꿈·이상·관능성의 매혹을 좇아온 그의 글쓰기에 소외된 민중들의 따스한 휴머니즘의 정신이 개입하고, 제동을 건다.

그는 유년 시절로 시선을 돌린다. 누구에게나 유년 시절은 순수함의 공간이며, 공동체적 유대의 인간 관계가 꽃피는 시기이다. 유년으로의 회귀는 아버지의 삶(욕망)과 어머니의 삶(현실)이 화해하는 하나의 계기를 마련한다. 결핍의 체험은 소설의 밑그림으로 아련히 물러나고 소박한 휴머니즘의 흑백 영상이 펼쳐진다.

『장석조네 사람들』에서는 산업화가 진행되는 와중에 농촌에서 올라와 도시 변두리 지역에서 가난하게 생활하는 장삼이사(張三李四)들의 풍속도가 그들의 토속적 언어로 재현되고 있다. 방언, 구어, 욕설 등의 생활언어는 해학적 문체를 형성하여 작중인물들을 훈훈한 인정으로 감싸고 있다. 다채로운 생활언어와 사투리에 대한 발굴은 산업화의 과정에서 소외되어 가는 도시 빈민층의 삶을 비판적으로 성찰하게 한다.

그의 소설이 가진 이야기체의 서사 구조는 단절, 은폐되면서 어느덧 서정성을 향해 나아간다. 서정성은 근원적 결핍과 화해하려는 욕망과 긴밀한 연관을 가진다. 김소진 소설이 성취한 서정적 아름다움은 그의 글쓰기가 거쳐온 철저한 서사성으로 인해 더욱더 빛을 발한다.

김소진의 아름다운 서정소설 「갈매나무를 찾아서」에는 그의 글쓰기를 추동해 온 유년시절의 기억이 갈매나무의 상징으로 표출된다. 갈매나무는 주인공에게 '지옥'이자 '천당'이다. 여기에는 지옥에서 벗어나 천당으로 가고픈 욕망과 아름다움을 존재하게 하는 지옥이 동시에 각인되어 있다. '갈매나무'를 찾아 나서는 김소진의 글쓰기는 바로 이러한 '아름다움'과 '지옥'의 '결핍—동화' 과정을 끈질기게 추구했다는 데 의미가 있다.

김소진은 그의 글쓰기를 가능하게 했던 과거에 대한 기억이 '착각'이거나 '부재에 대한 향수'일지도 모른다는 뼈아픈 각성을 하면서 그로부터 빠져 나온다. 이는 '미아리 산동네'를 벗어나기에 다름 아니다. 그는 미아리 산동네를 떠나며 반쯤 부서진 집으로 들어가 옹색한 항아리 안에 똥을 눈다(「눈사람 속의 검은 항아리」).

이 '황금빛 똥'에는 '기억'에 대한 마지막 찌꺼기를 내보내는 작가의 아쉬움과 뿌듯함이 스며 있다. 글쓰기의 거름이 되었던 과거의 꿈과 기억, 그리고 결핍의 체험이 그의 육체에서 소화되어 '황금빛' 희망으로 변주된다. 그는 '천당'과 '지옥'이 뒤엉켜 있는 삶의 현장에서 과거의 체험은 절망이 아니라 오히려 희망의 지렛대임을, 심리적 결핍을 벌충하려는 욕망이 문학의 추동력이 되었음을 보여준다. 그러나 그의 문학 세계에 새로운 시작을 알리는 신호탄인 '황금빛 똥'이 발효되어 우리 문학의 토양을 기름지게 하기도 전에 그의 글쓰기는 막이 내렸다.

김소진의 소설은 나(자아)에게서 출발하여 세계로 확장되어 다시 자아로 회귀한다는 점에서 원환구조를 지닌다. 출발점에 원초적 결핍의 체험을 지닌 유년의 자아가 있고, 종착점에는 결핍의 체험을 내면화하여 현실과 균형을 이루려는 성숙한 자아가 있다. 그 사이엔 '타자', 즉 아버지와 어머니, 그리고 서민들의 삶이 있다. 그의 소설은 세계에 대한 근원적 불화를 서사 구조를 통해 되씹어보고 반추해 보는 과정이었다.

김소진의 글쓰기는 인간의 근원적 결핍을 문학의 내적 형식을 통해 치유하려는 욕망의 발현이다. 그의 소설은 세계와의 소통을 통하여 자신의 실존을 확인하는 과정이었으며, 서사 욕망(리얼리즘)과 화해 욕망(모더니즘)이 길항하는 전장이었다. 이는 80년대 리얼리즘을 효과적으로 내면화하는 작업이기도 하다.

4. 아이러니와 농담, 탈근대 서사의 가능성―성석제의 경우

성석제는 이문구와 김소진의 성과를 이어받으면서도 가볍게 이들을 넘어선다. 그는 서구와 동양의 고전 형식을 자유롭게 실험하면서 허구의 공간을 조작한다. 소설 자체에 대한 자의식으로 역사, 서사, 현실의 진지함을 해체하는 성석제의 서사 공간은 재미, 해학, 아이러니, 역설 등이 공존하는 미묘한 공간이다. 소설은 자신의 형식 속에 서사 양식이 쌓아온 다양한 언술 방식(전기, 극, 민담, 서정, 편지, 일기 등)을 흡수하면서 발전해 왔다. 이에 소설은 근대성의 변증법을 가장 잘 체현하는 장르라 할 수 있다.

성석제는 소설의 형식적 자유를 마음껏 누리며, 부정적 근대의 동일성 담론을 유쾌하게 탈주한다. 그의 소설에는 리얼리즘, 모더니즘, 포스트모더니즘, 전근대적 언술 양식들이 엇섞이어 있다. 성석제의 소설은 이러한 다양한 재료들을 비빈 비빔밥에 비유할 수 있다. 문제는 성석제의 비빔밥이 썩 맛이 있다는 점이다. 각각의 재료들은 독특한 맛을 내면서도 전체적인 조화를 깨지 않는다. 차이, 이질적인 것의 갈등, 병존, 접합을 용인하면서 주체 자신을 유동적인 상태로 만드는 원리, 즉 '타자성'에 의한 자기 비판의 원리인 근대성의 원리를 그는 누구보다 잘 체현하고 있다.

성석제 소설의 미학적 틀은 '아이러니'이다. 아이러니는 근대 사회로 넘어오면서 외관과 실제 사이의 불일치나 부조화를 나타낸다는 사전적 의미를 넘어 사물을 바라보고 존재를 관찰하는 방식이라는 세계관으로 확장되었다. 루카치는 근대 시민 사회의 태동과 더불어 형성된 소설 양식의 본질과 아이러니를 연관지었다. 개인과 공동체의 조화로운 관계로부터 불화의 관계로 이행되는 시기에 발생하는 자아와 세계 사이의 뛰어넘을 수 없는 간극을 표출하는 데 적합한 양식이 아이러니라는 것이다. 우리가 살아가는 현실이 타락한 욕망에 의해 좌우된다는 사실을 날카롭게 통찰하면서도, 그러한 현실의 이중성을 넘어설 뚜렷한 대안이 없을 때 아이러니적 태도가 형성된다. 이에 아이러니는 미적 가상을 통한 화해를 지향하는 모더니즘의 정신과 통한다. 아이러니는 세계의 조화로운 통일성이 붕괴된 이후 근대인이 획득한 가장 비범한 미학적 형식[7]이며, 불확실, 모호함, 가변성 등을 진리의 발판으로 수락하는 태도이다.

성석제가 시도한 '짧은 소설'(엽편소설)은 삶의 반어적 속성을 포착하는 날렵한 통찰력이 돋보인다.

······거짓된 진실은 진실된 거짓말보다 훨씬 악질적으로 많은 사람들을 오도할 우려가 있는 것이다. 여러분, 거짓말은 무엇인가. 그것은 인생을 기름지게 하고 인간의 상상력을 우주의 차원으로 넓혀주는 것이다. 거짓말은

---

7) 황종연, 「모더니즘의 망령을 찾아서」, 『모더니티란 무엇인가』, 민음사, 1994, p.224 참조.

진실이라는 딱딱한 빵 속에 든 슈크림처럼 의외의, 달콤하고 살살 녹는 이야깃거리와 즐거움을 준다. 거짓말이 없는 인생은 고무줄 없는 팬티요, 팬티 없는 팬티용 초인장력 고무줄이다. 〔…중략…〕 거짓말은 선천적인 것이다. 어차피 인간의 말속에는 거짓이 섞일 수밖에 없다. 후천적으로, 억지로 배우는 것은 거짓말을 하지 말라는 도덕률이라는 거짓말이다.[8]

성석제는 자본주의 사회의 부끄러운 이중성, 감추어진 속성을 잘 알고 있다. '완전히 진실하지도 않고 거짓으로 가득찬 것도 아닌 반쪽짜리 얼뜨기 같은 세상'에서 그는 '진정한 거짓말쟁이'의 삶을 살겠다고 다짐한다. 올바르고 고고한 진정성(道)을 찾아 나서기보다 도(道)가 아닌 것, 즉 반대행위를 통해 진정성의 의미에 근접해 보자는 생각이다. 연역에서 귀납으로의 방향 선회이다. 이러한 반어적 태도는 고결하고 엄숙한 동일성 담론을 탈주하는 원동력이 된다.

삶의 복합성과 아이러니에 대한 이해를 바탕으로 그는 농담이라는 날개를 달고 가볍게 비상한다. 「내 인생의 마지막 4.5초」의 엉뚱한 각주(농담)는 동일성의 담론(진담)에서는 중시되는 과학적, 사실적 언어로 가득 차 있다. 그러나 이러한 논리 정연한 언어는 소설의 공간에서는 오히려 소외될 수 있다. 성석제의 아이러니가 동일성 세계의 경계선을 넘어서서 또 다른 시공간으로 탈주하는 지점은 바로 여기이다. 동일성 담론의 코드에서 이탈된 비현실(거짓말)은 비동일성의 코드(상상력)에서는 진실이 될 수 있다. 이러한 기획은 동일성 담론의 지반 자체를 의문시한다는 점에서 부정한 현실에 대한 전면적인 반항의 성격을 띤다. 소설의 형식적 자유를 기반으로 현실의 동일성 담론을 해체/탈주하는 성석제의 글쓰기는 여기에서 탈근대의 담론과 조우한다. 이

---

8) 성석제, 「재미나는 인생 1―거짓말에 관하여」, 『재미나는 인생』, 강, 1997, pp.8~10.

는 소설과 아이러니라는 가장 근대적인 양식으로 부정적 근대를 넘어서는 탈근대화 전략이라는 점에서 서구의 탈근대론과 같은 맥락에 있다.

아이러니적 태도는 부조리한 세계에 대한 개인의 각성, 통찰력에 기반한다는 점에서 세계에 대한 부정적 인식에 머물 뿐, 실천적 계기를 가지기 어렵다. 이에 아이러니는 비극적 현실 인식의 산물이라 할 수 있다. 성석제는 이러한 아이러니의 무거움, 진지함을 농담을 통해 가볍고 경쾌하게 만든다. 농담은 상대방의 신념체계를 유동적인 상태로 와해시킨다. 농담은 청중들의 참여를 전제로 한다는 점에서 대화적이며, 타자지향적이다. 또한 농담은 삶 자체에 대한 조롱이 아니라, '진담'임을 자부하는 권력지향적 담론에 대한 야유이다. 이러한 유희의 공간은 타자들의 공간에서 자신의 허위성을 폭로하는 진실된 놀이 마당이다.

성석제는 근대 서사(진담)의 주변부로 밀려난 재래적이고 통속적인 변두리 서사(농담)에 주목하여 이를 현대적으로 재창조한다. 집단적 유대감에 근거한 우리의 전통 서사인 야담과 판소리가 근대화의 과정에서 화자의 형식화에 실패함으로써 근대소설에 밀려난 점에 주목한다면 성석제의 소설은 전통 서사 양식의 부활 가능성을 보여준다.

「조동관 약전」을 살펴보자. 이 작품은 조동관의 이야기를 독자에게 들려주는 형식을 취한다. 화자는 마을 주민과 가까운 거리에서 이야기를 전개한다. 또한 독자는 마치 마을 주민이 된 듯한 생생함을 체험한다. 이러한 화자, 마을 주민, 독자 사이의 일체감은 공동체적 유대를 형성한다. 이 소설에서는 각성된 자아로서의 '나'가 아닌 화자, 마을 주민, 독자 사이의 경계가 무화된 민중적 관점의 '우리'가 자연스럽게 형성된다.

조동관은 사회의 기존 질서를 파괴한다는 점에서는 전설적 영웅이지만, 마을 사람들에게 피해를 준다는 점에서는 골칫덩어리이다. 마을 주민들의 조동관에 대한 거리는 화자, 독자에게 전가되어 이 작품에 대한 반성적 거리를 유지하게 한다. 조동관의 무용담은 마을 주민에게 뉴스, 연재소설, 연속극, 스포츠 등의 흥미 위주의 이야기에만 머물지 않고 신화가 된다. 신화에는 시원적 이야기라는 신비한 그림자가 어려 있다. 조동관의 무용담이 신화가 될 수 있는 것은 금기에 대한 호기심이라는 인간 본연의 욕망을 매개하고 있기 때문이다. 그의 소설이 흥미 위주의 통속소설로 전락하지 않는 힘은 희극적인 것과 진지함 사이의 이러한 아이러니컬한 균형에 있다.

이 소설에서 화자가 지니는 입심의 근원은 민중적 미학의 이야기 공간을 창출하는 군중들의 시선에 있다. 판소리의 구연자가 청중과의 유대를 견지해 민중적 공동체 의식을 확보하듯이, 그는 군중들을 능수능란하게 작품 내부로 끌어들인다. 성석제 소설의 화자는 이야기 세계를 총괄하면서 빈번히 이야기꾼(편집자)의 위치에서 독자와 직접적인 의사소통을 시도한다. 이러한 성석제의 서사 기획은 근대 서사의 주변부로 밀려난 공동체적 유대에 바탕한 전통적인 서사 양식을 재창조하고 있다는 점에서 전통의 부활이라 지칭할 수 있다.

이문구의 전통에 대한 관심은 공동체적 삶에 대한 형언할 수 없는 그리움에서 발원하고 있다. 이에 오늘날 새롭게 재창조될 수 있는 실천의 계기를 가지지 못하는 부정적 인식의 계기(모더니즘)로 머물고 만다. 반면, 성석제의 전통 서사에 대한 관심은 미래(포스트모더니즘)를 향해 열려 있다.

성석제의 글쓰기는 동일성 담론의 코드(진담)를 이탈하여 새로운 코드(농담)로 탈주한다. 이 상상력의 공간은 자본에 의해 지배되는 부정적 현실에 균열을 낸다. 성석제에게서 부활되는 전통적인 서사 양식은 새로운 코드에 개입하여, 공동체적 유대에 바탕한 휴머니즘을 불어넣는다. 서구의 탈근대론에 전통이 개입하여 우리의 '탈근대' 가능성이 모색되는 지점은 바로 여기이다.

5. 근대와 탈근대의 변증법

오늘날 탈근대를 지향하는 문학의 주된 경향은 '낭만적 초월지향성'인 듯하다. 타락한 세계를 부정하는 세기말적 허무주의와 지난 시대 리얼리즘에 대한 근원적 불만으로 표출되는 이러한 경향은 균열, 분열, 해체를 향한 열정에 몰두한다. 이들의 수사학은 허무의 심연을 응시하는 내성적 문체와 나르시시즘이다. 이 속에는 일상인의 고독, 소통 부재, 죽음에의 유혹 등이 도사리고 있다. 그러나 강도 높은 감성이 삶의 공허를 채워 주지는 않는다. 오히려 더욱 강화된 감성의 자극을 요구할 뿐이다.

절망 속에서도 삶은 지속될 수밖에 없다. 부분성의 가치가 전체의 가치를 압도하는 현실을 넘어 우리는 다시 삶의 총체성을 사유해야 한다. 따라서 새로운 한 세기를 준비하는 우리 문학의 과제는 여전히 개별 삶과 세계와의 바람직한 관계를 모색하는 일이다. '진흙탕 속에서도 꽃을 피워야 하는 것이다.

이문구와 김소진의 소설은 소외된 전통과 모더니즘을 복원하여 우리 문학의 탈근대 논의의 단초를 마련하였다. 이문구의 소설에 나타나는 전통적인 서사 양식과 모더니즘은 리얼리즘의 경직성을 제어하여, 부정적 근대화에 대항하는 효과적인 미학적 형식을 창출하였다. 김소진은 개인의 내밀한 욕망을 통해 이데올로기의 억압 구조를 폭로함으로써, 80년대 시대 현실을 재발견하였다. 이러한 김소진의 글쓰기는 80년대 리얼리즘이 소외시킨 욕망을 복원하는 작업이기도 하다.

성석제의 소설은 근대와 탈근대의 경계에서 우리 문학의 새로운 길을 모색하고 있다. 그의 소설이 지닌 가능성은 농담의 미학에 있다. 진담(동일성)의 담론을 조롱하고 즐기며 유쾌하게 탈주하는 그의 글쓰기는 세기말의 절망, 허무의식과 구별된다. 절망과 허무의식은 부정적 현실을 내면화하는 단계에 머무르지만, 농담은 이를 넘어서서 세계로 확장된다. 성석제의 농담은 부정적 현실의 내면화를 벗어난 경쾌함을 보여준다. 이 날렵한 글쓰기는 세기말의 우울, 절망을 비웃으며 이들을 유쾌하게 탈주한다. 그러나 농담의 재치와 웃음 뒤에는 상업성에의 유혹이 존재한다. 가벼운 농담의 유혹이 아이러니의 진지함을 어떻게 견딜 것인가에 대한 우려는 여전히 남아 있다.

진담을 이탈한 이러한 농담의 서사는 근대 동일성 서사를 구부리며, 전통적인 서사 양식을 현대적으로 재창조함으로써 서구적 근대/탈근대 기획의 주체화, 토착화 가능성을 타진하고 있다. 성석제의 글쓰기는 서구 담론과 전통의 점이지대에서 우리 문학의 새로운 영역을 개척하고 있는 셈이다.

근대를 넘어서려는 소설들은 눈앞에 전통을 발견한다. 전통은 뒤가 아니라 앞에 있었던 것이다. 전통을 찾아 과거로 여행하는 것이 아니라, 현재의 역사적 장에서 전통을 창조적으로 계승하는 것이 관건이다.

'분단'소설에서 분단'소설'로
— 「아버지 감시」, 「쥐잡기」, 『D.M.Z.』을 중심으로

1. 분단소설의 새로운 모색

전지구적 사고가 요청되는 오늘날에도, 우리들만이 공유하고 있는 비극적 낱말이 있다. 분단이 그것이다. 당연히 보편성을 향해 달려가고, 또 그래야만 하는 한국문학은 분단이라는 특수성의 무거운 짐을 짐칸 가득 싣고 있다. 벗어던지고 싶어도, 벗어던졌다는 시늉을 해도 여전히 짐은 우리의 어깨를 짓누른다. 이처럼 분단 현실은 벗어날 수 없는 운명의 굴레로 우리 작가들의 의식·무의식을 옥죄어왔다. 분단 현실을 반영하는 용어인, 분단문학은 조국의 분단과 관련된 소재를 다루면서 분단의 원인, 분단으로 야기된 비극적 삶, 좌우 이데올로기 대립 등을 중점적으로 형상화한 문학이라 정의할 수 있다. 분단 상황이 지속되는 한 분단문학은 우리 민족의 삶의 특수한 표현양식이다. 이러한 분단문학의 최종 목표는 '문학'이라는 말 앞에 있는 '분단'을 지우기이다.

분단문학은 역사적으로 한정된 문학이다. 해방에서 전쟁으로 이어지는 비극적 현대사에 분단의 시작이 있었듯이, 대립적 냉전체제의 붕괴에 따른 시대적 변화는 분단의 끝을 구체적으로 가늠해 보게 한다. 도저히 깰 수 없는 절망의 벽으로 느껴졌던 냉전체제가 붕괴되면서 신화처럼 군림했던 분단 이데올로기는 자본의 메커니즘에 내화되어 일상 속으로 스며들었다. 이러한 시대적 변화는 분단에 대한 인식의 변화를 요구한다. 고착된 분단의 성벽에 서서히 균열의 조짐이 보이는 오늘의 현실에서, 분단 극복의 문제는 더 이상 당위의 차원이 아니라 구체적 현실의 문제로 우리에게 다가오고 있다. 오늘의 시점에서 분단 문학을 다시 한 번 점검해야 할 필요성도 바로 여기에 있다.

1990년대 작가들에게 분단 현실은 거의 주목받지 못하였다. 다원성, 개성을 전면에 내세운 개별화된 담론의 급성장은 우리 현실의 사회·역사적 문제보다는 개인의 억눌린 무의식적 욕망을 표출하는 데 주력하게 했다. 우리의 현실을 규정하는 근원적 모순이라 할 수 있는 분단 상황에 대한 천착은 지나간 시대의 유물인 양 소홀히 취급되기도 했다. 그러나 분단 현실이 우리의 삶을 여전히 동여매고 있다는 점을 염두에 둘 때, 이를 다룬 작가들의 관심은 그 가치가 남다르다. 특히, 이들은 과거와 단절된 현재의 감각적 쾌락을 중시하고, 개인의 내면으로 끝없이 침잠하려는 오늘의 문학 풍토에서 문학이 가진 사회적 응전력을 환기하고 있다는 점에서 주목받을 만하다. 전쟁 미체험 세대들에게서 주로 창작되는 이 시대의 분단소설에는 전대의 소설이 보여준 면모와 구별되는 새로움이 있다. 전쟁을 체험하지 못한 세대들의 작품에서 분단 극복의 가능성을 기대한다는 것은 위험한 발상일 수 있다. 왜냐하면 이 세대에게서 선배 작가들이 가지는 만큼의 진지한 문제의식을 기대하기는 어렵기 때문이다. 그러나 반면에 분단 현실에 대한 새로운 인식의 전환을 기대해 볼 수 있다. 그들은 전쟁의 상처를 직접 체험하지 못한 만큼, 분단 현실에서 자유롭기 때문이다. 자유롭다함은 분단 현실에 대하여 객관적 시각을 확보할 가능성이 높다는 것을 의미한다.

분단과 6·25 전쟁의 소설적 형상화를 문제삼을 때 세대론적인 시각은 여전히 유효하다. 분단 문제의 문학적 형상화는 세대에 따라 다르게 전개되어 왔기 때문이다. 전쟁 문학, 전후 문학의 성격이 짙은 작품을 발표한 1950년대 세대는 전쟁의 원체험 세대이다. 전쟁은 논리 이전의 생존의 문제를 제기했고 이들은 이성보다는 생리적 감각을 통해 전쟁을 형상화하였다. 이들은 재앙으로 다가온 전쟁에 압도되어 거의 전쟁 속에 함몰되어 있었다.

유·청년기에 전쟁을 겪고 1960·70년대에 작품 활동을 시작한 세대는 어떠한가. 이들은 어느 정도 전쟁에 대하여 객관적이고, 냉철한 판단을 할 수 있었다. 또한 4·19를 통하여 경험한 정치·문화적 자신감을 가진 그들은 전쟁에 접근하는 정신의 탄력과 지적인 면모를 보여준다. 분단소설의 맨 앞자리에 놓이는 『광장』에서 최인훈은 분단 현실과 전쟁에 대해 객관적 거리를 유지하며 이를 이데올로기의 문제로 해석하였다. 최인훈과는 다른 각도에서 분단 현실을 형상화한 작가로 윤흥길과 김원일을 들 수 있다. 이들은 유년 체험을 바탕으로 전쟁이 가져온 비극적 민족사를 우리의 전통적 샤머니즘 혹은 혈육의 문제로 화해시키고 있다는 점에서 『광장』의 맞은편에 있다. 이들의 성과에 뒤이어 1980년대에는 민중·민족운동의 급격한 성장에 따라 왜곡된 과거 역사를 바로잡으려는 인식이 『태백산맥』, 『지리산』 등의 소설들을 창출하게 한다. 이들은 금기시되어 왔던 좌익 이데올로기에 대한 천착을 통해 분단문학의 이념적 균형감을 획득하는 데 성공한다.

전쟁을 직접 체험하지 못한 세대들에게 분단문학은 어떠한가. 이들은 '흉터는 있지만 아픔의 근원을 모르는 세대'이다. 이들이 분단을 인식하는 유일한 통로는 일상 속에 내면화되어 있는 분단의 상처를 통해

서이다. 이들은 전지구촌으로 확장되어 있는 자신의 생활 공간을 바탕으로 분단 문제에 대한 인식을 한반도 너머로 확장한다.

직접적 체험에 바탕하지 않은 이들의 분단 인식은 선배 작가들에 비하여 상대적으로 객관적이고 탄력적이다. 태생적인 한계를 오히려 장점으로 역전시킬 수 있는 재기발랄함과 가벼운 상상력은 이들의 문학적 가능성을 시사한다. 분단의 끝이 저만치 보이는 현실을 살아가야 하는 이들의 의식적·무의식적 질주 속에서 우리는 분단 극복의 가능성을 들여다볼 수 있다. 선배 작가들의 의식을 짓눌러왔던 분단 현실에 대한 부채감이 이들에겐 상대적으로 경감된다. 그만큼 이들의 시선은 자유롭다.

그러나 이들에게도 문제는 있다. 사회주의의 몰락을 체험하며 글쓰기를 시작한 이들에게 내재된 거대담론에 대한 환멸과 회의는 좌·우익 이데올로기의 문제가 복합적으로 얽힌 분단 문제를 진지하고 성실하게 천착하는 데 적지 않은 장애 요소로 작용하기 때문이다. 자본주의의 억압적 메커니즘과 힘겨운 투쟁을 하고 있는 이들이 우리의 정신사를 관통하고 있는 분단 현실을 과연 얼마나 깊이 있게 성찰할 수 있을 것인가 하는 우려도 있다. 그러나 그렇다고 하더라도 이들의 두 어깨에 분단 극복의 가능성이 걸려 있다는 세대론적 사실은 부인할 수 없다.

이 글에서는 전쟁을 체험하지 못한 세대들의 1990년대 분단소설 중에서, 최윤의 「아버지 감시」(1990), 김소진의 「쥐잡기」(1991), 박상연의 『D.M.Z.』(1997)을 중심으로 현 단계 분단소설의 방향과 흐름을 살펴본다. 이들의 작품은 아버지를 통해 분단 현실을 인식하는 아들의 모습을 제시하며 지금까지 지속되는 우리 민족의 비극적 삶을 조명하고 있으며, 한편으로는 분단 현실이 내면화되어 일상의 공간 어디에나 영향을 미치고 있음을 드러내 준다. 오늘의 현실은 분단 상황이 지속되는 시기이며 새로운 시대적 상황을 예견하고 있음을 드러내 주는 위의 작품들은 기존 분단소설과의 연속성과 단절을 동시에 보여준다.

이 세 작품은 『광장』의 후예들이다. 이들은 이데올로기에 절망해 인도행 '타고르호'에서 투신 자살한 이명준을 부활시켜, 이명준이 추구한 이데올로기의 자리에 새로운 '아버지像'을 올려놓고 분단 현실을 가늠해 본다. 이들의 작품은 '아버지와 아들'의 관계를 문제삼는다는 점에서 『광장』의 연장이지만, '아버지와 아들'의 정체성, 위상, 사유 모두가 변화되어 있다는 점에서 『광장』과 변별된다. 이명준의 부활은 기존의 억압적이고 권위적인 '아버지'를 해체하려는 전략의 일환이다. 아버지는 국체(國體)의 상실과 회복, 나눔과 합침의 상징물이다. 1980년대까지의 분단문학이 사라진 아버지 찾기와 아버지 되기가 주류였다면, 1990년대의 분단문학은 아버지를 해체함으로써, 사라진 아버지를 반성하고자 한다. 해체를 통한 재구성인 셈이다.

2. 1990년대 소설의 분단 인식

우리의 전통 사회에서 父는 하늘, 국가, 권위, 힘의 상징으로 현실을 초월하는 근원적인 신성성을 지시해 왔으며, 한편으로는 가족 공동체의 초석이 되어 왔다. 사라진 父를 추적하여 수많은 고난을 헤치고 마침내 고구려를 건국하는 내용의 주몽신화는, 현실을 규제하려는 인간의 욕망과 현실을 초극하려는 욕망이 삼투되는 인생의 본질을 '아비 찾기' 모티프를 통해 상징적으로 보여준다. 이러한 아버지 찾기의 원형성은 우리 근대사나 현대사의 전개 과정과 맞물려 근·현대 소설의 중요한 모티프로 등장한다.

우리의 근대사는 아버지로 상징되는 유교적 가부장제가 서구의 합리주의에 의해 교체되는 과정을 시작으로 전개된다. 개화기의 계몽주의는 전통적 질서의 붕괴에 따른 가치관의 혼란을 일본에 의해 수입된 신문물을 통해 극복하고자 하는 욕망의 발현이었다. 잃어버린 아버지를 되찾기 위해 의붓아버지에 의존한다는 역설적 상황이 식민지 시대 우리의 현실이었다. 20년대 카프(KAPF)문학운동도 NAPF, RAPF의 영향하에 전개되었다는 점에서 마찬가지의 의미로 해석될 수 있다. 해방과 6·25로 이어지는 정치적 격변기에는 좌·우익 이데올로기의 대립 속에서 새로운 나라 세우기의 과제가 제기된다. 그리고 분단 고착 이후 1970·80년대의 민족·민중 이데올로기도 공적 단위의 아버지가 부재하거나, 혹은 부정한 수단을 통해 권위를 누리고 있을 때, 이를 거부하고 새로운 아버지상을 수립하려는 의지의 발현이라 할 수 있다. 이는 분단 극복, 나라 합치기와 동궤에 놓인다.

 이러한 아버지 찾기 모티프는 우리 분단소설의 중요한 흐름이 되어 왔다. 해방과 전쟁으로 이어지는 격변의 현대사는 아버지로 상징되는 국가 권위의 회복을 꿈꾸게 하였다. 좌·우익 이데올로기는 아버지의 다른 이름이었다. 분단이 고착화된 이후 아버지를 찾아 나서는 아들의 행위는 잃어버린 반쪽의 이데올로기를 회복하려는 의지와 깊은 관련을 가진다. 통일 조국을 건설하려는 의지는 진정한 아버지상을 회복하려는 신념의 발현이기 때문이다.

 사라진 아버지로 상징되는 좌익 이데올로기가 지구촌에서 붕괴된 오늘의 현실에서 아들이 추구하는 아버지상은 변모를 겪지 않을 수 없다. 이제 하늘, 국가, 권위, 힘을 상징하는 거대 담론으로서의 아버지상은 현실 속에서 존재하지 않는다. 아버지는 평범한 일상인으로 전락한다. 이러한 가치관의 혼란 속에서 아들은 다음과 같이 외친다. "우리 소설은 상징, 권위로서의 아버지상에 너무 집착해 오지 않았는가? 이제는 이러한 아버지상에서 벗어날 필요가 있지 않을까?" 이는 매우 중요한 시각의 전환이다. 우리 소설에서 아버지는 현실을 조직하고 그것에 방향을 부여하는 강력한 지배력을 행사해 왔다. 우리 소설의 중심에 아버지의 권위에 도전하여 좌절한 비극적 장면이 얼마나 많았으며(최인훈), 아버지의 권위를 거부한 아들이 결국 아버지와 유사한 세계를 창조하고 마는 역설적 상황이나(이문열), 어머니의 품속으로 투항하는 경우(윤흥길)가 얼마나 많았는가?

아버지로 상징되는 거대 서사가 사라진 현실에서 소설은 어디로 가야 하는가? 아버지는 상징의 가면을 벗고 이데올로기에 상처받고 희생된 인물로 아들 옆에 나란히 내려앉는다.

위안받을, 돌아갈 정신적 고향이 없는 세대의 글쓰기는 이 지점에서 시작된다. 아들은 아버지의 흔적이나 흉터를 통해 일상 속에서 간접적으로 분단 현실을 인식한다. 지금까지 억눌려 왔던 무의식적 욕망이 분출된다. 여기서 선배 작가들이 가졌던 분단 현실에 대한 강박감을 해소할 수 있는 가능성이 존재한다. 이제 구체적인 작품을 통해 1990년대 분단소설의 면모를 살펴볼 차례이다.

2-1. 최윤의 「아버지 감시」—분단 현실 비껴서기

최윤의 「아버지 감시」는 인물들이 처해 있는 상황이나 시·공간적 배경이 분단 현실의 중심에서 슬쩍 비껴 있다. 월북한 아버지는 탈북하여 중국에 살고 있으며, 아버지로 인해 남한에서 무수한 고통을 겪은 아들은 프랑스에 정착해 살고 있다. 이 두 사람이 상봉하는 곳도 프랑스이다.

제3국 프랑스의 한 모퉁이에서 만난 아버지는 이미 예전의 화려하고도 떳떳한 공산주의자로서의 모습을 상실했다. 중국으로 탈주한 이후의 생활을 묻는 아들의 질문에 아버지는 '나는 야인이다. 그리고 야인의 생활에 만족한다'라고 말한다. 이는 아버지의 새로운 위상이다.
 이제 아버지는 더 이상 과거의 이데올로기적 존재가 아니라는 것이다. 아버지는 과거에 선택한 이데올로기에 대하여 미련을 가지고 있지도 않고, 그렇다고 월북 행위를 후회하고 있지도 않다. 아버지는 어느 누구에게 무릎꿇고 용서를 빌 만한 일을 한 적이 한 번도 없다고 말하고 있으며, 뜻없이 건성으로 사는 일이 그 당시나 지금이나 가장 큰 부끄러움이라고 말한다. 아버지의 월북 행위는 여기에서 인간 본연의 신념, 자존심의 문제로 전화된다. 따라서 아버지는 이데올로기적 잣대로 규정되지 않는 존재이다.
 이 작품에서 아들의 시각은 아버지의 처지에 비해 이데올로기적으로 우월한 입장에 있다. 이는 아버지 '감시'라는 제목에서도 그대로 드러난다. 동구 사회주의권의 몰락과 자본주의의 승리라는 국제 정세를 반영하고 있는 이와 같은 인물 설정은 기존 분단소설의 관점에서 벗어난 구도이다.
 평범한 일상인으로 전락한 아버지의 모습을 본 아들은 '아버지에 대한 구체적인 서운함'을 느끼기 시작한다.

 시간이 갈수록 내 속에서는 우리를 버리고 혼자 북으로 가버린 추상적인 과거의 아버지에 대해서가 아니라 편지 왕래가 시작되면서부터 접하게 된, 되돌아온 아버지에 대한 구체적인 서운함이 뿌리를 내리기 시작했다. 그리고 이 서운한 느낌은 묘한 방향으로 진전되면서 나로 하여금 아버지의 일거수 일투족을 추호의 여지도 없는 엄격함으로 바라보게 만들었다.
―「아버지 감시」

 아들은 '북으로 가버린 추상적인 과거의 아버지'를 '구체적인' 모습으로 인식한다. 자신의 세계관을 분명히 획득한 아들이 아버지를 대하는 모습은, 아버지에 대하여 어머니나 형으로부터 전해 들은 '신화 속의 젊은 이하운'의 '망령'을 버리는 일로 나타난다. 권위적인 담론으로서의 아버지가 해체된 것이다. 신화 속의 인물, 혹은 영웅의 자리를 털고 일상의 자리에 내려온 아버지는 소설의 주인공으로 제자리를 찾는다.

이러한 '소설의 자리'는 아버지의 탈북 동기에 대하여 설득력 있는 해석을 제공해 준다. 이 작품에서 아버지의 탈북 동기에 대해서는 구체적으로 드러나지 않으나, 아들과의 선문답식 대화를 통해 추측해 보면, '가도가도 내리막길이 없는 오르막길'을 오르는 데 지쳐버렸기 때문이다. 이는 월북한 당시 아버지가 생각했던 이념을 북한에서 실현하기 어려웠다는 의미로 해석할 수 있다. 사회주의 지식인이 꿈꾸는 유토피아와 북한의 현실 사회주의 사이의 괴리에 따른 좌절에 다름 아니다. 이는 분단 현실을 인식하는 관점이 이데올로기의 대립이라는 이항 구도에서 신념의 실천이라는 구체적 문제로 전화하고 있다는 점에서 주목을 요한다.

「아버지 감시」는 아버지가 아들에게 파리에 있는 '페르 라 셰즈'라는 공동묘지에 동행할 것을 요구하여, 함께 그 묘지를 찾아가는 여정으로 끝난다. '페르 라 셰즈'는 파리 코뮌의 막바지에 파리에 스며든 국민병을 정부군이 생포 사살하여 매장한 역사적인 장소이다. 한바탕 불어닥치는 바람에 옷깃을 올릴 생각도 잊고 70세의 노인답지 않은 빠른 걸음으로 앞서 가는 아버지의 구부정한 뒷모습에서 아들은 '행여 아버지를 만날 수 있을지도 모른다는 기대 속에서 하루하루를 살아오기라도 한 것 같은 감정의 착각'에 사로잡힌다. 십여 년 전 유학시절 친구들과 방문하여 우연히 만난 북한 사람들을 보며, 기억에도 없는 젊은 시절의 아버지를 그려본 일이 떠오른 것이다. 아버지의 부재로 유복자 생활을 해온 아들의 곱지 않은 시선이 낳은 아버지 '감시'는 이 대목에서 비록 '감정의 착각'이라는 단서가 붙지만 아버지의 삶과의 소통 가능성을 보여준다. 이는 아버지에 대한 아들의 시선이 '감시'에서 서서히 '이해'로 바뀌는 과정과 동궤에 놓인다. 이러한 상호 소통은 이데올로기라는 잣대를 버리고 서로의 삶을 동등하게 인정할 때 가능하다.

최윤은 이 작품에서 특정 이데올로기를 감시하는 아들의 모습은 또 다른 이데올로기, 즉 자본주의의 우월성을 드러내는 행위일 수 있다는 사실을 보여준다. 그리고 소통의 가능성을 '감정의 착각'을 통해 제시한 점은 분단의 문제가 혈육의 정에 바탕한 당위적 구호를 통해서는 극복되기 어렵다는 것을, 화해는 지난한 시행착오를 거쳐야 비로소 이루어질 것이라는 작가의 각성을 역설적으로 표현한 고육지책이라 할 수 있다.

그러나 아쉬움은 남는다. 「아버지 감시」는 분단 현실에서 비껴섬으로써 나름의 객관성을 확보하고 있으나, 동시에 관찰하는 주변인으로서의 위치는 분단 현실의 고통과 고뇌로부터 그만큼 벗어나 있다. 이 작품의 객관적 분단 인식이 가진 이데올로기 비판의 성과를 인정한다 하더라도, 이데올로기로 상징되는 아버지에 절망해 바다에 투신한 이명준의 치열한 몸부림으로부터 그만큼 벗어나 있다는 점은 아쉬움으로 남는다. 이는 가슴아픈 현대사의 기억을 지적이고 서정적인 문체로 수용·감각화함으로써 우리 문학의 '틈'을 비집고 등장한 최윤 소설의 성과이자 한계이리라. 거기에는 역사 현실을 온몸으로 살아온 자의 절실함이 부족하다. '감정의 착각'을 통한 화해 가능성이 가지는 성과와 한계는 바로 이러한 비역사성에 있다.

2-2. 김소진의 「쥐잡기」— 분단 현실의 문학적 내면화

　김소진의 「쥐잡기」는 전쟁의 와중에서 월남한 아버지의 곤고한 삶을 아들의 시각에서 조명하고 있는 작품이다. 이 작품에서 드러나는 아버지는 권위적이고 억압적인 이데올로기와는 무관한 인물이다. 유전 협정이 조인되고 포로수용소에서 이남과 이북을 선택해야 할 자리에서 아버지는 '잔뼈가 굵은 고향이 있고 부모 처자가 있는' 북쪽으로 가고 싶다는 생각과 '물밑쪽 같은 신세 이제 고향에 돌아가믄 뭘하겠나' 하는 생각 사이에서 혼란에 빠진다. 그러다 '폭동의 와중에서 우연히 아버지를 깨우는 바람에 목숨을 건지게 해준 흰쥐가 꼬랑지를 살랑살랑 흔들며 이남 쪽으로 걸음을 떼고 있는' 모습을 보고 남쪽을 선택한다.
　분단 현실을 '광장'과 '밀실'이라는 이데올로기의 상징으로 인식한 이명준은 남·북 어느 쪽도 선택하지 못하고 제3국행 배에 몸을 실었다. 이명준에게 이데올로기는 삶을 조직하고 지배하는 절대적 명제였다. 그가 사변적이고 관념적인 지식인이었다는 점은 이와 무관하지 않다. 따라서 그의 자살은 예견된 결과였다. 이데올로기의 속박에서 벗어나지 못한 불행한 청년 이명준이 이데올로기를 버리고 제3국에서 평범한 삶을 살아간다는 것은 불가능한 일이다. 이는 조국을 포기하는 일이기 때문이다.
　그러나 「쥐잡기」의 아버지는 이명준의 반대편에 있다. 그에게 이데올로기는 삶 그 자체의 다양한 요소를 설명하기에 오히려 무력하기만 하다. 그는 역사의 가장 밑바닥에서 역사의 실체를 형성해 온 민초이기 때문이다. 이는 아버지가 가지는 권위적이고 억압적인 성격을 해체하고 있다는 점에서 중요한 시각의 전환이다. 이러한 아버지상은 지금까지 우리 문학이 가져온 상징, 권위로서의 아버지를 생활의 질서 속으로 끌어내린다. 아버지는 오히려 이데올로기라는 상징에 의해 희생된 변두리 삶을 살아온 평범한 인간으로 제시된다.

 여기 한번 나와 있으니까니 못 가갔드란 말이야. 어딜 간들 하는 생각 때문에 도루 못 가갔드란 말이야. 기거이 바로 사람이야. 웬 쥐었냐고? 글쎄 모르지 기러다 보니 맹탕 헷것이 눈에 끼었는지두. 언젠가 돌아가겠지 하며 살다보니…… 암만 생각해봐두 꿈 같기도 하구…… 기리고 이젠 모르갔어…… 정짜루다 돌아가구 싶은 겐지 그럴 맘이 없는 겐지…… 늙으니까니 암만해두.

—「쥐잡기」

 이러한 아버지의 모습을 아들 민홍은 언젠가 박물관에서 본 '고생대의 한 화석'으로 비유하고 있다. 그 화석에 대한 일차적인 기억은 앙상함이었고, 그 누구도 자유롭지 못한 가슴답답한 세월의 무게였다.
 이 작품에서 분단 현실은 산동네 초라한 구멍가게 안으로 스며들어 있다. 김소진은 분단 현실을 '쥐잡기'라는 아버지의 상징적 행위로 치환하여 내면화한다. 이는 분단 현실의 문학적 수용이라고 지칭할 수 있다.
 김소진은 일차적으로 소설의 몸체를 풍성히 하는 데 주력한다. 이는 어머니인 철원네의 사투리, 그리고 거제도 포로수용소의 체험을 아들에게 들려주는 아버지의 회고담을 함경도 사투리를 통해 제시하는 장면에서 드러난다. 방언은 그 특유의 표음성으로 인해 사건의 정황을 생생하게 재현하여, 서사성을 강화하는 데 기여한다. 또한 아버지의 생생한 회고담을 통해 분단 현실을 전수받는 아들의 상황은 소설이 가진 이야기성을 강화한다. 이러한 시도는 분위기나 파편화된 장면을 지나치게 강조하여 서사성을 상실해 가는 1990년대 이후의 신변소설과 비교할 때, 전통적 소설 문법에 충실하다는 점에서 주목을 요한다.

이어서 김소진은 아버지의 이데올로기를 '헛것'이라 선언한다. 아버지가 북에 있는 고향과 처자를 잊고 구차한 산동네의 삶을 살아갈 수 있게 한 동인은 '흰쥐'로 상징되는 '헛것'이었다. 이 '헛것'은 현실의 곤고함과 구차함을 잊게 해주는 꿈으로 기능한다. 김소진은 이러한 '헛것'의 이데올로기를 문학이 추구하는 상상력의 세계로 내면화한다. 그는 '헛것'의 이데올로기를 삶을 능동적으로 조직하고 그에 방향을 부여하기에는 무력하지만, 우리의 삶 속에서 없어서는 안 될 요소로 상정한다. '헛것'의 이데올로기를 문학적 상상력과 등가의 것으로 위치지우는 감각이 그의 소설의 새로움이자 가능성이다.

김소진은 '헛것'을 소설을 통해 복원하려고 한다. 소설도 상상력의 산물이라는 점에서 '헛것'이라고 할 수 있다. 그러나 소설의 이데올로기는 강압적이거나 억압적이지 않다. 소설이 가진 이데올로기로 기존의 권위적인 이데올로기에 저항하기가 바로 김소진의 글쓰기 전략인 것이다. 이는 아버지의 이데올로기인 '헛것'을 소설의 이데올로기로 치환하기에 다름 아니며, 또한 지금까지 억눌려 왔던 아버지의 내면적 욕망을 복원하는 일이다.

그러면 「쥐잡기」에서 아버지가 말년에 그렇게도 집착한 '쥐잡기'가 가지는 의미는 무엇일까? 아버지가 집착한 쥐는 '헛것'을 상징하는 '흰쥐'의 반대편에 있는 현실의 생명력, 생활력을 상징한다. 이 쥐와의 끈질긴 투쟁은 월남한 이후 아버지에게 처음이자 마지막으로 생에의 의지를 불타게 한다. 아버지의 삶에 꿈을 준 '흰쥐'로 상징되는 '헛것'의 이데올로기와 '쥐잡기'에의 집착을 불러일으킨 곤고한 '현실'은 우리 삶에 있어서 어느 것 하나 포기할 수 없는 필수불가결한 요소이다.

분단 이데올로기를 문학적 상상력으로 해체시킨 김소진은 아버지의 뒤를 이어 '헛것'과 '현실' 사이에서 힘겨운 투쟁을 벌여 나가야 할 것을 암시하며 이 소설은 끝난다. 그의 삶은 다름 아닌 소설가로서의 삶이다. 「쥐잡기」는 소재적 차원에서 제시되는 분단소설의 새로움을 넘어, 「아버지 감시」가 보여주는 '감정의 착각'을 문학적 내면화를 통해 구체화한다는 점에서 중요한 의미를 지닌다.

2-3. 박상연의 『D.M.Z.』— 다시 분단 현실의 중심으로

박상연의 장편 『D.M.Z.』은 아버지의 지난 삶을 추적하는 아들의 시선과 판문점 총기 난사 사건을 수사해 나가는 이야기가 교차하면서 전개된다. 이 작품에 등장하는 아버지는 박헌영 노선의 좌익 이데올로기를 신봉한 인물로 월북하여 6·25 전쟁 때 인민군 소좌로 참전하여 전쟁 포로가 된다. 그는 포로수용소에서 좌우 이데올로기 대립의 무력 충돌 과정에서 반공포로들을 무참히 학살하는 일에 앞장선다. 충돌 와중에서 그는 반공포로에 속해 있는 동생을 죽이게 된다. 아버지는 박헌영을 숙청하는 북쪽 이데올로기에 대한 실망과 이데올로기의 허상을 좇은 자신의 행위에 대하여 환멸을 느끼고 중립국 인도를 택한다.

그 뒤, 브라질로 이주하여 리우 부두의 하역 노동자로 일하던 아버지는, 탁상공론만 일삼는 좌파 지식인들에게 환멸을 느낀 브라질 주재 외신 기자인 인텔리 여성을 만나 아들인 '지그 베르사미'를 낳는다. 자신이 선택한 이데올로기마저 포기하고 도망친 인물로 설정된 아버지는 스스로에 대한 자학을 아들에게까지 이어 가며 초라한 말년을 보낸다. 이러한 아버지의 삶은 이데올로기에 환멸을 느낀 지식인의 실패한 삶이란 점에서 기존의 권위적인 아버지상의 반대편에 위치한다.

『D.M.Z.』은 혼혈아인 아들 '지그 베르사미'의 시각으로 전개된다. 이는 분단 현실을 객관적으로 인식하려는 작가의 강한 의지를 반영하는 것이다. 이 작품에서 아버지가 자신의 삶에 환멸을 느껴 제3국을 선택하게 되는 동기가 혈연적 계기를 통해 표출된다는 점은 의미심장하다. 동생을 죽였다는 죄책감과 고향에 있는 어머니의 죽음을 통해 아버지가 스스로의 과오를 깨닫게 된다는 설정은 이데올로기보다는 혈연적 유대를 중요시하는 작가의 강한 민족의식을 드러내 준다. 작가에 의하면 민족은 '함께 가꾸어온 공동체의 집합적 기억'을 공유하는 집단이다.

민족주의가 분단 현실의 고통이나 수난을 이겨내고 분단 극복의 미래를 이룩하려는 동질적 공감대를 형성하지 못할 때, 자칫 민족적 감정만을 고양하는 충동적이고 비이성적인 과거지향성을 띨 수 있다. 이러한 과거지향적 민족주의는 50여 년이 넘게 지속되어 온 분단 현실에 대한 천착에 정당성을 부여해 주는 기능을 하지만, 분단 현실을 넘어 통일 조국을 건설하려는 미래지향적인 의지로 나아가지는 못한다. 이 작품에서 드러나는 민족주의는 '통일이나 분단이니 하는 문제엔 관심이 없어도 경필형과 우진 같은 좋은 친구와의 인연은 지속하고 싶었다'는 김수혁 일병의 말에도 드러나듯, 미래에 대한 전망이 거의 나타나지 않고 있다.

'과거를 어떻게 보느냐에 따라 현재와 미래가 달라'질 수 있다는 과거지향적 민족주의는 아버지의 삶을 이해하는 베르사미의 시각에도 그대로 드러난다.

예전처럼 소리도 지르지 않았고 난폭하지도 않았지만 푹 패인 눈두덩에 초점 없는 눈동자는 가슴을 아프게 했다. 저렇게 될 거면서. […중략…] 하지만 그뿐이었다. 이제 와서 뭘 어떻게 해야 한단 말인가. 우리 부자는 모든 것이 너무 늦어버렸다. 그도 불쌍한 인간이다. 쿠비의 말처럼 아버지에 대한 나의 감정이 애증일지도 모른다.

—『D.M.Z』

위의 인용은 아들인 베르사미가 아버지의 삶을 이해하게 되는 과정이 아버지도 '불쌍한 인간이다'라는 지극히 소박한 휴머니즘에 기초하고 있다는 사실을 보여준다. 이러한 소박한 휴머니즘과 혈연주의는 이 작품이 설정한 제3의 시각으로서의 분단 인식이라는 객관성을 심각하게 훼손하고 있으며, 오히려 김원일이나 윤흥길이 보여준 민족적 정서에 바탕한 혈연적 화해보다 그 깊이나 긴장력이 떨어진다. 이는 작가의 『태백산맥』 등의 소설에서 본 '관념적 분단 인식의 한계라 할 수 있다.

그럼에도 불구하고 이 작품에서 고무적인 것은 '유일하게 같은 언어를 쓰는 나라의 사람들과 한마디 말도 할 수 없이 언어가 정지된' 비무장지대를 무대로 설정한 대담성이다. 이러한 대담성은 「아버지 감시」가 가진 객관적 분단 인식, 「쥐잡기」가 보여준 분단 현실의 문학적 수용의 성과를 바탕으로 이루어진 것이다. 이데올로기의 문제를 정면으로 다룬 『광장』의 뒤를 이어 다시 우리의 분단 현실을 소설의 중심 주제로 설정했다는 점에서 이 작품이 가지는 의의는 자못 크다. 그리고 분단 현실이 아직도 우리의 삶을 지배하고 있다는 진지한 문제의식은 분단 문제에 대한 보기 드문 정공법적 천착이라 할 수 있다.

작가는 민족 분단의 비극적 현실이 우리 민족의 억압된 무의식으로 기능하고 있다고 본다. 남북 사병들은 휴전선 이북에서 서로 만나 동포애를 나누다가, 갑작스런 오발 총성을 듣고 조건반사처럼 총기를 난사한다. 북한 병사 한 명은 그 자리에서 죽고 다른 한 명은 중상을 입는다. 이에 대해 죄책감을 느끼다가 자살하게 된다는 김수혁 일병의 이야기를 추리 기법으로 풀어 가는 작가의 시선은 몇 개의 상징적 사건을 통해 분단 현실을 독자에게 제시한다.

아버지가 동생을 살해할 때의 조건반사, 공항에서 총기를 난사하는 아버지의 조건반사 행위, 김수혁 일병이 기르는 개에게 행하는 조건반사 실험 그리고 김수혁 일병이 총기를 난사하게 되는 순간의 조건반사적 행동 등이 그것이다.

작가는 분단 현실을 무의식적 공포의 문제로 제시하고 있다. '상대가 강하면 강할수록, 자신에게 미치는 위협이 크면 클수록' 심해지는 공포. 이러한 공포는 '지난 50여 년 동안 치밀하게 짜여진 각본'에 의해 강화된다. 표면적으로는 동구 사회주의권이 몰락했지만, 아직도 우리의 의식 속에는 비극적 분단 현실이 잠재되어 있다. 조건반사 행위는 '무언가를 머릿속에, 마음속에 쑤셔박아 놓고 어딘가를 건드리면 터지도록 설계해' 놓은 듯이 특수한 계기를 통해 분출된다. 공포가 폭발하는 지점에서 '악마'가 탄생한다. 남·북 이데올로기가 만나는 곳에서, 바로 'D.M.Z.'에서. 이러한 '악마'는 남북 사병들의 아름다움 우정을 박살내며, 혈육인 동생을 죽게 만든다.

『D.M.Z.』은 주인공의 시선을 한국인과 스위스인의 혼혈로 설정한 점, 남·북이 첨예하게 대립하고 있는 비무장지대를 배경으로 분단 현실을 우리 민족의 무의식적 억압의 측면에서 고찰한 점, 그리고 남북 사병들의 구체적 만남 속에서 분단 현실을 다루었다는 점에서 새로운 분단소설의 가능성을 시사해 준다. 그러나 분단 현실을 과거지향적인 민족의식으로 해석했다는 점과 남북 사병들 사이의 소박한 휴머니즘으로 극복하려 했다는 점에서 한계가 드러난다. 이미 분단 현실은 과거지향적 민족주의와 소박한 휴머니즘의 수위를 넘어 우리에게 구체적 극복 과제를 제기하고 있기 때문이다.

3. 분단을 넘어

우리 문학을 둘러싼 상황은 다양한 징후들이 이리저리 떠돌 뿐, 그

실체는 짙은 안개에 가려져 있는 듯하다. 해체, 탈중심, 다원주의 등의 용어들이 이제는 보편화되어 그것들이 가지는 새롭고 실험적인 색깔을 윤색해 버린 인상이 들 정도이다. 그러나 한편으로는 가볍게 부유하는 문학적 징후들의 밑바닥에 흐르는 저류를 탐구하려는 반성의 목소리가 서서히 부상하고 있다. 이제 문학은 사회 현실에 대한 응전과 더불어 스스로에 대한 비판의 시선을 날카롭게 벼려야 한다.

　분단소설에 대한 새로운 모색도 이러한 문제의식에서 비롯된다. 분단소설의 어려움은 분단과 전쟁이 낳은 충격의 점진적 약화로 분단의식이 희석화되고, 또한 부정적 통치 수단으로 사용되어 왜곡되고 있다는 점에 한정되지 않는다. 오히려 자본의 논리에 의해 침윤되는 분단소설의 정체성을 찾는 것이 중요하다. 이는 상품화되기를 거부하는 문학 자체의 메커니즘을 개발하는 일과 연관이 있다. 일상 속에 내면화되어 있는 분단 현실을 극복하기 위한 노력은 지난 시대의 당위적 외침을 넘어, 구체적으로 해결해야 할 실천적 과제를 제기한다. 1990년대 분단소설들은 이러한 실천적 과제를 문학의 영역으로 수용하여 구체적으로 성찰하고 있다.

　1980년대까지의 분단소설이 체험에 바탕한 분단 인식을 보여주었다면, 1990년대 이후의 분단소설은 분단 현실을 관념·상상을 통해 재구성한다. 이는 현실의 변화에 대응하는 문학 자체의 자의식이 개입되고 있음을 드러내 주며, 문학이 현실에 종속되는 시대를 지나, 문학의 논리로 현실을 인식하는, 아니 문학 그 자체가 현실에 저항하게 하는 메커니즘을 반영한다. 이러한 메커니즘은 당연히 기존의 권위적이고 폐쇄적인 아버지상을 거부하며, 현실을 객관적으로 바라보려는 의도를 강하게 내비친다. 그러나 아직 거부와 해체에서 새로운 복원의 단계에 이르지는 못한 듯하다. 이제는 현재적 삶의 제반 모순에 작용하는 분단 문제를 다양하게 그리고 능동적으로 다루어야 할 때이다.

촛불은 제 몸을 태워 빛을 만든다. 촛불의 완성은 제 몸이 다 타고나서 없어질 때 이루어진다. 분단문학도 마찬가지이다. 분단이 타서 없어져 '분단문학'이 '문학'으로 갈 때, 그 소임을 다한다. 그것은 우리 문학이 특수성에서 보편성으로 진입함을 의미한다. '분단문학'은 '문학'으로 가야 한다. 그것이 우리 문학이 나아가야 할 올바른 방향이다. 그때까지 과도기적인 성격의 분단문학은 제 몸을 태울 것이다.

1990년대 노동소설의 좌표

1.

〈살바도르〉를 본 적이 있는가. 엘살바도르 혁명을 소재로 한 미국 영화이다. 미군의 지원을 받고 있는 군사독재 아래 민중들의 봉기가 곳곳에서 일어나 정부는 붕괴 위기에 놓인다. 미국은 자국민을 국외로 대피시키고, 부패한 정권에게 군사적인 지원을 한다. 구식 소총을 들고 말을 탄 봉기군과 미제 탱크를 앞세우고 진압하는 정부군 사이의 마지막 전투 장면은 아직도 기억에 생생하다.

이 영화를 처음 접한 1987년, 제국주의 권력에 진압되는 제3세계 민중들의 비장한 모습은 많은 사람들의 가슴을 적셨다. 혁명군이 근대 자본주의의 상징인 첨단 무기 앞에 무력하게 붕괴되는 장면은 우리에게 두려움과 공포 그리고 숙연함의 미묘한 감정의 파장을 일으켰다.

그러나 90년대 후반 이 영화가 상업·산업 자본주의의 최전선인 헐리우드에서 제작되었다는 사실 앞에 우리는 당혹감을 감출 수 없었다.

'혁명'까지도 상품화하는 음험한 자본의 논리가 80년대에도 여전히 관철되었다는 사실을 어떻게 받아들여야 할 것인가? 이 당혹감은 자본의 논리에 적절하게 대응하지 못한 지난 시대 문학을 넘어서야 한다는 자의식과, 80년대의 뜨거웠던 열정을 무 자르듯 외면할 수도 없는, 80년대 문학에 대한 90년대 문학의 미묘한 애증 관계와 무관하지 않다. 부정한 근대를 극복하려는 혁명 의지마저도 삼켜 버리는 은폐된 자본의 논리는 우리의 삶을 근원적으로 위협하며, 다시 우리의 시선을 과거로 이끈다.

80년대 문학의 중심축은 노동문학이다. 노동문학은 자본주의 사회가 낳은 노동의 소외에 정직하게 대면하고, 이와 적극적으로 투쟁하였다. 그럼에도 불구하고 80년대 노동소설은 '근대성의 성취와 근대 극복'(백낙청)이라는 우리 사회의 이중적 과제를 효과적으로 지양(止揚)하지 못하였다. 마르크시즘(과학)으로 무장한 노동소설은 근대 극복이라는 과제에 과도하게 집착한 나머지 바람직한 근대성의 성취에 대한 구체적 천착을 등한시하였다. 이제 극단적으로 밀고 간 부분(근대 극복의 열망)을 일상 속으로 끌어들이고, 미흡했던 부분(근대성의 성취)을 겸허하게 인정하며 이 둘의 조화를 이루어내야 하는 시기에 이르렀다. 90년대 노동소설의 과제도 이와 무관하지 않다.

2.

산업화 사회의 급변하는 시대현실을 총체적으로 담아내려는 시도와 그것의 불가능함(현실적 제약) 사이의 긴장이 70년대 『난장이가 쏘아올린 작은 공』의 연작 형식을 낳았다면, 80년대 노동소설은 중·단편 중심으로 발표되었다.

정화진의 「쇳물처럼」(1986), 방현석의 「새벽출정」(1989) 등이 대표적인 작품이다. 노동운동의 성과를 반영하는 이들의 작품은 노동자들의 도덕적 순결함에 바탕한 승리에 대한 확신과 일시적 패배에서 오는 비장미를 주로 다루고 있다. 80년대 노동소설은 소재나 주제면에서 제한된 영역에 머물렀다. 대기업 노조보다는 중·소규모 단위의 협소한 노조활동이 작중 현실로 제시되고 있으며, 현실적 요구에 부응하는 파업 장면이 작품의 중심에 놓인다. 이는 중·단편이라는 양식적 제약을 동반하였다.

80년대 후반 이후 '노동해방문학', '당파적 문학'이 제기됨에 따라 노동문학은 노동자들의 삶을 진솔하게 표현한다는 소재적 차원을 넘어서 남한 자본주의 사회의 모순을 전면적으로 제시하고 그 해결 방안을 모색하는 차원으로 나아간다. 사회 전반의 변혁을 문제삼는 총체적 시각이 노동소설에 요구된 것이다.

이러한 현실적 요구에 따라 90년대 초 장편 노동소설들이 본격적으로 발표되기 시작한다. 최초의 장편 노동소설이라고 평가되는 안재성의 『파업』(1989)의 뒤를 이어 『사랑의 조건』(1991), 『피에타의 사랑』(1992), 정화진의 『철강지대』(1991), 김하경의 『그해 여름』(1991), 엄우흠의 『감색 운동화 한 켤레』(1991) 등이 잇달아 발표된다.

이들이 형상화하는 서사 공간은 조선소이거나 중공업 공장들이다. 이는 우리 사회의 자본주의 발전에 따른 결과이다. 노동의 소외를 극복할 대안으로써 사회주의 이념을 제시하고 있는 인물들이 이러한 서사 공간의 확장을 바탕으로 노동소설에 등장하게 된다. 사회주의자들은 사회과학 서적에 나오는 용어와 어투로 자신의 이념을 전파하기 일쑤다.

"근본적인 문제는 그게 아니요. 노동계급 이외의 타 계급에 대한 정책도 마찬가지 아니오? 노급의 주도권만을 주장하면서 민족민주혁명에 참여할 수 있는 광범위한 중간계급을 비판하고 배제하는 것은 노동계급 이기주의에 다름 아니란 말이오."

—『사랑의 조건』

관념의 완전한 육화가 부족한 추상적 진술은 작중 현실과 인물들의 구체적 형상화를 가로막는다. 특정한 이념을 적극적으로 수용한다고 해서 노동의 소외가 저절로 해소되지는 않는다. 특히, 문학을 통한 대안의 모색은 자본의 논리를 일탈하는 전복적 언어활동과 결합할 때 비로소 그 가능성이 열린다.

이러한 사회주의자의 모습은 노동소설의 폭을 확장시켰지만, 극단적 이념지향으로 인해 작품 속에 뿌리내리지 못하는 역설적 운명을 보여준다. 이들은 죽음으로써 자신의 비극적 운명을 증명한다(『사랑의 조건』의 박인주, 『감색 운동화 한 켤레』의 서재완 등). 이들의 모습이 현실 속에서 올곧게 뿌리내리는 모습은 노동소설의 미래를 시사하는 중요한 징표가 될 것이다.

위의 작품들은 활동가들의 좌절과 절망, 혹은 방황을 사랑과 가족의 이데올로기로 감싸안는다. 이는 이념만으로 일상적인 삶의 다양성을 포용하지 못한다는 현실인식에서 나온 듯하다. 그러나 이들의 사랑이 '순수한 사랑'이나 '행복한 가족'이라는 자본주의의 낭만적 이데올로기에서 얼마만큼 벗어나 있는지는 의문이다. 아내 김진숙이 결혼하기 전 애인과 잠자리를 같이 했다는 사실을 알고 스스로의 삶에 대한 회의로 괴로워하는 '나'(김광주)의 모습(『사랑의 조건』)이나, 아내(지영)에 대한 불만으로 술집 여자의 몸을 탐한 종만의 죄의식(『감색 운동화 한 켤레』) 등은 그들이 학습과 실천의 면에서는 진보적이지만, 사랑과 가정의 울타리에서는 가부장적 이데올로기를 벗어나지 못하고 있음을 보여준다. 또한 작중인물들은 하나같이 성에 대해 소극적인 모습을 보여준다. 이들은 성적 욕망을 스스로 억제하면서 운동에 대한 열정으로 승화시킨다. 성에 대해서도 적극적으로 자신의 권리를 주장하는 노동자가 형상화되어야 한다. 인간의 가장 본능적 욕망인 성을 스스로 억압하면서 노동해방을 주장하는 것은 모순이다.

이들의 소설에서 노동소설의 새로운 면모를 찾아내기는 어렵다. 장편소설의 창작 기간을 고려한다면 위의 작품은 거의가 80년대에 쓰여진 작품이라 할 수 있기 때문이다. 그럼에도 불구하고 이 작품들은 80년대를 총체적으로 형상화하고 있다는 점에서 중요한 의미를 가진다.

3.

신경숙은 90년대의 감수성을 가장 잘 포착해낸 작가 중의 하나이다. 그녀와 80년대의 거리는 「풍금이 있던 자리」에서 극명하게 나타난다. 한 여인이 있다. 그녀는 어린 시절 새엄마와 같이 사는 특이한 경험을 한다. 아버지의 외도로 친엄마와 새엄마가 짧은 기간동안 한 집에서 살게 된 것이다. 가족을 위해 억척같이 살아온 전형적인 시골 아낙네인 친엄마와 향기로운 분냄새, 샴푸냄새를 풍기는 이국적인 새엄마 사이에서 어린 소녀는 내면적 갈등을 한다. 도덕(이성)적으로는 새엄마를 절대로 좋아해서는 안 되지만, 마음 한 구석에서 본능적으로 새엄마에게 끌리는 어쩔 수 없는 마음. 이를 80년대적 윤리와 90년대적 감수성 사이의 긴장이라 할 수는 없을까? 성인이 된 주인공은 어느새 유부남을 사랑함으로써 불륜의 사랑에 빠져든다. 자신도 모르는 사이에 과거의 새엄마와 같은 처지에 놓이게 된 것이다.

이러한 긴장은 내성적 노동소설이라 지칭할 수 있는 『외딴방』(1995)

에서도 그대로 이어진다. 이 작품은 산업화가 낳은 열악한 노동현실에서 훼손 당한 개인의 내밀한 욕망을 추적함으로써 노동소설을 심화시킨다.

『외딴방』은 현재와 과거가 교차되면서 이야기가 전개된다. 현재와 과거의 긴장은 직선적 서사를 구부리고 지연시킨다.

화자는 어느 날 우연히 과거로부터 호출을 받는다. 공장생활을 할 때 함께 다녔던 산업체 학교 친구 하계숙으로부터 연락이 온 것이다. 작가로서 성공한 화자에게 던지는 친구의 말은 비수가 되어 가슴에 꽂힌다. "너는 우리들 얘기는 쓰지 않더구나." "네게 그런 시절이 있었다는 걸 부끄러워하는 건 아니니?" "넌, 우리들하고 다른 삶을 사는 것 같더라."

이 세 마디는 글쓰기에 대한 회의를 불러일으킨다. 진정 정직하게 현실을 대면하고 글을 써 왔던가. 글쓰기에 대한 자의식은 그를 과거의 상처와 정직하게 대면하는 계기를 마련한다.

> 오늘 속에 흐르는 어제 캐내기 아닌가. 내가 어떻게 여기에 와 있는지, 여기에서 지금 무얼 하려고 하는지 알기 위한 어제 캐내기. 오늘은 또 어제가 되어 내일 흐를 것이다. 문학이 어제 캐내기여도 언제나 흐를 수 있는 것은 그래서가 아닌가. 정리는 역사가 하고 정의는 사회가 내린다. 정리할수록 그 단정함 속에 진실은 감춰진다. 대부분의 진실은 정의된 것 이면 속에 살고 있겠지. 문학은 정리와 정의 그 뒤쪽에서 흐르고 있다고 생각한다. 뒤쪽의 약한 자. 머뭇거리는 자들을 위해, 정리되고 정의된 것 헝클어서 새로이 흐르게 하기가 문학인지도 모른다.
>
> ―『외딴방』

문학은 '오늘 속에 흐르는 어제'의 의미를 캐내고 새로운 '내일'을 탐색하는 작업이다. 글쓰기에 대한 자의식(현재)은 억압적인 노동현실 (과거)을 직시하고 '약한 자. 머뭇거리는 자'의 내면적 상처를 위무(미래)한다. 『외딴방』의 과거는 현재와의 대화를 통해 미래로 흐른다.

열여섯의 '나'와 열아홉의 외사촌은 고향을 떠나 도시로 온다. 이들은 구로1공단에 있는 동남전기주식회사에 취직한다. 힘겨운 노동 환경 속에서도 이들은 꿈을 잃지 않고 살아간다. 외사촌은 사진기자가 되고 싶어하고, 화자는 소설가를 꿈꾼다. 이들은 사진첩 속의 '밤이 찾아온 숲 속의 나무 위에 앉아 반짝이고 있는 백로'를 찾아가겠다는 꿈을 키우며 현실을 견딘다.

나는 꿈이 필요했었다. 내가 학교에 가기 위해서, 큰 오빠의 가발을 담담하게 빗질하기 위해서, 공장 굴뚝 연기를 참아낼 수 있기 위해서, 살아가기 위해서.

—『외딴방』

꿈꾸기를 현실화하는 방법 중 하나는 공부하는 것이다. 학교에 다녀야 한다는 이유 때문에 이들은 노조탈퇴서에 서명을 하고, 잔업거부에 동참하지 않는다. 화자와 외사촌은 노조활동을 하지 않고 노동운동의 주변을 맴돈다. 이러한 설정은 노동운동에 대한 거리감을 확보함과 동시에, 노조에 직접 참여하지 못하는 외사촌과 화자의 자의식까지 드러내 준다.

화자에게 치명적인 외상을 준 '희재 언니'는 유신말기 산업역군의 풍속화 속에 나오는 전형적인 노동자이다. 그녀의 마음속에는 보살펴 줘야 하는 '그 사람'과 동생의 일을 제외하면 다른 욕망이 들어설 틈이 없다. '희재 언니'는 자신의 공간에서 벗어날 수 없는 노동자의 비극적 운명을 보여준다. 외사촌의 발랄함이나 '나'의 우울은 그 곳에 살면서도 그 곳을 벗어나려는 꿈꾸기의 변주라는 점에서 '희재 언니'의 운명과 대비된다. '희재 언니'는 자신의 운명을 견디지 못하고 자살을 한다. 자기 방의 방문을 잠궈 달라는 부탁을 하고 화자 몰래 그 방에 들어가 죽음을 맞이한 것이다. 이러한 '희재 언니'의 죽음은 화자에게 지울 수 없는 상처를 준다.

> 희재 언니, 그녀의 부재가 이루어지던 그 때의 그 아득한 슬픔 앞에서도 그 백로의 무리가 날아들었었는지, 나는 그때도 언젠가 그 숲속에 가보겠다는 내 마음속의 기약을 아로새길 수 있었던 것인지.
> ―『외딴방』

'희재 언니'의 죽음은 화자에게 꿈꾸기(글쓰기)에 대한 회의를 가져올 정도로 깊은 상처를 남긴다. 그녀의 죽음은 산업화의 과정에서 발생하는 노동자의 비극적 운명을 보여준다. 한 조각의 꿈조차도 품을 여유가 없었던 노동자의 초상은 애써 외면하려 해도 되살아나는 유신 말기 노동현실의 풍속화이다. 내면적인 삶의 밑바닥까지 위협하는 자본의 논리에 대한 고발이야말로 『외딴방』이 우리에게 주는 색다른 감동이다.

4.

방현석의 경우는 어떠할까? 방현석은 1988년 〈실천문학〉에 단편 「내딛는 첫발은」을 발표하면서 문단에 나와, 『십년간』(1995), 『당신의 왼편』(2000)에 이르기까지 우리의 노동현실을 일관되게 탐구해온 작가이다.

『십년간』은 자신의 문학의 토양이 되었던 80년대의 전사(前史)를 총체적으로 형상화하려는 야심찬 시도를 담고 있는 작품이다. 이 작품의 시대적 배경이 되는 '십년간'은 1970년대라는 시공간이다. 1990년대 중반 70년대를 문제삼는다는 것은 1980년대의 현실을 보다 객관적으로 바라보기 위한 노력의 일환으로 평가할 수 있다.

이 작품의 가장 두드러진 특징은 등장인물의 설정에서 드러난다. '정의의 힘'을 상징하는 정치지망생 최석우, '정의의 지혜'를 대변하는 법학도 정준호, '정의의 기준'으로 평가되는 노동자 '천완수'. 이들이 엮어 가는 끈끈한 유대는 유신독재의 폭압에 맞서는 힘으로 제시된다. 이들은 부정적 시대현실(유신정권)에 맞서 정직하고 성실한 삶을 살아간다. 중요한 것은 이들이 어둠의 터널을 통과하고 생활인의 모습[1]으로 80년대를 전망하고 있다는 점이다.

석우는 정치외교과에 진학하여, 야당 대선후보 선출을 위한 전당대회, 야당을 점거한 Y. H. 노동자들의 강제 해산 등 일련의 정치적 사건을 경험하면서, 부정한 권력의 본질을 인식하고 양심적인 정치인으로서의 포부를 키운다.

준호는 검정고시를 통해 법학과에 진학하여 '소용없는 법'을 껴안고 죽은 전태일의 모습에서 권력의 시녀 노릇을 하는 법의 허위성을 깨닫는다. 이후 강제징집, 보안부대에서의 고문, 민청학련과 인혁당 사건의 조작, 그의 정신적 지주였던 고규락의 사형 선고와 스무 시간 만의 집행, 친구 백상태의 투신 자살 등으로 이어지는 억압적 시대현실에 안타까움과 절망감을 느낀다. 결국 그는 공안검사가 되어 80년대 시대현실을 우울하게 전망한다.

작가가 가장 공들여 형상화하고 있는 인물은 완수이다. 그는 고향을

---

[1] '생활인의 모습'은 사회주의자들이 현실에 뿌리내리는 과정과 긴밀하게 연관된다는 점에서 노동소설의 중요한 성과라 할 수 있다.

등지고 서울에 올라와 공장에 취직한다. 완수는 깊은 신앙심을 가지고 공장 생활은 견딘다. 그러나 목사와 사장(장로)의 이중적인 모습은 완수의 신앙심을 짓밟는다. 그는 노조설립의 필요성을 절감한다. 완수는 노조활동을 하던 중 폐결핵으로 쓰러져 병원에 입원한다. 완수를 병문안하러 석우, 준호가 찾아온다. 이들이 정리하는 70년대와 새롭게 전망하는 80년대를 아래와 같이 재구성해 보는 것은 어떨까.

석우 : "인자 이서익이 글마 집안도 끝났다. 박통 죽고 끈 떨어진 연 아이가."
준호 : "세상이 크게 바뀔 것이라고 기대하지 마라. 역사에는 공짜가 없어. 세상 모든 일이 그렇겠지만 대가를 치르며 준비하지 않은 사람들의 몫은 역사에 없는 거야."
완수 : "노동자들이 지금까지 치른 대가가 부족하다는 거야? 그래서 우리의 삶이, 내일도 어제와 다르지 않아야 한다는 거야?"
―『십년간』에서 부분적으로 인용, 필자가 재구성

박정희가 죽었다고 모든 상황이 나아지리라는 낙관적인 기대를 하는 휴머니스트 석우, '자유를 얻기 위해서 우리가 치러야 할 대가는 아직도 부족하고 준비해야 할 것은 너무도 많이 남았다'고 생각하는 냉철한 지성인 준호, '사는 그날까지 하고 싶은 일'을 하다가 죽고 싶다고 말하는 실천적 노동자 완수.

주목할 점은 이전까지의 노동소설이 보여준 노동계급의 당파성, 주도성이 소설의 전면에서 물러나고 양심적 지식인들의 모습이 부각된다는 점이다. 노동소설의 공간이 중·소단위 공장에서 대단위 중공업 공장으로 확대되었다는 점이 90년대 초반에 발표된 장편들의 특징이었다면, 『십년간』에서는 작중인물들의 폭이 정치가, 검사, 노동자 등

양심적 지식인 계층으로 확장되고 있다. 그러나 작중인물들의 내면 형상화는 미흡하다. 이는 석우, 준호, 완수를 이어 주는 연대의 끈이 우정이나 인간다움으로 제시되고 있다는 점에서 드러난다.

마지막으로 『당신의 왼편』을 살펴보자. 이 작품은 '서울의 봄', '광주민중항쟁'이 열어 젖힌 80년대의 삶을 형상화하고 있다는 점에서 『십년간』의 연장이라 할 수 있다.

『당신의 왼편』은 현재와 과거가 교차되는 형식으로 전개된다. 이는 80년대와 현재를 대비함으로써 80년대의 현재적 의미를 고찰하려는 작가의 의도이다. 주인공인 현현욱을 작가는 '나'와 '그'로 분리시킨다. 이는 '바라보는 나'와 '보여지는 나'의 분리라 할 수 있다. 대기업 회장의 자서전이나 연설문, 강연자료를 정리해 주는 일을 하고 있는 현재의 현현욱의 모습, 즉 '보여지는 나'는 '바라보는 나'(진정한 자아)에게 있어서 자기 판단의 포기이며, 태업이라 할 수 있다.

　천박하지 않은, 멋과 여유가 있는, 실력 있고 깨끗한 인간이라는 것이 주위 사람들의 그에 대한 평판이었다. 그러나 그런 평판이 저절로 얻어진 것이 아니라는 것을 나는 알고 있다. 그는 그런 평판을 얻기 위해 꽤 오랜 시간, 표정을 관리하고 언행을 가꾸어 왔으며, 언제부터인가는 그렇게 해서 얻은 평판을 지키기 위해 애써왔다.
　　　　　　　　　　　　　　　　　　　　―『당신의 왼편』

이러한 분리는 현재의 삶을 반성하는 계기를 마련한다. 현현욱은 대학시절 단골 술집 '개미집'에 직장동료 '조은주'와 함께 간다. 거기서 그는 80년대와 조우한다. 아무리 싸우듯 마셔도 한 번은 가 닿고 싶었던 삶의 그 어떤 심연, 맹렬하게 육박하고 싶었던 막연한 본질의 세계와 그는 대면하지 못하였다. 그러나 현욱은 '그'가 적어도 그 시절에는

'나'를 정면으로 노려보며 맞섰다는 것을 알고 있다. 이러한 자신의 분리는 현재의 삶을 반성하게 함과 아울러 지난 시절(80년대)을 되돌아보는 계기가 된다. 작가는 '바라보는 나'와 '보여지는 나' 사이의 긴장으로 80년대를 자리매김하려는 것이 아닐까. 현욱는 80년대 삶에 대한 성찰을 통해 가식적 삶의 모습에 종지부를 찍고 인터넷 신문기자로서 노동현장을 취재한다.

이 작품에서 문제적 인물은 도건우이다. 그는 예술가, 노동자, 자본가의 삶을 함께 경험한 인물이다. 음악을 좋아해 대학에 진학한 건우는 문무대에서 보여준 현욱의 용기와 민영의 광주 체험을 전해들으며 운동의 세계에 발을 들여놓는다. 이후 인천의 노동현장에 투신한다. 그는 작업 중 손가락이 절단되는 사고를 당한다. 왼손 검지와 중지를 잃은 건우는 약손가락을 살리기 위해 '집'으로 돌아온다. 노동자의 운명이 두 손가락을 잃게 했다면, 막강한 자본의 힘은 그의 약지를 살린다. 건우는 아버지의 사업을 물려받아 '도성 정밀'의 사장이 된다. 그는 양심적인 자본가로 자신의 꿈을 키워 보려 하지만 회사는 도산을 하고 만다. '자신의 방법으로 이 세상이 달라지는 않겠지만 자신이 관계 맺고 있는 범위내에서는 최소한 인간과 인간의 관계가 나아질 수 있'다는 그의 기대는 여지없이 무너진다. 하고 싶은 음악보다는 해야 할 일을 위해 청춘을 바친 한 인간의 죽음. '꿈을 꾸며 살고 싶어. 의미 없는 성공보다 의미 있는 실패를 하면서'라고 고백하던 건우의 죽음은 현실과 맞서 좌절하는 서사시의 영웅을 연상시킨다.

현욱과 건우에 비해 심민영은 일관되게 운동의 관점을 견지해 온 인물로 그려진다. 그녀는 대학 졸업을 포기하고 현장에 투신해 비합법적 조직활동을 하다가 현재 민주노총에서 노조지원활동을 하고 있다.

이들에게 80년대는 어떤 의미를 가질까?

그렇게 오래 만지지 않으면 다 잊어버리지 않냐?
   세상에서 가장 끈질긴 기억이 뭐냐? 몸의 기억 아니냐.
   [⋯중략⋯]
   현욱은 자신이 80년대를 지워버리지 못하는 이유가 건우가 드럼을 잊어버리지 않는 이유와 같을지 모른다는 생각을 한다. 80년대의 일들은 지금도 기억의 구석구석에 버티고 있는데 아직 채 끝나지도 않은 90년대는 기억에 남는 것이 아무도 없었다.

─『당신의 왼편』

 방현석은 건우의 입을 빌어 '몸의 기억'이라 말한다. 『당신의 왼편』은 이 '몸의 기억'(80년대)을 연주한 작품이다. 방현석은 건우가 좋아한 〈샤콘느〉라는 곡을 통해 2000년대 노동소설의 가능성을 타진하고 있는지도 모른다. '어둡고 고통스러운 주제를 이가 시릴 정도로 대담하고 정열적인 선율로 대비'하는, '정서의 고양과 감정의 배설'을 동시에 표출하는 '몸'의 소설, 노동소설.

5.

 노동문학에 희망이 있는가? 문학의 죽음에 대한 담론이 무성한 시기에 이러한 질문을 던지는 것은 시대착오적인 발상으로 오해될 수 있다. 문학은 점점 주변적인 문화로 밀려나고 있다. 노동문학은 더더욱 그렇다.
 그러나 우리는 노동의 소외는 물론이거니와 인간의 무의식까지 상품으로 포장하는 현실에 살고 있다. 이에 문학은 거대한 자본주의 이데올로기에 저항하는 희망의 불씨가 되어야 한다. 따라서 현실 속에서 현실 너머를 지향하는 문학의 운명은 여전히 유효하다.

그러면 어떻게 은폐된 자본의 논리에 균열을 낼 것인가. 90년대 노동소설을 읽는 필자의 머릿속을 떠나지 않았던 화두이다.

『난장이가 쏘아 올린 작은 공』을 다시 읽어 보자. 이 작품은 노동자들의 비참한 생활, 노사간의 대립, 자본가들의 횡포 등의 사회 모순을 리얼리즘의 관점으로만 제시하지 않았다는 점에서 80년대 노동소설의 문제의식을 넘어서고 있다. '뫼비우스의 띠', '클라인씨의 병', '난장이'로 대변되는 상징성, 짧은 단문 중심의 서정적인 문체, 다양한 시점의 도입, 현실과 환상의 교차, 시작도 끝도 없는 연작형식 등은 보다 나은 삶에 대한 전망이 파편적으로 존재할 수밖에 없다는 사실을 정직하게 보여주고 있다. 90년대 중반 이 작품이 리얼리즘/모더니즘 논쟁의 대상이 되었다는 사실은 이와 무관하지 않다. 『난장이가 쏘아 올린 작은 공』은 80년대 노동소설이 소홀히 한 개인의 내밀한 욕망을 언어에 대한 자의식으로 표출하고 있다는 점에서 모더니즘적 요소를 수용하고 있다.

이 글은 80년대 노동소설의 '타자'인 개인의 욕망에 주목하였다. 90년대 들어 범람하기 시작한 성, 욕망, 무의식 등의 미시담론을 거부하기보다는 노동소설의 새로운 자양으로 수용하는 자세가 필요하다는 의미에서이다. 2000년대의 노동소설은 왜곡된 노동현실을 고발하는 작업(리얼리즘)과 자본의 논리를 탈주하는 창조적 언어활동(모더니즘), 이 둘의 결합에서 새로운 길을 모색해야 하지 않을까?

독자중심이론의 영향과 과제
— 야우스, 이저, 피쉬에 대한 논의를 중심으로

1. 독자중심이론의 개념과 범주

독자중심이론(reader-oriented theories)에는 지배적인 철학적 규범이나 공통된 문학적 출발점이 있는 것이 아니다. '독자중심이론'은 연구 영역을 구체화하기 위한 편의상의 용어로, 독자, 독서 과정 및 독자 반응과 같은 어휘를 사용하는 비평가들의 활동과 결합해서 사용되는 명칭이다. 이 이론에서는 독자에 대한 작가의 태도, 다양한 텍스트에 적용되는 독자의 유형, 문학적인 의미를 결정짓는 데 있어서 실제상의 독자가 수행하는 역할, 독서에서의 관례와 텍스트 해석과의 관계 및 독자 자신의 입장 등을 연구하게 된다.[1]

본고에서는 한스 로베르트 야우스와 볼프강 이저를 중심으로 전개된 독일의 수용이론(수용미학)과 스탠리 피쉬를 중심으로 활발하게 전개

---
[1] 제인 톰킨스, 윤호병 역, 「미국에서의 독자반응비평」, 박찬기 외, 『수용미학』, 고려원, 1992, p.57 참조.

된 영미의 독자반응비평(독자반응이론)을 포괄하여 독자중심이론[2]이라는 용어를 사용한다. 물론 수용이론과 독자반응비평 사이에는 구별되는 몇 가지 중요한 특성이 있다. 최상규는 독자반응비평과 수용이론을 구별하지 않을 수 없게 하는 중요한 특성을 다음의 두 가지로 든다. 먼저, 독자반응비평이라는 명칭은 여기에 포함되는 비평가가 내거는 슬로건이 아니라 피차간에 영향이나 접촉 관계가 거의 없는 일단의 비평가들에게 사후적으로 주어진 명칭이라는 것이다. 그들은 어떤 비평적 운동에 참여하고 있지도 않고, 방법적인 면에 있어서도 계통과 상황이 제각기 다르다. 이와는 대조적으로 수용이론은 더 결속이 있는 의식적이고 집단적 작업으로서 이해되어야 한다는 것이다. 넓은 의미로 본다면 수용이론은 1960년대 말 서독에서의 사회적, 지적, 문화적 발전에 대한 하나의 반동이라고 할 수 있다. 다음으로 그는 수용이론과 독자반응비평 사이의 상호 영향의 부재를 그 이유로 든다. 이저를 제외하고는 사실상 두 집단 사이에는 전혀 접촉이 없었다는 것이다. 논문의 각주가 상호 연관의 표시라면 이 두 집단 사이에는 교환이라는 것이 존재하지 않았다.[3]

수용미학과 독자반응비평은 모두 독자의 역할이야말로 비평에 있어서 결정적이라는 사실을 인정한다. 하지만 야우스의 수용이론과는 달리, 독자반응비평은 텍스트가 어떻게 수용되었는가에 대해서는 별다

---

[2] 독자반응비평이란 실제 비평이론을 가리키는 것이 아니다. 이것은 문학이란 무엇인가 하는 문학이론(과거의 개념으로는 문학관)과 문학텍스트를 평가하는 비평이론을 독자반응비평적 시각에서 전개시키고 있는 문학텍스트 연구이론이다. 이저의 독자반응비평이 독일에서는 문예학이론으로서 수용미학으로 불려지는 반면에, 동일한 이 이론적 시각이 미국에서는 독자반응비평이란 명칭으로 불리는 것도 이러한 맥락에서 이루어진 것이다. 따라서 독자반응비평에서의 비평의 개념은 이 명칭 자체가 미국에서 탄생한 것으로 영미, 프랑스에서 이해되고 있는 비평을 가리키고 있지만, 내용상으로는 독일의 문예학적 맥락에서의 비평의 개념으로 이해되어야 할 것이다(차봉희 편,『독자반응비평』, 고려원, 1993, pp.48~51 참조). 이 글에서 사용하는 독자중심이론은 차봉희가 수용미학(독일)과 독자반응비평(영미, 프랑스)을 포괄하는 개념으로 사용한 독자반응비평의 의미와 가깝다.
[3] 로버트 C. 홀럽, 최상규 역,『수용미학의 이론』, 예림기획, 1999, pp.5~6 참조.

른 관심을 기울이지 않는다. 또한 이저와는 대조적으로 이들은 문학 작품이 객관적 구조를 띠며, 이 구조가 독자를 규제한다고도 생각하지 않는다. 피쉬와 같은 독자반응비평가들은 주체와 객체가 서로 분리될 수 없다는 가정에서 출발하기 때문이다.[4]

그러나 문학작품을 읽고 그것을 수용하는 독자의 측면에서 문학 내지 문학사에 관여하고, 그 가치를 연구하는 관점이라는 보다 포괄적인 시각을 견지한다면 이러한 차이점은 크게 문제되지 않을 것이다.

우리는 현대 문학이론의 역사를 작가에 대한 관심(낭만주의와 19세기), 텍스트에 대한 전적인 관심(신비평), 근자에 와서 두드러진 독자에로의 관심의 전환이라는 세 시기로 대강 구분해 볼 수 있다.[5] 작가에 대한 관심은 전기적 연구, 창조성의 연구, 작가사회학, 생산미학(시학, 수사학) 등으로, 텍스트 중심적 문제들은 장르사, 텍스트 이론, 보급에 대한 연구, 서술미학 등으로 그리고 독자 중심적 문제들은 독서현상학, 해석학, 독서대중사회학, 수용미학, 독자반응비평 등으로 전개되어 왔다. 이 중에서 특히 독자 중심적 문제들은 최근에 와서 새롭게 조명되어 재평가받고 있는 영역으로서 문학적 소통 이론과 직결되는 분야라 할 수 있다.[6]

이러한 독자중심이론은 그 자체가 하나의 비평유파를 형성하고 있지 않고, 여러 유파의 각기 다른 비평가들이 대거 참여하고 있다는 점에서 광범위한 영역을 넘나드는 다양한 스펙트럼을 보여준다. 현상학과 해석학에 의존하여 독서 과정과 독자의 기대지평을 재구성하는 독일의 이론가 이저와 야우스, 특수한 문학적 능력을 갖춘 독자를 전제하는 리파떼르, 독자는 문학적 문장이든 아니든 문장내의 낱말 연쇄에

---

4) 박찬기 외, 앞의 책, pp.1~4 참조.
5) 테리 이글턴, 김명환 외 역, 『문학이론입문』, 창작과비평사, 1986, p.96.
6) 허창운, 「문학적 의사소통과 문예학의 과제」, 앞의 책, p.44 참조.

반응한다고 보는 스탠리 피쉬, 독서란 독자의 심리적 필요를 충족시키거나 아니면 적어도 거기에 의존하는 과정이라고 보는 블레이치, 그리고 텍스트를 한없는 약호들의 놀이에 개방하여 의미 창조의 힘을 독자에게 부여함으로써 구조주의의 종언을 선언하고 있는 바르트 등이 여기에 포함된다.[7] 독자중심이론은 해석학, 현상학, 영향문체론, 화행이론, 자아심리학, 문학사회학, 정신분석, 해체비평, 기호학 등 다양한 분야와 네트워크를 형성하고 있다. 이러한 네트워크는 비평의 초점을 '해석 대상'에서 '해석 행위'로 옮기고 있다.[8]

이상의 다양한 접근 방법들은, 독자중심이론이 신비평과 러시아 형식주의라는 텍스트 중심 이론들의 지배에 심각한 도전을 하고 있음을 보여준다. 이제 우리는 독자의 기여를 고려하지 않고서는 텍스트의 의미에 대해 말하지 못하게 된 것이다.[9]

이러한 문학 연구 범위의 확장은 독자중심이론의 아포리아(aporia)를 반영한다. 문화의 대중성과 상업성의 범람으로 대변되는 문화 산업의 확대 현상은 문예학의 범위를 표면적으로는 확장시키고 있으나, 그 이면에서 독자들의 심미적 주체성과 선택적 지각력을 잠식하고 있기 때문이다. 이는 본격문학과 대중문학의 이원화 현상으로 표출되고 있는데, 독자중심이론은 이 양극화된 문학 사이에서 스스로의 위상을 정립해야 하는 절박한 과제에 직면해 있다. 이 글에서는 이러한 딜레마를 고려하면서 야우스, 이저, 피쉬에 대한 논의를 중심으로 독자중심이론의 전개 과정과 문제점 그리고 과제를 일별해 보기로 한다.[10]

---

7) 라만 셀던 외, 정정호 외 역,『현대 문학 이론 개관』, 한신문화사, 1998, p.78 참조.
8) 레먼 셀던, 김용규 역,『비평과 객관성』, 백의, 1995, p.152 참조.
9) 라만 셀던 외, 정정호 외 역, 앞의 책, p.78.

2. 생산미학과 서술미학 사이

독일에서 수용사와 수용미학은 전후에 주도적이었던 작품 내재적·생산미학적인 문학 이론과 해석 모델들이 안고 있었던 문제점을 극복하였으며, 하나의 새로운 패러다임으로서 이제까지 등한시되었던 문제를 분석하고, 또 행위 이론과 커뮤니케이션 이론에 입각한 문학 연구를 진척시키는 길을 열어 주었다[11]고 평가받는다.

서독에서 60년대말 수용미학이 대두되기 전까지 전개된 문학 연구 방법론들은 그 패러다임 Paradigma을 중심으로 살펴볼 때 크게 다음 3가지로 분류해 볼 수 있을 것이다. 1) 고전적—인본주의적 패러다임 ; 2) 역사적–실증주의적 패러다임 ; 3) 형식주의적—심미적 패러다임.[12]

이상의 연구 방법론들은 결국 '형식—심미적 자세'이거나 '역사—사회적 자세'의 두 가지 측면의 어느 한쪽에 속하는 것이다. 이러한 분류는 곧 철학에서 전개된 '해석학과 변증법'의 논쟁에, 또는 이데올로기의 입장에서 볼 때 '시민사회적— 이상주의적 문학관'과 '유물론적 문학관'의 대립에 그 뿌리를 두고 있다. 작품 외재적 문학 연구 자세를 대변하는 것은 19세기 말 실증주의, 그 후 유물론적 문학관에 입각한 생산미학 및 문학사회학이며, 정신사적·현상학적·실존철학적 방법론

---

10) 이 글은 독자중심이론에 대한 테리 이글턴, 레먼 셀던, 피에르 지마 등의 비판적 논의를 중심으로 전개된다. 독자중심이론은 차봉희, 박찬기, 장영태, 최상규 등에 의해 '수용미학'이나 '독자반응비평'의 이름으로 국내에 소개되었다. 이에 대해서는 다음의 글을 참고할 것(H.R. 야우스, 장영태 역, 『도전으로서의 문학사』, 문학과지성사, 1983 ; 차봉희 편, 『수용미학』, 문학과지성사, 1985 ; 박찬기 편, 『수용미학』, 고려원, 1992 ; 차봉희 편, 『독자반응비평』, 고려원, 1993 ; 로버트 C. 홀럽, 최상규 역, 『수용미학의 이론』, 예림기획, 1999 ; 스탠리 피쉬, 송홍한 역, 『문학연구와 정치적 변화』, 동인, 2001).
11) 위르겐 뮐러, 「문예학적 수용 이론과 행위 이론」, 클라우스—미하엘 보그달 편, 문학이론연구회 역, 『새로운 문학 이론의 흐름』, 문학과지성사, 1994, pp.230~231.
12) 차봉희 편, 『수용미학』, 문학과지성사, 1985, p.16.

과 러시아 형식주의·구조주의·신비평주의 등은 작품 내재적 문학 연구에 속한다. 수용미학은, 지금까지 해결하지 못했던 문제점, 즉 '문학과 사회' 또는 '심미적 인식과 역사적 인식'의 간격을 해결하고자 하는 데서 출발하고 있다.[13] 즉, 서술 미학과 생산 미학이 다의적 문학 텍스트를 하나의 의미나 해석과 동일시하고, 그 텍스트를 미적 객체와 혼동하고 있다는 것이다. 수용미학의 이론가들은 관찰자의 관점 내지 수용자의 관점을 취하고— 적어도 이론상으로는— 문학 텍스트의 무게념성을 고집하면서 그것을 단의성이나 일의성에 고정시킬 수 없다고 주장한다.[14] 페터 V. 지마는 이러한 수용미학이 두 가지의 이질적인 이론적 발상을 하나의 공동 분모로 이끌어가는 경향이 있음을 지적한다. 야우스의 입장은 직접적으로는 가다머(간접적으로는 슐라이어마허와 딜타이)의 해석학에서 출발하는 반면, 이저의 문학 현상학은 후설의 철학과 잉가르덴의 문예미학에 기초하고 있다는 것이다. 야우스는 한 작가의 수용을 역사적·해석학적 관점에서 추적하는 반면에, 이저는 무엇보다도 문학적 텍스트의 영향 잠재력을 현상학적·역사적 시각에서 관찰한다.[15]

이상에서 야우스와 이저로 대표되는 독일의 독자중심이론은 해석학과 현상학, 서술미학과 생산미학, 심미적 인식과 역사적 인식 사이에서 그 간극을 메우려는 철학적·문예학적 요구를 반영한 문예이론이라 할 수 있다.

야우스는 독자중심이론에 역사적 차원을 부여한 이론가이다. 그는 지금까지의 문학 이론이 작가/작품 중심으로 전개되었다고 비판하면

---

13) 차봉희 편, 앞의 책, pp.16~17 참조.
14) 페터 V. 지마, 허창운 역, 『문예미학』, 을유문화사, 1993, pp.256~257 참조.
15) 페터 V. 지마, 위의 책, p.259 참조.

서, 독자 중심적인 작품 이해를 제기한다. 야우스의 수용미학은 문학사의 심미적·역사적 관점과 그들 상호간의 중개 관계를 보여줌으로써, 작품이라는 과거적 현상과 독자에 의한 현재적 경험 사이의 관계를 재구성해 보려 한다. 여기에서 출발점을 이루는 기본 원칙은 독자가 수동적 요소가 아니라 작품들의 역사적 삶에 결정적으로 영향을 주는 능동적 요소라는 점이다.[16]

야우스는 문학 작품을 역사적 지평, 즉 그 작품이 생산된 배경인 문화적 의미들의 맥락 속에 두고, 이 지평과 역사적으로 위치 지어진 독자들의 변화하는 지평간의 관계를 탐구한다. 이러한 작업의 목표는 작품이 수용되는 다양한 역사적 순간들에 의해 정의되고 해석되는 문학사를 기술하는 것이다.[17]

야우스의 독자중심이론을 차봉희의 논의를 따라 요약해 보면 다음과 같다.[18] '수용되어지는 것은 무엇이든지 수용자의 상태에 따라 받아들여진다'는 해석학적 원칙과 '독자들의 기대가 창작 텍스트의 구성 요소가 되고 있다'는 명제로 요약되는 야우스의 수용미학은 '기대지평'의 재구성을 전제로 한다. 기대 지평은 수용자가 지닌 창작 작품에 대한 이해의 범주 및 한계를 가리키는데, 수용미학적인 문학 작품 연구는 수용자의 의식, 입장, 견해, 성향 등 기대지평을 이루는 제반 여건 및 요소들을 밝히는 것을 작품 이해의 첫 과제로 삼는다. 즉, 작품 수용이란 작가의, 작품 당대의, 수용자의 기대지평들을 재구성하는 것을 전제로 한다.

야우스는, 이미 주어진 기대지평과 새로운 작품의 출현에서 생겨나는 거리감이 인식됨으로써, 즉 새로운 작품이 기존의 경험을 부정하거

---

16) 위르겐 뮐러, 「문예학적 수용 이론과 행위 이론」, 앞의 책, p.232.
17) 테리 이글턴, 김명환 외 역, 앞의 책, p.107 참조.
18) 차봉희 편, 앞의 책, pp.31~46 참조.

나 의식화함으로써 '지평전환'을 초래하게 된다고 보며, 이때의 거리감을 '심미적 차이'라고 표시한다. 이와 같이 창작 작품과 기대지평간의, 친숙한 지평과 지평전환간에 생기는 거리는 한 작품의 예술성을 수용미학적으로 결정한다. 이런 의미에서 한 작품의 수용은, 지평의 재구성, 지평의 전달, 지평의 전환, 지평의 융합 등을 통해서 이루어진다. 수용미학적인 과거 작품의 이해는 그 창작 텍스트가 말하고자 하는 것을 올바르게 수용하기 위해 우선 텍스트 자체의 기대지평을 재구성한다. 수용자는 텍스트에게 묻고 텍스트는 수용자에게 대답하는 질문—응답, 즉 기대지평간의 대화가 재구성되어야 한다. 과거 작품의 이해는 현재와 과거의 변증법적인 성찰을 거친 현재화를 통해서 이루어져야 한다는 것이다. 수용자는 문학 작품에게 묻고 작품은 스스로 대답하는, 이러한 독자와 텍스트간의 소통 과정을 심미·역사적으로 풀어헤쳐 봄으로써 작품 이해는 비로소 완성된다.

레먼 셀던은 야우스의 이론에서 문학 작품을 규정지을 수 있는 유일한 준거틀은 독자의 기대지평이라고 언급한다. 그는 야우스의 입장에서 기대지평들이 지닌 상대주의가 판단과 인식의 목적과 서로 일치하지 않는다는 점을 날카롭게 지적한다.

> 야우스가 특정 작품들을 적절하게 수용할 때 생길 수 있는 지연현상들을 강조한 것은 옳았으며 다양한 수용 패턴들을 분석한 것도 아주 인상적이다. 또한 문학적 '사실들'을 고립시키는 식의 객관성을 거부한 것도 정당했다. 그러나 그는 역사적 인식의 발전 그 자체는 고려에 두지 못했고 단지 시간의 경과에 따른 '이해의 진척'(progressive understanding)만을 따졌을 뿐이다.[19]

---

19) 레먼 셀던, 김용규 역, 앞의 책, p.159.

야우스가 특정한 사회의 다양한 대중들 사이에 존재하는 서로 상이한 기대지평들(사회적 조건들, 이데올로기적 상황, 문학적 문맥)이 공존할 가능성을 지각하지 못했다는 것이다. 즉, 역사적 인식의 발전 그 자체는 고려에 두지 못했고 단지 시간의 경과에 따른 이해의 진척만을 따졌을 뿐이라는 것이다. 이는 역사적 의미의 문제를 텍스트 구조와 텍스트의 생산 조건과 분리된 수용자의 독서(수용) 영역에만 한정하여 고찰함으로써 발생한 결과이다.

피에르 지마는 셸던과 유사한 관점에서 야우스의 논의에 대한 비판을 더욱 심화시킨다. 그는 야우스의 기대지평이 사회학적·역사적 개념이라기보다는 문학적인 개념이기 때문에 그것이 문학생활과 사회생활 사이의 관계를 올바르게 정립하는 데 쓰일 수 없다고 본다. 야우스가 독서방식을 결정하고 설명하는 사회적인 요인을 무시함으로써 사회학적 개념들을 미학적으로 이상화시키고 있다는 것이다. 이 때문에 야우스는 상호 경쟁적인 미학적 대상들이 공존하는 이질적인 사회에서 독서를 결정짓는 집단적인 규범과 가치들을 분석하려는 계획을 결코 실현하지 못한다. 야우스의 이론에서 문학 과정을 관장하는 독자가 구체적으로 어떤 독자인지 분명하지 않다. 그에게는 문학의 수용자라는 속성을 지닌 독자 일반이 존재할 뿐이다. 지마는 독서(독서들)와, 주어진 한 사회 속에 공존하는 여러 다른 가치계급들 사이의 관계를 나타낼 수 있기 위해서는, 수용미학을 떠나 독서의 사회학에 의해서 열린 관점을 채택해야 한다고 충고한다.[20]

헤겔에서 연유하는 생산 미학에 반하여 초기의 야우스는 문학이 현실을 모방적으로(혹은 이념이나 세계관으로서도) 묘사하는 것이 아니라 그것의

---

20) 피에르 지마, 정수철 역, 『문학의 사회비평론』, 태학사, 1996, pp.301~303 참조.

다의성에 입각해서 항상 새로운 문제들을 독자에게 제기하며, 또 이렇게 던져지는 문제들은 독자의 기대지평(가다머적 의미에서의)을 변화시킬 수 있다는 생각에서 출발했다. 가다머와 마찬가지로 그는 문학 텍스트를 여러 가지로 해석할 수는 있지만, 그것을 개념적 산술로 환원시키는 일은 불가능하다는 점을 강조한다. 즉 텍스트의 ("개념이 없는") 다의성이 텍스트의 역사적 의미 변환, 곧 수용("관찰자의 시각")의 비완결성, 복수성, 풍부함 등을 보장해 준다는 것이다. 달리 표현하자면, 바로 다의적인 텍스트가 다양한 수용 양상을 요구하기 때문에, 그리고 그것은 "이념의 감각적 현현"(헤겔적 의미에서)으로서 일의성으로 환원될 수 없기 때문에 수용 분석은 의미 있고 흥미로운 작업이라는 것이다.[21]

이어 지마는 "그렇다면 무엇이 이해되는 것이며, 또 반성적 해석의 대상은 정확히 어떤 모습을 하고 있을까?"라는 질문을 던지고, 야우스가 구조적 텍스트 분석을 수용 과정에 종속시키는 한, 이 문제에 대한 답을 제시할 수 없을 것이라 단언한다. 이어 지마는 "만일 텍스트의 의미가 음성학적, 의미론적, 통사론적 차원에서 고정될 수 없고, 단지 수용 과정에서만 겨우 확보될 수 있는 것이라면, 우리는 어떻게 '임의적인' 해석과 '합의 가능한' 해석을 구별할 수 있단 말인가?" "이러한 합의를 전적으로 가능케 하는 것은 객체 내재적 구조일 텐데, 그 구조와 무관한 합의란 것은 도대체 무엇에 근거를 두고 있는 것일까?"라는 질문을 연속해서 던진다.

지마에 따르면, 텍스트의 다의성은 의미적이고 서술적인 불변항들에 의해 늘 한정되어 있다는 점에서, 상대적이다. 비판적인 해석—그것이 사회학적이든, 심리학적이든, 기호학적이든— 은 텍스트의 불변

---

21) 페터 V. 지마, 허창운 역, 앞의 책, pp.271~272.

항과 변수들 사이, 다시 말해 폐쇄와 개방 사이, 단의성과 다의성 사이를 규칙적으로 왕복하려고 해야 한다. 번역과 해석들을 비교할 수 있고, 통제할 수 있고, 비판할 수 있게 만드는 것은 바로 텍스트의 의미적 불변항들과 일반 개념들이다. 만약 불변항이 존재하지 않는다면, 문학비평은 존재 이유를 잃을 것이다. 지마의 입장에서는 불변항과 변수 사이의, 보편적인 것과 특이한 것 사이의 변증법은 폐지될 수 없다.[22]

지마는 변수와 불변항 사이의 긴장을 성공적으로 매개하지 못하는 야우스의 모순된 태도를 칸트주의와 헤겔주의(지식사회학) 사이의 대립에서 찾는다. 칸트주의적 경향이 표현층위(다의성, 역사적인 현재화 가능성)를 상당히 일면적으로 중시하는 쪽으로 나아가는 반면에, 문학 텍스트의 기대지평(세계관)을 재구성하는 과정에서는 헤겔주의적 경향이 관철되고 있다는 것이다.[23] 야우스는 한편으로 작품의 해석 가능성에서 출발하면서도, 다른 한편으로는 작품을 특정한 기대지평 및 사회적 규범과 동일시함으로써 문학 텍스트의 다의성과 개념성 사이의 조화를 실현하지 못하고 있다는 것이다.

이저의 독자중심이론은 문학 텍스트의 의미가 독서 과정 중에 비로소 생성된다는 데서 출발한다. 그는 문학 텍스트를 독자의 문학 외적 규범, 가치관, 경험과 관련하여 독자에 의해 구체화되는 잠재적 구조라고 파악한다. 종래의 작품 해석이 텍스트의 의미를 밝히는 데 쏠려 있는 반면, 이저는 문학 텍스트란 텍스트 구조와 독서 구조 등이 수용자의 경험에서 얽혀 짜이는 가운데 심미적으로 구체화된다고 보며, 때문에 텍스트의 의미가 무엇인가 하는 문제보다 오히려 그것이 어떻게

---

22) 피에르 지마, 정수철 역, 앞의 책, p.300 참조.
23) 페터 V. 지마, 허창운 역, 앞의 책, p.280 참조.

파악되는가를 밝히는 데 중점을 두고자 한다.[24] 따라서 수용미학적 작품 이해는, 고전 미학에서처럼 작가의 의도 또는 작품의 감추어진 의미를 찾는 것이 아니라 텍스트와 독자 사이에 이루어지는 소통 과정에서 생겨나는 소통의 내용이 구체화되는 것을 의미한다.

이러한 맥락에서 이저가 우선적으로 고려하는 것은 문학의 의미 잠재력과 독자에 의한 의미 구성을 고찰하는 일이다. 그는 독자가 의미 구조를 구성하고 텍스트의 의미 잠재력을 실현함에 있어서 '텍스트 속에 이미 마련되어 있는 조건은 어떤 것인가' 하는 데 관심을 집중한다. 이에 따라 문예학의 고유한 대상이 되는 것은 올바른 혹은 완벽한 해석이 아니라 "심미적 작용의 결과로서의 의미"인 것이다. 즉 허구물에 있어서 우선적으로 관심을 끄는 것은 "그것이 무엇을 의미하는가가 아니라 그것이 우리에게 어떻게 작용하는가"이다.[25] 한 작품의 의미가 그 텍스트의 호소 작용과 독자의 반응으로 생겨나는 것이라면, 이렇게 해서 생겨난 의미는 고정된 객관적인 의미가 아니고 독자의 관점에 따라 활성화되는 주관성을 띤다. 이와 같은 활성화는 물론 독자에 의한 독서를 통해서만 가능하며, 텍스트는 그러한 활성화 가능성의 유희공간이라고 할 수 있다.[26]

그렇다면 이저의 독자는 어떤 독자인가? 그에게 독자는 익숙한 지평에서 출발하여 이제 그 지평과는 다른 곳을 향하고 있는 문학 텍스트의 목표를 구성하는 역할을 한다. 이를 이저는 '내포독자(Impliziter Leser)'라 지칭하는데, 내포독자는 독서 과정의 메커니즘으로 작용하는, 텍스트 안에 미리 제시되어 있는 독자의 역할을 규정하는 용어이다.[27]

---

24) 차봉희 편, 앞의 책, p.20.
25) 페터 V. 지마, 앞의 책, p.295.
26) 박찬기, 「문학의 독자와 수용미학」, 앞의 책, p.25.

실재의(역사적인, 당대의) 독자 혹은 허구적(소설 속에서 주제화되는) 독자와는 달리 내포독자는 현실적인 실존을 갖지 않은 이상적인 구성물이다. "왜냐하면 내포독자는 허구적 텍스트가 가능성으로서의 독자에게 수용 조건으로서 제공하는 사전 지침의 총체를 체현하는 것이기 때문이다. 그러므로 내포 독자는 경험적 실체를 갖지 않고, 텍스트 자체의 구조 속에 기초지어져 있다." 나아가 내포 독자가 이상형이라는 또 하나의 이유는, 그가 실제 독자의 특수한 심리적, 사회적 위치에 제한받지 않고 텍스트의 모든 본질적인 제안을 실현하기 때문이다.[28]

이저에게 독자는 '단순히 읽고 있는 개체'로서 홀로 존재하는 것이 아니라 책을 읽음으로써 전달되는 경험을 통해서 소통 과정에 참여하게 되고, 픽션인 문학 텍스트는 이 소통 과정에서 텍스트 바깥 세계와의 유대 관계를 얻게 된다. 무엇보다도 문학 텍스트의 특수성, 즉 심미적 효과 조건이 되고 있는 텍스트내의 개방된 빈자리는 문학적 소통을 전제로 한다. 독서 과정에서 텍스트내의 이 빈자리를 계속 축소시켜 나가는 심미적 독서 행위는 곧 문학적 소통의 기본 조건이 되고 있다.[29] 따라서 이저에게 있어 텍스트의 빈자리, 즉 미확정성은 텍스트와 독자 사이에서 발생하는 소통 과정을 해명해 줄 열쇠의 기능을 한다.

셀던은 이저가 텍스트와 독자를 탈문맥화하고 탈역사화한다고 지적한다. 셀던이 보기에, 이저는 텍스트의 빈자리를 채울 힘이 독자에게 있다고 보는지, 아니면 텍스트가 독자의 구체화 작업의 최종적인 결재권을 가진다고 보는지 명확하게 밝히고 있지 않다. 이저는 독자의 경험적 틀을 결정하는 구체적인 역사적 조건을 고려하지 않음으로써 텍

---

27) 위르겐 뮐러, 「문예학적 수용 이론과 행위 이론」, 앞의 책, p.240 참조.
28) 페터 V. 지마, 허창운 역, 앞의 책, p.299.
29) 차봉희 편, 앞의 책, p.84 참조.

스트의 세계관에 참여하는 동시대 독자의 입장과 과거의 세계관을 초연하게 관찰하는 근대적 독자의 입장 차이를 고려할 뿐이라는 것이다. 또한 텍스트의 미결정성을 사고함에 있어서도 명확한 연관성이 보이지 않는 텍스트의 분절들에만 관심이 있지 텍스트의 미결정성을 제한하는 다양한 문학 외적 결정소들은 전혀 고려하고 있지 않다고 본다. 이저가 텍스트의 다원성을 역사적으로 근거짓는 토대를 파악하기 위해서는 언어의 사회적인, 특히 이데올로기적인 매개들을 이해할 필요가 있다는 것이다.[30] 이러한 셀던의 비판은, 독자의 반응을 조율하는 텍스트와 텍스트를 구성하는 독자 사이의 기본적 모순을 해결하지 못하고 단순히 언어 효과를 생산하는 텍스트의 구조를 독자가 전유하는 독특한 방식을 보여주는 데 그친, 이저의 이론에 대한 날카로운 지적이라고 할 수 있다.

테리 이글턴은 이저의 수용이론이 자유주의적 휴머니즘[31]에 기반을 두고 있다고 지적한다. 이저에게 있어 독서는 독자로 하여금 더욱 심화된 자기 의식에 이르게 해주고 독서하는 주체의 정체성을 더욱 비판적으로 보게 하는 촉매역할을 한다는 데 있다. 구체적으로 말하면 주체는 독서하는 중에는 신축성이 있어야 하고 마음이 개방적이어야 하며 기꺼이 자신이 가진 신념들을 문제삼고 그 신념들이 변형되어야 한다는 믿음을 가져야만 한다. 즉, 이저가 주장하는 독서 과정의 다원성과 개방성은 항상 제자리에 머물러 있는 특정 종류의 단일성—위반되

---

30) 레먼 셀던, 김용규 역, 앞의 책, pp.168~169 참조.
31) 이글턴이 이저와 바르트를 대비시켜 현대 자유주의의 입장을 비판하고 있는 점은 주목을 요한다. 이저는 주로 사실주의 작품들에 초점을 맞추는 반면, 바르트는, 모든 뚜렷한 의미를 말의 자유로운 유희로 용해시키며 언어의 끊임없는 미끄러짐과 활주로써 억압적인 사상체계들을 파괴하려는 모더니즘텍스트를 취한다. 이저가 언어의 무한한 잠재력을 억제하는 엄격하도록 규범적인 모델을 우리에게 제시한다면, 바르트는 그것의 뒷면에 다름없는 개인적이고 비사회적이며 본질적으로 무질서한 경험을 보여준다. 두 비평가는 체계적인 사상에 대한 자유주의적인 혐오를 드러내며 그 방식은 서로 다르지만 독자의 역사적 위치를 무시한다는 점에서 공통점이 있다(테리 이글턴, 앞의 책, pp.106~107 참조).

고 침해되어도 더욱더 철저히 자기 자신에로 되돌려지는 독서주체의 단일성―을 전제하는 까닭에 허용된다는 것이다.[32] 이는 문학이 독서를 통해 생성해내려는 일정한 유형의 독자를 암암리에 전제하는 것이며, 텍스트의 불확정성을 하나의 불변적인 의미로 대치하려는 행위로 독자들을 유도한다.

지마는 이저의 수용이론이 사회과학을 도외시하는 약점을 드러내고 있다고 본다.[33] 단적으로 말해 이저는 현대문학에서 증가하는 불확정성을 사회적·언어적·역사적 맥락에서 설명하고 있지 않다는 것이다. 현대 사회에서 급격하게 증가하는 빈자리(다의성)는 시장 사회의 언어 소통, 이데올로기적 갈등, 그리고 분업 등과 관련하여 설명해야 한다는 것이다. 지마는 '생산은 소비에 대해 포괄적인 계기로 작용한다'는 마르크스주의적 문학 사회학의 논제를 끌어들여, 수용은 의미를 출발시키는 생산 과정 없이는 이해될 수 없다고 주장한다. 작품이 어떤 맥락 속에서 의미론적·통사론적 구조로 성립했는가, 즉 텍스트가 성립된 맥락과 텍스트의 구조에 대한 인식을 전제하지 않고서는 수용을 구체적으로 이해하기 어렵다는 것이다.

텍스트의 의미 산출에 적극적으로 참여함으로써 독자가 저자와 동등한 위치의 공저자가 된다는 이저의 독자중심이론의 성과와 한계는 다음의 글 속에 잘 요약되어 있다.

> 이저의 독서 이론의 공헌과 장점은, 그것이 텍스트의 의미산출을 할 수 있는 해석능력을 배양시켜 줌으로써 독자로 하여금 스스로에 대한 인식과 지식을 갖게 해주고 스스로의 새로운 창조도 가능하게 해준다는 데 있다.

그러나 이저의 문제점 또한 간과할 수 없다. 우선 그의 이론에 의하면, 독

---

32) 테리 이글턴, 김명환 외 역, 위의 책, pp.102~105 참조.
33) 페터 V. 지마, 앞의 책, pp.302~303 참조.

자의 독서행위는 다만 작품 속에 이미 암시되어 있는 것을 찾아내어 채우고 성취시키는 것일 뿐, 진정한 의미의 창의력과 거리가 멀다는 것을 알 수 있다. 둘째, 그런 의미에서 이저는 독자의 자주성이나 텍스트로부터의 독립을 인정하지 않는다. 엄격한 의미에서 그가 말하는 '독자'란, 저자가 텍스트 속에 이미 암시해 놓은 것을 찾아내게 되어 있는 '암시된 독자(the implied reader)'일 뿐이다. 셋째, 이저는 독자의 창조적 역할과 다양한 해석의 가능성을 주장하면서도 또 한편으로는 독자의 깨달음을 정해 주는 것은 결국 텍스트라고 말함으로써 텍스트를 중시하고 있다. 넷째, 이저는 어떤 독자의 깨달음은 다른 독자의 깨달음보다 더 텍스트의 의도에 부합된다고 주장하는 모순을 보여주고 있다. 다섯째, 이저의 이론에 의하면 독자는 텍스트를 완성시켜 주는 역할을 할 뿐이어서, 텍스트의 힘이 독자를 압도하고 독자에게 간격(gap)을 채우라고 지시를 내리게 되는 경향이 있다.[34]

위의 인용문에서 보듯, 이저에게 있어서 독자란 어떤 의미에서 텍스트를 완성시키는 존재에 불과했다면, 미국의 스탠리 피쉬에게 오면 독자가 채우는 간격이 텍스트의 소유가 아니라 독자의 소유가 된다는 점에서 독자의 위치는 보다 더 부상된다.

3. 독자중심이론의 영향과 과제

스탠리 피쉬는 1960년대 대중적인 명성을 떨친 독자반응 비평가이다. 피쉬의 독자는 텍스트가 남겨 놓은 빈 공간을 채우는 일에 몰두하지도 않으며(이저), 텍스트의 기대지평이나 독자의 기대지평을 재구성

---

34) 김성곤, 「독자반응 비평의 문제점과 전망」, 『포스트모던 소설과 비평』, 열음사, 1993, p.180.

하는 데도(야우스) 큰 관심이 없다.

　미국의 비평가 스탠리 피쉬(Stanley Fish)는 막상 연구를 착수했을 때 세미나 테이블 위에는 결코 어떤 '객관적인' 문학 작품이 존재하는 것이 아니라는 사실을 아주 기꺼이 받아들인다. 『블리크 하우스』는 단지 지금까지 있었고 또 앞으로도 있을 그 소설에 대한 갖가지 설명들을 모아놓은 것일 뿐이라는 것이다. 진정한 작가는 독자인 셈이다. 문학이라는 사업에 있어서 이저류의 협동관계에 만족하지 못한 독자들은 이제 상관들을 몰아내고 권좌에 올랐다. 피쉬에게 있어서 독서는 텍스트가 의미하는 것을 발견하는 문제가 아니라 텍스트가 독자에게 '행하는' 것을 경험하는 과정이다. 피쉬의 언어관은 실용주의적이다. 예를 들면 어순 도치는 우리의 마음속에 놀람이나 어리둥절함을 느끼게 할 것이며, 비평은 페이지 위의 연속되는 단어들을 따라 전개되는 독자의 반응을 설명한 것에 불과한 것이다. 그러나 텍스트가 우리에게 '행하는' 것은 실제로는 우리가 텍스트에게 행하는 것 즉 해석의 문제라고 한다. 비평의 주목 대상은 작품 자체 속에 발견되는 어떤 '객관적인' 구조가 아니라 독자의 경험의 구조라는 것이다. 텍스트에 있는 모든 것—문법, 의미들, 형식적 단위들—은 해석의 산물이지 결코 '사실로서'(factually) 주어진 것이 아니라는 것인데, 그렇다면 피쉬 자신이 책을 읽을 때 해석하고 있는 대상이라고 믿는 바의 것이 무엇인가 하는 흥미로운 물음이 제기될 수밖에 없다. 이 물음에 대한 그의 유쾌하도록 솔직한 대답은 '자기는 모른다'는 것이다.[35]

　피쉬는 텍스트를 고정된 대상으로 인식하는 것이 아니라 독자의 마음속에서 발생하는 일련의 사건으로 간주함으로써 텍스트의 존재를

---

35) 테리 이글턴, 김명환 외 역, 앞의 책, pp.109~110.

소멸시켜 버린다. 의미는 텍스트의 구조 속에서 발생하는 것이 아니라 독자의 의식 속에서 비로소 생성된다는 것이다. 이는 경험(텍스트) 자체와 경험에 대한 이해(텍스트에 대한 이해) 사이의 차이를 무시한 태도라고 할 수 있다. 여기서 독자의 경험이 의미이며, 그 의미가 바로 형식이라는 단원론이 태어난다.[36] 단원론은 모든 객체는 언제나 주체, 더욱 정확히 말하면 주체들의 집단에 의해 구성된다는 주장을 낳기에 이른다. 이러한 주체들의 집단을 '해석자 집단' 혹은 '해석 집단'이라고 규정할 수 있는데, 피쉬는 이를 「집주(集註) 해석 : Interpreting the Variorum」에서 발전시키고 있다.

피쉬가 1970년대 이후 「집주 해석」 제1부에서 이러한 주장을 하였을 때, 그는 독자의 경험을 텍스트의 형식적 특징에서 발생하는 작가의 의도에 대한 반응이라고 설명하였다. 의미의 궤적이 한 권의 책의 페이지 사이에 있는 것이 아니라 독자의 마음속에 있다고 하더라도, 문학적 의미를 형성하는 정신적인 계기는 텍스트의 특별한 요소, 즉 각 행의 종결 효과에 있다는 것을 전제로 한다. 피쉬는 「집주 해석」 제 2부에서는 이러한 특별한 요소를 취급하지 않았다. 그는 이들 요소를 더 이상 자율적인 요소로 파악하지 않고 비평행위의 형성요소로 파악하였다. 독자가 반응할 수 있는 선(先)존재적인 텍스트도 없고 전통적인 의미에서의 '독서'도 존재하지 않는다. 독자는 텍스트를 독서하는 것(읽는 것)이 아니라 기술(記述)하는 것(쓰는 것)이다. 왜냐하면 피쉬의 논의는 이 시점에 이르러 텍스트의 형식적인 특징, 즉 독자가 보편적으로 나타낸다고 생각하는 작가의 의도에 대하여 언급하고 있으며 독자의 해석 전략은 그만큼 독자적이기 때문이다.[37]

---

36) 박찬기 외, 앞의 책, p.3 참조.

모든 기호체계는 각 개인이 어느 정도는 자동적으로 동화하게 되는 사회적 구성체이기 때문에 각 개인의 인식과 판단은 그가 속해 있는 그룹의 공통적인 전제 역할을 한다. 이에 피쉬는 독자들이 공유하고 있으며 그들의 개인적인 반응을 지배하게 될 어떤 해석의 전략들에 호소한다. 피쉬가 생각하는 독자들이 학술제도 속에서 성장한 학식 있는 혹은 정통한 독자들이 되는 이유도 바로 여기에 있다. 피쉬는 자신의 문장 독서법이 교양 있는 독자의 자연스러운 반응을 따라간 것일 뿐이라고 생각한다. 그가 보기에 독자는 언어적 능력을 소유한 사람으로, 독서에 필요한 구문론적·의미론적 지식을 내면화하고 있다. 또한 문학 텍스트의 교양 있는 독자는 문학적 능력까지 갖추고 있다.

셀던은 피쉬가 우리에게 제공하는 것은 독서의 성격에 대한 분명한 설명이 아니라, 자기 자신의 독서 경험에 대한 스스로의 이해일 뿐이라고 주장한다. 그가 보기에 피쉬는 결국 독자들에게 자신이 속해 있는 공동체의 가설을 채택하라고 설득하고 있는 셈이다. 여기에서 어떤 특정한 해석 공동체의 전략이 독서 과정 전체 즉, 텍스트의 문체적 사실들과 독서의 경험을 결정해 버리는 순환론적 환원이 발생한다. 이러한 해석 공동체의 가설을 받아들이는 순간, 텍스트와 독자 사이의 긴장은 사라지고 따라서 주체와 객체의 문제도 깨끗이 소멸되고 만다. 셀던이 보기에 피쉬는 모든 의미 산출 과정을 해석 공동체의 기존 관습들에 환원함으로써, 해석 행위를 지배하는 규범들과 어긋나는 해석이나 저항의 가능성을 일체 포기하는 듯 보인다.[38]

텍스트에 대한 독자의 반응을 절대시하는 주관적 비평에 바탕한 피쉬의 독자중심이론은 '저자의 죽음과 독자의 등장'으로 대변되는 포스트모던 이론과 무관하지 않다.

---

37) 제인 톰킨스, 윤호병 역, 「미국에서의 독자반응비평」, 앞의 책, p.77.
38) 라만 셀던 외, 정정호 외 역, 앞의 책, p.74~75 참조.

이 방법이 기본적으로 하는 일은 독서 경험의 속도를 늦추어서 평상시에는 드러나지 않지만 실제로는 일어나고 있는 '사건들'을 우리의 분석 태도를 이용해 잡아내는 것이다. 그것은 마치 자동 동작정지 장치를 가진 슬로우 모션 카메라가 우리의 언어적 경험을 녹음하여 우리에게 보여주고 있는 것과도 같다. 물론 그러한 과정의 가치란 '사건으로서의 의미', 즉 단어와 독자의 마음 사이에 일어나는 그 무엇, 보통의 눈에는 보이지 않으나 '탐색적' 질문에 의해 보이게 되는 개념에 의거하고 있는 것이다. ……우리는 텍스트가 변화하는 대상이라는 것을 깨달아야 한다. 독서하고 있는 동안에 텍스트가 움직이고 있다는 것(페이지 넘기기 또는 지나간 관용을 다시 언급하는 구절들 등) 그리고 우리 자신도 텍스트와 함께 움직이고 있다는 것을 우리는 간혹 잊는 수가 있다.[39]

피쉬는 유동적인 텍스트와 독자 사이의 반응에서 발생하는 의미를 텍스트의 소유에서 독자의 소유로 이전시킨다. 문학적·비문학적 문장에 동일한 독서 전략을 적용하는 피쉬에게 있어 주요한 관심사는, 연속되어 나오는 문장 속 낱말들에 따라 변화하는 독자의 반응을 살피는 것이다. 이 배열이 일종의 긴장 상태를 자아내고 독자로 하여금 텍스트의 구절에 대한 상이한 견해 사이에서 잠시 머뭇거리게 한다는 것이다. 이 머뭇거림이 독자들의 의식 속에 명백하거나 고정된 이미지를 형성하지 못하게 하고, 문장의 각 단계마다 기대와 해석을 조절하게 만든다는 것이다. 이러한 과정을 거쳐 의미에 대한 독자의 기대는 끊임없이 연기된다.[40]

---

39) Stanley E. Fish, "Literature in the Reader", Reader-Response Criticism, pp.74~75 ; 김성곤, 「독자반응 비평의 문제점과 비평」, 앞의 책, p.181 재인용.
40) 라만 셀던 외, 정정호 외 역, 앞의 책, p.73 참조.

독자중심이론은 절대적이었고 폭군적이었던 저자의 권위에 도전하여 독자에게 참정권을 주었으며, 인간의 차이를 인정했다. 또 그것은 독자와 저자 사이에 커뮤니케이션을 시도했다는 점에서, 그리고 다양성과 포용성을 내세운다는 점에서 문학에 기여한 바가 크다. 또 해석의 가능성을 확대시켰으며, 텍스트에 의존해 있는 것 이상의 것을 찾아내도록 독자에게 동기유발과 창의력을 허용한다는 점에서 공헌한 바가 크다.[41]

그러나 생산 과정이 생략된 채 사물화에 사로잡혀 있는 소비 사회의 실루엣이 독자중심이론에 투영되어 있다는 사실 또한 부인할 수 없다. 독자중심이론에서 생산자로서의 작가의 위상이 위축되는 현상은 소비 사회의 모습과 유사하다. 독자중심이론이 이러한 소비 사회의 메커니즘과 맞서 정면으로 응전하지 않는다면, '작가/텍스트'에서 '독자'에로 관심의 초점을 이동시킨 것이 부분적인 진리를 또 다른 부분적인 진리로 대체한 것에 불과하다는 비판으로부터 자유로울 수 없을 것이다.

수용미학과 시학은 자기 목적적인 텍스트(autotelic text)와 그것의 본질적 의미를 고집했던 신비평에 도전하는 데 성공했다. 하지만 텍스트에서 독자로 관심의 초점을 이동한 것은 부분적인 진리를 또 다른 부분적인 진리로 대체한 것에 지나지 않는다. 최악의 경우에 독서의 이론은 노먼 홀랜드(Norman Holland)와 같이 '독서'를 '개인적 교환'(personal transaction)의 수준으로 끌어내리는 데 반해, 최상의 경우에는 이저와 야우스의 경우처럼 역사적 생산조건과 분리되어 있긴 하지만 텍스트의 구성적 역할을 인정한다. 만약에 이런 역사적 생산조건들이 어떤 의미는 배제하면서 다른 의미는 개방시켜 주고, 또한 특정한 애매성과 양가성을 조장하면서 다른 애매성

---

[41] 김성곤, 「독자반응 비평의 문제점과 전망」, 앞의 책, pp.184~185.

은 억압하는 식으로 텍스트의 의미를 일정하게 한계짓고 있다고 생각하면, 독서의 문제들을 더 적절하게 설명할 수 있을 것이다. '충실한'(derived) 독서와 '자의적'(forced) 독서를 이론적으로 구별한다고 해서 '자의적' 독서가 '나쁘다'는 것을 의미하진 않는다. 충실한 독서는 좋은 번역과 유사하다면, 자의적 독서는 좋은 '모방'과 유사하다. 이런 구별은 텍스트의 역사적 생산 조건의 한계내에서 이루어지는 독서와 그런 한계를 초월하고 일탈하고 왜곡하고, 나아가서 대체하는 독서 사이의 경계를 나타낸다.[42]

독자중심이론에 대한 셀던의 애정 어린 충고는, 그것이 역사적 힘들의 복합적 상황 속에서 산출된 텍스트의 역사적 의미를 무시하고 있다는 점에서 출발한다. 특히, 독자중심이론에서 강력한 반권위주의적 성향과 연결되어 있는 '자유유희'(다원성)의 개념은 '다양한 욕구와 욕망을 만족시키기 위해서 텍스트는 다원적 의미를 소유해야 한다'는 자유시장 경제의 이데올로기와 멋진 조화를 이루고 있다는 것이다. 이러한 이데올로기를 넘어서기 위해서는 독자의 역사적 상황에 대한 이해, 즉 생산의 결정적 조건에 대한 지식이 전제되어야 한다. 텍스트의 생산을 설명하지 않고서는 다양한 글읽기 과정 속에 들어 있는 전유, 부정, 왜곡 및 승인의 과정을 효과적으로 설명할 수 없다. 여기서 셀던이 제안하는 지식은 텍스트의 의미에 대한 지식이 아니라 그 의미의 조건들에 관한 것이다. 즉, 텍스트의 생산을 제한하는 다양한 조건들의 구조를 인식할 수 있는 가능성을 전제해야 한다는 것이다.

셀던은 '역사적 토대의 탈중심적 성격'을 강조함으로써 텍스트의 다원성(기표의 유의)과 총체 지향적 역사적 토대(기의)를 통합하는 데 성공한다. 즉, 텍스트의 역사적 상황은 기표의 유희를 소멸시킬 수 없지

---

42) 레먼 셀던, 김용규 역, 앞의 책, pp.176~177.

만 앞으로의 독서를 위한 출발점으로 담론적 경로를 구획할 수 있게는 해준다는 것이다. 독서가 역사적으로 각인된 텍스트의 기표들에 의해서 제한될 수 없지만 독서는 그런 기표들과 특정한 관계를 지닌다고 할 수 있다.[43]

지마 또한 셸던과 유사하게, 생산과 생산의 사회적 조건들을 고려하지 않고 수용 또는 독서를 이해하는 것은 불가능하다고 생각한다. 생산과 수용 사이의 관계는 오직 텍스트 사회학의 틀 안에서만 분석될 수 있다는 것이다.

> 해석학의 측면―문학 텍스트의 다의성에 대해―을 고려하면서도, 에스까르뻬는 수용의 문제를 사회학적 맥락에 끼워넣으려고 애쓴다. 일반 독자에, 또는 야우스처럼 가상적인 독자에 의거하는 대신에, 그는 사회적이고 경제적인 과정들과 관련해 책의 기능을 설명하려고 한다.[44]

지마에 의하면 에스까르뻬는 저자와 독자의 텍스트보다 오히려 전달과 분배의 체계에 관심을 가진다. 수용을 연구하면서 에스까르뻬는 '어떤 집단의 독자들이 어떤 저자, 어떤 책을 읽는가'라는 질문을 제기한다. 그는 문학 작품이 그 발생의 상황 후에 어떻게 살아 남는지에 대해 답하려고 한다. 지마는 이러한 에스까르뻬의 시도에서 문학의 의미가 생성이라는 생각, 즉 생산의 장을 수용의 장에 묶어 주는 텍스트 상호 과정이라는 생각을 추출한다. 하지만 에스까르뻬는 '어떻게 몇몇 집단들이 특별한 하나의 텍스트를 읽는가, 그리고 어떤 가치계급들이 (어떤 이데올로기들이) 그들의 독서에 영향을 미치는가'라는 질문을 간과하고 있다고 지적한다. 때문에 생산과 수용 사이에 존속하는 긴밀한

---

43) 레먼 셸던, 김용규 역, 위의 책, p.177 참조.
44) 피에르 지마, 정수철 역, 앞의 책, p.304.

관계와, 텍스트의 구조들(의미적 그리고 통사적)을 고려하지 못하게 되고, 설문조사들의 경험적 토대에 대한 인식에 머무르고 있다는 것이다.

독자중심이론은 현대 산업 사회의 발전과도 그 맥락을 같이 하고 있다. 문학의 영역에서도 대중 내지 소비자가 중요시되고, 그 반응에 의해 생산이 촉진되는 시대에 이르렀다. 그리하여 작가의 표현미학과 독자의 수용미학이 거의 대등한 기능을 발휘하며 문학의 위상을 변모시키고 있다.[45] 예컨대, 통신 기술과 매스 미디어를 통한 문학 작품의 수용과 그에 따른 수용자의 변화는 종래의 문학관 및 문예학이 지닌 고정 관념을 동요시키기에 이르렀다. 이제 수용자란 우리의 상식 속에 박힌 독자라는 범주를 넘어서 문학 연구가, 비평가, 문학사가, 문학 교수, 작가, 일반 독자 등은 물론 방송극 청취자 및 기자, 연극·영화·TV의 연출자, 작품 해설가, 관객 등등 어떤 형식으로든지 문학 작품에 관여하는 모든 수취인을 가리킨다. 이에 따라 독자의 개념과 문학 작품을 수용하는 행위도 광범위하게 확장되었다. 이러한 변모는 '화자(작가)의 목적은 청자(독자)가 정보(작품)를 이해함으로써 완성된다'는 현대 언어학 이론으로부터 크게 빚지고 있다.[46] 이제 텍스트나 텍스트의 유형 및 그 특징만이 문학 연구의 목적이 되는 것이 아니라 문학적 의사소통의 전제와 조건들도 동일하게 문예학의 분석과 기술의 대상이 되기에 이른 것이다. 언어를 사람들간의 의사소통 수단으로 이해하는 화용론적 견해에 따르면, 언어 내재적 이론보다는 언어 사용자들의 의도, 목적 및 목표들을 고려하는 입장들이 유리한 고지를 점하게 된다. 나아가 문학은 사회학적·심리학적 문제들과 연결되어 그 범위를 확장

---

45) 박찬기 외, 앞의 책, p.12 참조.
46) 차봉희 편, 앞의 책, pp.27~28 참조.

하기에 이른다. 문학의 유용성에 대한 물음이 문학의 경계를 넘어서는 것처럼, 이에 대한 응답 역시 문학의 영역을 초월한다. 문학을 소통의 한 특수 형식으로 간주하고 소통의 다른 형식들과 연관해서 문학 고유의 과제를 인식해야 하는 것이다. 작가나 작품 자체에서 출발하는 전통적 문학 연구 자세가 오늘에 이르러 동태적으로 열려 있는 문학적 의사소통 쪽으로 그 대상 영역을 확장시키고 과정화함으로써 문예학의 구성 층위들이 다차원화되는 결과를 초래한 것이다. 이는 문학이 언어적 의사소통인 한 언어학, 정보학, 커뮤니케이션학, 기호학, 매체 연구 등과 관계됨은 물론 또 그것이 일종의 예술·형태인 한에 있어서 미학이나 예술학과도 연관되어 있음을 보여준다.[47]

이렇듯, 독자중심이론은 문예학의 연구 범위를 확장시켜 문학을 대중매체와의 연관 속에서 살펴볼 필요성을 제기하였지만, 문학의 유통과 소비가 자본의 논리에 의해 규정되는 소비 사회의 역풍을 내면화해야 할 시점에 이르렀다. 문화 산업과 자본의 이데올로기를 견제하면서 문학의 깊이를 심화시키고, 동시에 그 폭을 넓혀야 하는 이중적 과제에 직면한 것이다. 이를 위해 독자중심이론은 추상적이고 이상적인 독자 개인의 심리적 환경에 관심을 집중하기보다는 독자가 속해 있는 실제적인 문화 환경과 사회적 조건에 대한 탐구로 시선을 옮겨야 할 것이다. 문예학은 텍스트 중심주의에서 벗어나 문학과 관련된 시스템 전체를 관심의 영역으로 끌어들이고, 이 관심을 문학, 나아가 문화 시스템 전체의 은폐된 이데올로기를 폭로하는 방향으로 심화되어야 할 것이다.

---

47) 허창운, 앞의 책, pp.46~54 참조.

제2부
순정한 결핍의 서사

- 순정한 허구, 혹은 소설의 죽음과 부활 ─성석제론
- 결핍의 서사 ─김소진론
- 상실과 부재의 서사 ─하성란론
- 경계를 응시하는 사랑의 서사 ─ 황석영의 『오래된 정원』
- 아름다움과 사랑, 그 이미지의 서사 ─ 최윤의 『마네킹』과 김연수의 『사랑이라니, 선영아』
- 겹의 일상, 겹의 서사 ─ 정미경의 『장밋빛 인생』
- 세 여자 이야기 ─ 전혜성의 『트루스의 젖가슴』
- 가족, 공동체, 욕망, 그리고 소설의 자리

순정한 허구, 혹은 소설의 죽음과 부활
―성석제론

1. 소설의 자기 변신

　소설은 살아 움직인다. 서사 양식이 쌓아온 다양한 언술 방식을 자신의 형식 속에 흡수하며 발전해 온 소설은 디지털의 물결 속에서도 거침없이 자기 변신의 드라마를 펼쳐 보인다. 아날로그의 적자(嫡子)인 소설은 '단절과 계승의 다채로운 스펙트럼'을 연주하며 디지털 문화에 접속한다. 디지털 언어의 이념은 연결(connection)이다. 다양한 정보는 선택을 통해 결합된다. 그러나 기억의 내면성을 기계적 장치로 대체하는 전자 언어의 결합에는 필연적으로 선형성, 규율성, 위계질서적 통제와 관련된 아날로그적 원리가 개입한다. 소설은 이러한 디지털 언어의 사회·문화적 함의를 반성적으로 성찰함과 동시에 아날로그적 담론의 경직된 육체를 유순하게 한다. 아날로그는 디지털의 시점에서 반추되고 있으며, 디지털은 아날로그와의 연관 속에서 새로운 의미를 부여받는다. 서로는 경계를 넘어 스미고 짜인다. 소설은 아날로그와 디지털을 표상하는 이질적 이미지의 중첩을 통해 동시대의 문화적 풍경을 압축·재현함으로써 여전히 자기 변신에 골몰(汨沒)하고 있다.

성석제의 글쓰기는 아날로그와 디지털을 잇는 가교(架橋)가 되기를 꿈꾼다. 아날로그에서 출발한 서사 양식에 대한 고고학적 탐구가 농담에 바탕한 구술담론에 대한 탐색으로 이어지는 결절점(結節點)에서 그의 소설은 디지털 문화와의 'ON/OFF'를 반복하고 있다.

성석제는 소설의 실체를 지우면서 그것의 흔적을 환기한다. 그의 글쓰기에서 '소설'의 실체는 끝없이 미끄러진다. '소설'은 '소설 이전 혹은 소설 이후'의 그 무엇에 의해 '타자화'된다. 그는 이 부재의 흔적을 통해 다시 '소설'을 소환한다. 이러한 '타자화'는 소설의 죽음을 의미한다기보다는 소설의 부활을 유추하는 각주의 역할을 한다. 따라서 그의 글쓰기는 소설을 전복시키면서도 동시에 그것의 안정성을 도모하는 작업, 즉 소설을 죽임으로써 되살아나게 하는 방법에 대한 탐색이라 할 수 있다.

이러한 '소설'의 본질에 대한 탐색은 '희극성의 미학'을 통해 구술문화와 만난다. 성석제는 서구와 동양의 고전 서사 양식을 자유롭게 넘나들면서 근대의 동일성(identity) 담론을 유쾌하게 탈주한다. 그는 '쓰기'의 동일성 담론을 탈주하기 위해, 문자의 세계로 옮겨오기 전, 우리의 마음을 들뜨게 하던 '날개 돋힌 말'을 응시한다. 현실의 코드에서 이탈한 상상·허구의 세계가 구술문화의 전통과 만나는 순간, 문자 문화의 동일성 담론에 마비된 감각이 자유를 얻어 비상한다. 근대 서사에 대한 비판으로서의 구술언어는 디지털 문화의 출현이라는 조건 속에서 새롭게 맥락화된다. 구술언어의 원심력은 이질적인 요소의 갈등, 병존, 접합을 용인하면서 스스로를 유동적인 상태로 만드는 원리, 즉 타자성(alterity)에 의한 자기 비판의 원리를 구현하고 있다는 점에서 디지털 문화의 전망과 통한다.

소설의 실체를 지우면서 다시 소설로 귀환하는 성석제의 탐색은 아날로그의 진지함과 디지털의 속도를 겸비한 새로운 서사를 지향한다. 그는 시·짧은 소설(엽편소설)·단편소설·중편소설·장편소설 등의 장르를 가볍게 넘나드는 한편, 시골/도시, 성(聖)/속(俗), 구술문화/문자문화, 허구/사실, 자연/문명의 경계를 가로지르며 '소설'의 영역을 확장한다. 아날로그와 디지털의 경계에서 '서사'의 내면을 정면으로 응시하는 한 작가의 '의식적/무의식적' 고투의 궤적을 따라가는 여행은 오늘날 우리 문학의 현주소를 확인하는 고통과 새로운 서사의 가능성에 대한 설레임을 동반한다는 점에서 소중한 가치를 지닌다.

2. 아이러니와 농담의 공간

성석제 글쓰기의 주춧돌은 '아이러니'이다. 이 주춧돌 위에 그는 희극적 건축물을 쌓아올림으로써 소설을 '타자화'한다. 아이러니의 주체는 '문제적 주인공(Problematic individual)'이다. 그러나 이 주인공을 모방하게 되면 웃음이 발생한다. 내면의 진정성을 외화시켜 정신의 고결함을 둔화시키는데 성공하면 희극적 효과를 얻을 수 있다. 성석제 소설의 드라이한 문체, 패러디, 언어 유희 등은 이러한 희극성에 복무한다. 희극적 상상력이야말로 고상하다고 주장하는 예술 작품을 비웃으며, 대중문화와 적극적으로 교류하게 만든다. 이 하강은 기존 문학의 고정 관념과 선형적 플롯의 두터운 외피를 들어올리고, 유동적인 이미지들의 연쇄를 통해 오늘날 우리 문화의 심층을 항해한다. 성석제의 소설이 90년대 이후 우리 문단을 수놓았던 내성적 나르시시즘으로부터 일정한 거리를 유지하고, 동시대의 문학사적 소명에 진지하게 응답하고 있는 지점은 여기이다.

성석제가 시도한 '짧은 소설'(엽편소설)은 삶의 반어적 속성을 포착하는 날카로운 통찰력이 돋보인다.

> 거짓된 진실은 진실된 거짓말보다 훨씬 악질적으로 많은 사람들을 오도할 우려가 있는 것이다. 여러분, 거짓말은 무엇인가. 그것은 인생을 기름지게 하고 인간의 상상력을 우주의 차원으로 넓혀주는 것이다. 거짓말은 진실이라는 딱딱한 빵 속에 든 슈크림처럼 의외의, 달콤하고 살살 녹는 이야깃거리와 즐거움을 준다. 거짓말이 없는 인생은 고무줄 없는 팬티요, 팬티 없는 팬티용 초인장력 고무줄이다. [⋯중략⋯] 거짓말은 선천적인 것이다. 어차피 인간의 말속에는 거짓이 섞일 수밖에 없다. 후천적으로, 억지로 배우는 것은 거짓말을 하지 말라는 도덕률이라는 거짓말이다.
> ―「재미나는 인생 1- 거짓말에 관하여」

그는 자본주의 사회의 부끄러운 이중성, 감추어진 속성을 아이러니적 태도를 통해 폭로한다. '완전히 진실하지도 않고 거짓으로 가득찬 것도 아닌 반쪽짜리 얼뜨기 같은 세상'에서 그는 '진정한 거짓말쟁이'의 삶을 살겠다고 다짐한다. 올바르고 고고한 진정성(道)을 찾아 나서기보다 도(道)가 아닌 것, 즉 반대행위를 통해 진정성의 의미에 근접해 보자는 의도이다.

이러한 반어적 태도는 소설의 태생적 운명에 대한 메타포를 함축한다. 그가 폭로하는 자본주의 현실이 소설의 뿌리를 잉태하고 있기 때문이다. 아이러니는 자신을 죽임으로써 현존을 증거하는 '소설'의 모순적 운명을 시사한다. 성석제는 이러한 아이러니의 역설을 유머를 통해 풀무질한다. 그의 소설 속 주인공들은 삶의 복합성과 아이러니를 육체로 하여 농담이라는 날개를 달고 가볍게 비상한다. 유머는 아이러니와는 달리 존재의 내면에 깊숙이 개입하지 않고도 사회적 기능을 발휘할 수 있다.

「내 인생의 마지막 4.5초」의 엉뚱한 각주(농담)는 동일성 담론(진담)에서 중시하는 과학적·사실적 언어로 가득 차 있다. 소설의 공간에서 논리 정연한 언어는 오히려 소외될 수 있다. 이러한 전복적 사유를 바탕으로 성석제의 소설은 아이러니의 경계선을 넘어서서 또 다른 시·공간(유머)으로 탈주한다.

아이러니적 태도는 부조리한 세계에 대한 개인의 각성, 통찰력에 기반한다는 점에서 현실에 대한 부정적 인식에 머물 뿐, 실천적 계기를 가지기 어렵다. 이에 아이러니는 비극적 현실 인식의 산물이라 할 수 있다. 성석제는 이러한 아이러니의 무거움, 진지함을 농담을 통해 가볍고 경쾌하게 만든다. 농담은 상대방의 신념체계를 유동적인 상태로 와해시킨다. 그것은 청중들의 참여를 전제로 한다는 점에서 대화적이며, 타자지향적이다. 또한 농담은 '삶 자체에 대한 조롱이 아니라 〈진담〉임을 자부하는 권력지향적 담론에 대한 야유'이다. 이러한 유희의 공간은 타자들의 공간에서 스스로의 허위성을 폭로하는 진실된 놀이마당이다. 동일성 담론의 코드에서 이탈된 비현실(거짓말)은 비동일성의 코드(상상력)에서는 진실이 될 수 있는 것이다.

한편, 성석제는 근대 서사(진담)의 주변부로 밀려난 재래적이고 통속적인 변두리 서사(농담)에 주목하여 이를 현대적으로 재창조한다. 집단적 유대감에 근거한 전통 서사인 야담과 판소리가 근대화 과정에서 화자의 형식화에 실패함으로써 근대소설에 밀려난 점에 주목한다면, 민중적 미학의 이야기 공간을 창출하는 성석제 소설의 화자는 전통 서사 양식의 부활 가능성을 보여준다. 판소리의 구연자가 청중과의 유대를 견지해 민중적 공동체 의식을 확보하듯이, 그는 독자들을 능수능란하게 작품 내부로 끌어들인다. 성석제 소설의 화자는 이야기 세계를 총괄하면서 빈번히 편집자의 위치에서 독자와 직접적인 의사소통을 시도한다.

「조동관 약전」을 살펴보자. 이 작품은 조동관의 이야기를 독자에게 들려주는 형식을 취한다. 화자는 마을 주민의 입장에서 이야기를 전개한다. 이에 독자는 마을 주민이 되어 조동관의 무용담을 실제로 보고 있는 듯한 느낌을 받는다. 화자, 마을 주민, 독자 사이의 일체감은 공동체적 유대를 형성한다. 이 소설에서는 각성된 자아로서의 '나'가 아닌 화자, 마을 주민, 독자 사이의 경계가 무화된 민중적 관점의 '우리'가 자연스럽게 형성된다.

조동관은 사회의 기존 질서를 파괴한다는 점에서는 '전설적 영웅'이지만 마을 사람들에게 피해를 준다는 점에서는 '골치덩어리'이다. 마을 주민들의 조동관에 대한 이러한 양가적 태도는 독자에게 전가되어 이 작품에 대한 반성적 거리 또한 유지하게 한다. 이에 마을 주민들은 감성은 침묵시키고 이성만을 행사하면서 철저한 구경꾼으로써 조동관에게 주의를 집중할 수 있게 된다. 그들의 무관심한 대화는 웃음을 유발한다. 희극성은 냉담한 무관심을 가지고 현실의 내부로 보다 낮게 내려갈수록 강화되기 때문이다. 조동관의 행위가 마을 주민들에게 뉴스이자 연재소설이며 연속극이 되는 이유도 여기에 있다.

그러나 조동관의 무용담은 흥미 위주의 이야기에만 머물지 않고 신화가 된다. 신화에는 시원적 이야기라는 신비한 그림자가 어려 있다. 조동관의 무용담이 신화가 될 수 있는 것은 금기에 대한 호기심이라는 인간 본연의 욕망을 매개하고 있기 때문이다. 그의 소설이 흥미 위주의 통속소설로 전락하지 않는 힘은 희극적인 것과 진지함 사이의 이러한 아이러니컬한 균형에 있다.

성석제는 동일성 담론의 코드(진담)를 이탈하여 깃털처럼 가볍게 새로운 코드(농담)에 안착한다. 이 경쾌한 상상력의 공간은 유쾌하게 자본의 논리에 균열을 낸다. 그에게서 부활되는 전통적인 서사 양식은 이 새로운 공간에 개입하여 공동체적 유대에 바탕한 휴머니즘을 불어넣는다. 성석제의 소설은 여기에서 구술문화의 담론과 만난다.

3. 말과 글 사이

글쓰기는 지면이란 공간 속에 유동적인 말을 고정하는 작업이다. 텍스트 안에 포획된 말은 자신이 지녔던 구체적이고 생생한 질감을 더 이상 유지하지 못한다. 성석제의 글쓰기는 이러한 말의 기억을 좇는 역설적 도정이다. 그의 소설은 이야기(말)와 서사(문자) 사이의 불연속적 간극에 주목하여 그 틈을 메우려는 야심찬 의도를 담고 있다. 그의 소설은 음성으로서의 말과 폐쇄된 공간 속에 박제된 활자를 넘나들며 이야기와 서사, 구술문화와 문자문화의 경계를 탐사한다.

'유행과 고전이 함께 하는 도시'인 'K'를 배경으로 전개되는 「꽃 피우는 시간—노름하는 인간」은 '세계 최고의 도박사 피스톨 송 초청 강연회' 녹음 기록을 여과 없이 삽입하고 있는 작품이다. 이는 '말랑말랑한' 말의 질감을 있는 그대로 포착하려는 작가의식의 일환이라 할 수 있다.

'피스톨 송'은 '자화자찬을 한없이 길게 늘어놓다가도' 노름의 '구체적인 방법이나 인생의 그럴싸한 경구를 살짝 끼워넣곤 해서' 계속해서 청자들의 주의를 끈다. 피스톨 송의 장황하면서도 생활세계에 밀착된 말투는 화자와 청자(독자) 양쪽을 이야기의 본류에서 벗어나지 않게 한다. 구술 발화의 독창성은 새로운 스토리를 제시하는 데 있지 않고 그때그때 청중들과 특별한 교류를 만들어내는 데 있다. 정보의 전달보다는 '말'이 만들어내는 효과에 주목하는 것이다.

만년필형 녹음기의 IC회로로 녹음할 수 있는 시간이 제한되어 있어서 뒷부분은 녹음이 되지 않았다. 따라서 그가 이어서 말한, 가출한 뒤 접하게 된 숱한 노름들, 당구·바둑·카드·마작·화투·골프·고시공부·투견·투계·주식 등등에 관한 이야기와, 어떻게 해서 미국으로 갔고 거기서 세계 정상급인 누구와 상대해서 어떻게 이겼고, 지금까지 얼마나 벌었는가 하는 등등의 자랑에 관해서는 글로 옮길 수 없게 되었다.

―「꽃 피우는 시간―노름하는 인간」

반면, 위의 인용문은 '피스톨 송'의 강연을 끝까지 녹음하지 못한 화자가 결손 부분을 요약하여 정리한 대목이다. 피스톨 송의 삶이 화자에 의해 굴절되어 제시됨으로써 청중들은 잠재적인 독자로 변모한다. '쓰기'의 기술에 의해 인공적으로 조립된 화자와 청자 사이의 객관적 거리는 피스톨 송의 파란만장한 삶을 단 몇 줄의 시각적 언어의 응고물로 만든다. 화자는 '뒷부분은 녹음이 되지' 않아서 '글로 옮길 수 없게 되었다'고 말하고 있다. 이는 발화되는 순간 사라지는 말의 흔적을 포착하려는 역설적 아포리아를 스스로 고백하는 목소리이기도 하다.

선형적 플롯은 일상적 삶과 표현 사이의 거리에 의해 만들어진다. 다양한 감정을 표출하는 가지각색의 시점과 톤은 하나의 고정된 시점으로 수렴되고 이야기의 전개는 정해진 길을 따라 이어질 뿐이다. 성석제의 소설은 쓰기의 담론에 바탕한 이러한 선형적 플롯의 그물망을 탈주하여 우리들의 의식 속에 잠재되어 있는 구술문화의 전통을 환기시킨다.

「협죽도 그늘 아래」,「방」,「이무기」 등은 보다 적극적으로 구술문화적 특성을 수용하고 있다. 동일한 통사 구조의 반복, 신화·민담·전설 등의 적극적 활용, 독자(청자)를 의식하는 서술자의 직접적 개입, 꼬리에 꼬리를 무는 삽화적·연쇄적 이야기 전개 등은 이를 뒷받침한다.

「협죽도 그늘 아래」는 '한 여자가 앉아 있다'로 시작되는 의미 단락이 나선형으로 반복되며 진행된다. 이러한 서사 구조는 선형적 서사를 구부리며, '여인의 한 많은 일생'을 내면화한 운율을 형성함으로써 텍스트의 결을 만든다.

구전 서사는 화자의 기억과 청중의 상상력이 역동적으로 작용함으로써 전개된다. 화자의 발화와 청자의 반응이 동시에 이루어짐으로써 서로 감응하는 밀도가 짙어지는 것이다. 구술 담화의 서술자는 '초점을 맺지 아니하고 자취도 남기지 않는' 말을 오직 자신의 '기억'에 의존해 이야기한다. 이러한 '기억'의 필요성이 구전 서사의 통사구문을 결정한다. 기억의 필요성은 표준화된 주제적 배경이나 패턴, 반복이나 대구 그리고 그 밖의 정형구적인 표현 등을 요구하게 되며, 이는 강렬하고 리드미컬한 운율을 형성한다. 성석제의 소설에 빈번하게 드러나는 통속성과 기념비적인 인물 또한 이러한 '기억'을 중시하는 구술문화적 특성과 무관하지 않다.

신화, 전설, 민담 등에는 많은 사람들에 의해 오랫동안 이야기된 보편적 주제가 응축되어 있다. 그리고 그 속에는 언어 이전 단계의 집단 무의식이 아련한 밑그림을 이루고 있다. 「협죽도 그늘 아래」에서, '가시리'라는 마을의 유래가 되는 전설 속의 '가시나무'는 현재 없다. '가시나무는 여자의 가슴속에서 숲을 이루'고 있을 뿐이다. '가시리'에 얽힌 전설은 이 작품 속에서 '열 명의 군수가 오가고도 남을 세월'을 가슴속에 가시나무로 키운 여인의 목소리를, 사라져 버린 '가시나무'의 흔적을 포착하려는 작가의 욕망과 맞닿아 있다. 여인의 가슴속에 숲을 이룬 '노래와 옛날이야기의 중간쯤 되는 중얼거림', 이것이야말로 작가가 복원하려 하는 '잃어버린 말'의 질감이다.

4. '순정한 가짜'의 미학

성석제는 이야기성에 바탕한 글쓰기를 통해 쓰기 중심의 근대 서사를 상대화한다. 이 과정은 구술서사의 '낯설음/친숙함'을 통해 근대 서사의 정당성을 재성찰하는 궤적의 연장이다. 이에 그의 소설은 '소설의 실체'를 탐색하는 메타적인 글쓰기라 할 수 있다. 그는 기존 소설 문법의 틀로 세계를 해석하기보다는, 밖에서 이를 '타자화'하는 방식을 시도한다. 기존 서사를 우회하여 다시 사유하는 행위야말로 그것을 넘어서는 한 방법일 수 있기 때문이다.

「소설 쓰는 인간」은 '나는 지금 소설을 쓰려 하고 있다'라고 천연덕스럽게 시작하여 '이때까지 내가 최선을 다해 여자들을 상대해 왔듯이 소설에 대해서도 최선을 다하련다'로 끝나고 있다. 소설을 쓸 수밖에 없는 춤꾼의 다소 장황하고 익살스런 변명이 작품을 가득 채우고 있는 것이다. 이 작품의 화자는 아직 소설을 쓰지 않은 상태이다. 이에 「소설 쓰는 인간」은 소설 이전의 글쓰기, 즉 '인생의 축소판'인 '춤판에서의 이야기'라 할 수 있다. 화자인 '나'의 고백 속에는 말하기와 쓰기의 욕망이 교차하고 있다. 그러면 이 작품의 화자가 쓰려고 하는 소설은 어떤 모습일까?

「홀림」의 화자가 쓴 소설은 날려 버린 'MEMO.HWP' 파일, 즉 자신의 서른 살의 의미에 관한 메모의 '대용물'이다. 그는 그 메모에 '우주의 생성과 소멸의 키 워드', '예술과 인생의 불가분성을 증명할 잠언'이 들어 있을 거라고 생각한다. 그에 의하면 '소설쓰기'는 소설(잃어버린 메모)에 바치는 진혼곡(鎭魂曲)이다.

이러한 '소설'에 대한 존재론적 성찰은 『순정』에서 화려하게 개화한다. 이 작품은 아날로그와 디지털 양식이 공존, 상호침투하는 오늘날 소설의 알몸을 보여주는 메타적인 작품이다. 전설적인 도둑 이치도의 생애를 그린 이 작품은 전통적인 이야기 구조도, 근대 서사의 선형적 플롯도, 그렇다고 하이퍼텍스트가 표방하는 웹(web) 구조도 따르지 않는다. 『순정』에서는 근대 서사의 목적론적 의미 지향성이 약화되고 설화의 역동성에 바탕한 자발적인 이야기성이 중시된다. 그는 구술언어의 특성과 디지털 언어의 그것을 통해 기존의 서사 구조를 '타자화'함으로써, 언어의 해방을 꿈꾸지만 글의 선조성에 묶일 수밖에 없는 소설의 운명을 되새김질하고 있다. 이에 『순정』은 오늘날 소설의 위상을 보여주는 바로미터라 할 수 있다.

'은척'은 이 작품의 원점이자 종착점이다. 이곳은 성(聖)/속(俗), 두 장산/독산(틈산), 영웅/도둑, 사실/허구, 문자문화/구술문화 등이 공존하는 신비로운 공간이다. 호적상의 아버지 이봉달이 세상을 떠나던 날 밤 이치도는 '지나가는 나그네의 머리 위를 건너뛰며 혼을 빼고 결국은 간만 빼먹고 간다'는 전설상의 동물 '개호주'에 쫓겨 왕확과 두련이 살고 있는 집으로 도망친다. 그는 처음으로 은척의 다른 공간을 경험한다. 이 공간은 은척 사람들이 '그 존재를 인정하고 보호하'지만 '천대하는' 장소, 즉 은척의 현실 원칙이 은밀하게 지배하지만 동시에 쾌락 원칙의 흔적을 간직한 곳이다.

'개호주'는 이치도에게 아버지의 추태, 어머니의 잔소리 등으로 대변되는 벗어나야 할 지긋지긋한 현실과 '태자관'·'사랑'으로 상징되는 안온한 상상·허구의 세계를 이어 주는 매개체의 기능을 한다. 이러한 '개호주'는 구술문화와 문자문화, 이야기와 소설, 꿈과 현실의 점이지대를 사는 성석제식 '소설'의 메타포이다. '없는가 하면 있고 있는가 하면 엷은 어둠 속으로 스며'드는 '개호주'는 금기에 대한 '두려움/호기심'의 양가적 감정을 매개하며 이치도를 '동화, 옛날 이야기'(구술문화)의 공간으로 안내한다.

그러나 이러한 안온한 이야기의 세계는 외부 세계의 폭력에 의해 해체됨으로써 현실 속에서는 존재할 수 없는 유토피아의 공간으로 변모한다. 산업화의 물결은 이 공간을 역사의 뒤안길로 몰아갔다. 또한 왕확과 두련은 친부녀가 아니었으며, 이치도의 스승 왕확은 동성애자임이 밝혀진다.

이치도는 은척을 떠나 타지를 방황하다가 도둑들에게 쫓겨 고향으로 돌아온다. '목가적이고 고리타분하며 원래의 은척다운 풍경'은 '서쪽(왕확과 그의 집)'에 남아 있다. 이치도는 과거의 안온했던 기억의 흔적을 더듬어 그곳으로 간다.

이치도는 다시 한 번 '개호주'와 마주치지만, 이번에는 달아나지 않고 오히려 '개호주'를 향해 달려든다. 개호주는 필사적으로 도망친다. 읍내를 한 바퀴 돌 무렵, 그는 원래 출발했던 자리에 다시 돌아온 것을 깨닫는다. 개호주는 사라졌다. 아니 개호주는 없었다. 그는 '알고 보니 이거였군' 하고 되뇌인다.

'개호주'와의 짧은 마주침과 긴 방황 그리고 귀향에 이르는 이치도의 삶의 궤적은 그의 삶 전체를 지탱해준 왕확과 두련의 삶이 사실은 자기만의 자족적 공간이었음을 깨닫는 통과제의의 과정이라 할 수 있다. 다시 만난 개호주는 지금까지의 이치도의 삶이 현실 속에서는 존재하지 않는 허구·상상에 의해 지배되어 왔음을 일깨워준다. 그는 실재와 허구 사이의 관계가 전도된 삶, 즉 스스로가 허구적으로 재구성한 삶에 의해 지배되었던 것이다.

이러한 결말은 이치도의 지난 삶 전체를 부정하는 것이며 나아가 『순정』을 포함한 '소설' 자체를 '타자화'하는 것이다. 이 부정은 이 작품 첫 부분의 개호주가 매개한 '소설 이전의 세계'와 결말의 개호주가 깨우쳐 준 '소설 이후의 세계'가 만나는 자리를 마련한다. 이치도에게 은척은 더 이상 '태자관', '동화', '따뜻함', '구원'의 공간인 이야기의 세계가 아니라 현실공간과 가상공간, 실재와 허구(상상력)가 혼재된 카

오스적 공간이다. 이러한 사실은 왕확의 '기건 내가 심심해서 만든 짜가야. 물건(태자관)도 짜가, 이야기도 짜가. 짜가!'라는 진술에 의해 뒷받침된다. 『순정』은 모든 것이 가짜이고 허구라는 반전에 의해 이야기와 소설의 경계를 가로지르며 소설과 사이버스페이스의 점이지대로 나아간다.

이치도는 자신의 삶이 허구 앞에 굴복하며, 실재의 가치가 상상력에 형체를 부여해 주는 것으로 국한되는 상황에서 망연자실한다. 이러한 순간은 현실과 그것의 반영으로서의 언어(이야기) 사이의 견고한 관계가 허물어지는 틈을 암시한다. 이 틈은 재현의 논리를 따르지 않는 전자 언어의 자기 지시성을 연상시킨다. 이는 그의 작품 속에서 '자신이 아닌 듯한 여분의 시간', '한 없이 긴 듯, 일순처럼 짧은 방심의 시간' 등으로 변주된다. 이 순간은 현실 속에서 존재하는 잠재적인 것, 또는 삶이 희미한 윤곽이나 초안의 상태로 남겨둔 비의를 포착한다. 『순정』은 이치도의 의식 속에서 허구가 실재로 변모하게 되는 과정과 이 과정이 다시 뒤집히는 반전의 구조를 통해 실재와 허구가 뒤범벅이 된 세계, 즉 구술문화, 소설, 디지털 문화가 혼재되어 있는 우리 시대의 현실을 징후적으로 포착하고 있다. 이러한 상상력의 공간은 근대 동일성 서사를 탈주하는 동시에 '끝없는 배후', '진리 없는 홀림의 세계'(데이터 베이스의 제도와 관습)의 틈을 비집고 분출되는 생기충전한 에너지를 포획한다.

『순정』에서 이러한 생기충전한 에너지는 멈출 수 없는 웃음으로 표출된다. 너무 웃고 나면 눈물이 고이는 법. 이치도는 왕확의 고백을 듣고 '눈물, 콧물, 땀을 흘리며 계속 웃는다'. 이 웃음은 모든 것이 가짜이고 허구지만 그래도 그 가짜, 허구를 좇아 길을 떠나는 것이 소설의 운명이라는 비극적 인식 뒤에 오는 것이기에 빛을 발한다. 소설의 '순정'은 이러한 부정과 탐색의 변증법, 즉 고통스러운 자기 변신의 몸짓을 통해 우리에게 다가온다.

결국 소설은 현실과 꿈을 이어 주는, 아니 현실을 매개로 스스로를 말하는 '개호주'의 흔적이라는 것, 그리고 이 '개호주'는 '갈무리한 현실의 순수한 재현'으로는 포착되지 않는 '순정한 가짜'라는 것, 이 작품이 우리에게 던지는 메시지는 바로 이것이다. 이 '순정한 가짜'의 세계를 다시 구체적 현실 속으로 끌어내리는 지난하고 고통스러운 노정의 출발점에 『순정』이 있다. 이에 『순정』은 재귀적 소설이다.

5. 너무나 인간적인 웃음

성석제는 근대 동일성 담론의 해체를 통해 새로운 서사를 꿈꾼다. 그는 근대소설의 본질인 '아이러니'에서 출발하여, 농담의 미학을 통해 이를 탈주한다. 이후 구술언어의 특성을 적극적으로 활용하여 소설을 '타자화'한다. 이러한 '타자화'는 서사가 주는 본질적인 즐거움, 즉 이야기성의 회복을 통해 근대 서사를 반성적으로 성찰하는 작업이다.

성석제의 지금까지의 글쓰기는 디지털의 텃밭에서 아날로그를 일구는 작업이었다고 할 수 있다. '경쾌한 희극성'과 '유희성의 충동'에 바탕하여 소설이라는 양식이 가진 유연성을 극한으로까지 밀고 간 성석제의 글쓰기는 디지털 문화와의 '접속/단절'을 통해 새로운 서사의 징후를 보여준다.

성석제 소설의 '희극성/유희성'은 디지털 문화의 속도를 반영한다. 그는 경쾌하고 가볍게 그리고 빠르게 근대 동일성 담론을 탈주한다. 이 탈주의 유희는 '아무 이유없이, 순전히 재미를 위해' 말들을 서로 대화하도록 열어둔다. 말장난은 언어에서의 순간적인 방심 상태, 즉 언어와 대상을 내적으로 조화시킨 상태인 교훈적인 비유나 인상적인 이미지를 뒤집는 언어의 태만을 드러낸다. 그는 일반적인 견해를 역설로 뒤집거나, 상투적인 문자를 활용하여 통속성을 비판하기도 하며, 또는 관용구나 속담을 우스꽝스럽게 개작함으로써 이성과 감성의 끈, 정신과 몸의 긴장을 느슨하게 한다. 의식을 제압하는 몸의 이미지, 내용을 능가하려는 형식, 원전에 트집을 잡는 패로디 등에서 볼 수 있듯이 수단이 목적을, 형식이 내용을, 상상력이 현실을 대신하게 되면 웃음이 발생한다.

이 웃음의 경쾌함에는 지금까지 성석제가 거쳐온 글쓰기의 흔적, 즉 소설에 대한 자의식과 '희극성/유희성'에의 충동 사이의 고투의 음영이 드리워져 있다. 디지털 문화의 가벼움이 아날로그적 삶의 진지함을 둘러싸고 있는 실루엣, 이 실루엣은 아무것도 변한 것이 없는 진부한 현실과 아직 구체적으로 실현되지 않은 새로움 사이에서 소설의 다양한 가능성을 투영하고 있다.

성석제의 소설은 경쾌하고 발랄한 이야기의 만화경에 녹아든 휴머니즘의 입김을 통해 재미와 감동을 동시에 선사한다. 냉소적이고 풍자적으로 흐를 수 있는 웃음에 동화적 순진무구함과 낙관적 달관에 바탕한 삶의 여유를 담고 있다. 이제 그의 소설은 끝없이 이어지는 쓰기와 지우기, 이야기 만들기와 허물기의 반복으로 나타나는 '희극성/유희성'에의 추구와 '지금 여기'의 삶을 조화시켜야 하는 지점에 도달해 있다.

이러한 과제에 충실히 대면할 때, 디지털과 아날로그의 사이에서 살아 움직이는 성석제의 '너무나 인간적인 웃음'은 '소설'의 영역을 사이버스페이스로까지 확장함과 동시에 가상세계를 현실세계의 일부분으로 끌어내릴 수 있는 계기를 마련할 것이다. 이는 디지털 서사의 무한 증식에 제동을 걸며, 이에 함몰되지 않고 소설이 살아남기 위한 한 방법이다.

결핍의 서사
—김소진론

1. 결핍, 글쓰기의 기원

김소진의 소설은 한 편의 흑백영화를 연상시킨다. 그와 함께 하는 흑백 영상으로의 여행은 점멸하는 디지털 영상의 이면에 흘낏 엿보이는 '아우라'를 발견하는 설레임을 동반한다. 이 설레임은 결핍의 체험을 서사 양식을 통해 치유하려는 작가의 내밀한 환유적 욕망과 만나는 자리에서 발생한다.

김소진이 거대 담론의 시대인 80년대를 내면화하여 개인의 미세한 욕망으로 제시하는 과정을 추적해 보자. 이는 김소진의 근원적 체험의 공간을 엿보는 데서 시작된다. 김소진 소설의 기원을 이해하기 위해서는 그의 작품 속에 각인되어 있는 유년 시절의 체험으로 거슬러 올라가야 한다. 그의 글쓰기는 이 체험이 준 결핍을 채우려는 욕망의 궤적이다.

국민학교 삼학년 여름이었을 게다. 나는 좁디좁은 부엌 바닥에 돗자릴 깔고 서늘하게 배를 대고 누운 채 산수 숙제를 하고 있었다. 저녁 끼니때가 돼오자 어머니는 방에 있는 쌀자루에서 쌀을 몇 주먹 꺼내 안치느라 나의 이마빡으로 치맛자락을 차란차란 스치며 오갔다. 나는 마침 숙제도 다 돼가는지라 공책을 덮고 굳은 어깻죽지를 펴느라 등을 대고 돌아누웠다. 그때 또 어머니가 지나갔다. 치마 속이 훤히 들여다보였다. 그때 단 한 벌뿐인 광목 팬티를 빨아너느라 어머니는 홑치마 바람이었다.

나는 얼굴이 빨개져서 아무 말도 하지 못했다. 그때의 비릿한 내음을 두고두고 잊을 수가 없었다. 나는 속으로 끊임없이 되뇌었다. 나는 아무것도 보지 못했다.[1]

인간이면 누구나 마음 깊은 곳에 아름다운 꿈을 향한 동경을 가지고 있다. 꿈과 동경이 파괴될 때, 인간은 거기에 대한 강박 관념을 가지게 된다. 한 번 스쳐 지나간 사건이 존재의 내면을 지배하며, 지울 수 없는 상처로 남는다. 김소진 소설의 '화자'에게 그러한 사건은 바로 어머니의 음부를 우연히 훔쳐 본 체험이다. 이러한 유년 시절의 충격적 체험에 의해 순결한 성에 대한 환상이 깨어진 존재에게 어머니는 부정적인 여인상으로 각인된다. 어머니의 척박한 삶을 그린 「키작은 쑥부쟁이」에서 어머니는 먼 친척 '복새이 오라범'에게 순결을 잃은 것으로 설정되어 있다. 그리고 그의 작품들에서 반복적으로 드러나는 어머니의 '하혈'은, 곤고한 삶을 살아온 어머니의 끈질긴 생명력의 산물이라는 점을 인정하더라도 결과적으로는 성의 신비스러움과 생산성의 상실을 의미하는 불모성의 상징으로 읽을 수 있다. 어린 아이가 어머니에게 가지는 맹목적 동경과 신뢰가 상실된다는 점에서, 이는 인간이 가지는

---

[1] 김소진(1993), 「용두각을 찾아서」, 『열린 사회와 그 적들』, 솔, pp.201~202.

순수한 동경과 꿈에 대한 원초적 결핍으로 기능한다. 결핍과 그로 인한 충격에서 벗어나려는 몸부림, 이것이야말로 김소진 소설의 원동력이 된다. 이 충격에서 벗어나는 방법은 '나는 아무것도 보지 못했다'라고 부인하기이다. 그 체험으로부터 일정한 거리를 유지하며 충격의 체험을 의식적으로 완화하는 것이기도 하다.

그렇다면 이것은 어떻게 가능할까? 기억을 통한 체험의 간접화가 그 한 가지 방법일 수 있다. 기억은 자극을 수용하고 조직할 수 있는 거리를 제공하는 장치이며, 또한 그것이 가진 불충분함을 보충해 줄 수 있는 생성적인 요소이다. 따라서 김소진의 글쓰기는 결핍의 분위기, 정황을 서사에 대한 지향으로 대치하기이며, 운명의 원점을 되새김질하며 일상적으로 되풀이되는 삶의 억압을 치유하려는 욕망의 발현이다.

2. 아버지, 억압된 내면의 복원

김소진의 소설은 기억에 의존해 유년 시절의 결핍 충격을 완화시켜 줄 환유적 대상을 찾아 나서는 여정이다. 이는 그의 소설에서 일차적으로 아버지의 삶에 대한 천착으로 표출된다. 그에게 글쓰기와 아버지에 대한 천착은 동격이다. 첫 작품집인 『열린 사회와 그 적들』의 자서에서 그는 데뷔작 「쥐잡기」가 아버지께 바치는 제문이라 밝히고 있다. 여기에서 그의 소설은 아버지의 삶이 매개한 우리 민족의 특수한 시대적 현실과 조우한다.

김소진이 천착하는 아버지의 삶을 보다 자세히 살펴보자. 작가는 전쟁과 분단으로 이어지는 정치적 격변기에 이데올로기에 의해 억압되고 소외된 아버지의 일상적 삶에 집요한 관심을 보인다. 이는 선량한 양심의 소유자인 아버지를 부각시킴으로써 자연스럽게 과거를 지배했던 억압적 이데올로기를 비판하는 기능에 일조한다. 아버지의 선량한 양심은 유년 체험에 의해 상실된 꿈의 상징으로 대치되어 나타나며, 이데올로기는 꿈을 억압하는 도구, 즉 '나'의 무의식적 욕망을 억압하는 현실(어머니)의 상징으로 변주된다.

「고아떤 뺑덕어멈」에서 아버지는, 북에 두고 온 아내 최옥분과 닮은 동네 극단 심청전의 뺑덕어멈으로 나온 여인을 보고 상사병을 앓는다. 일찍이 중풍을 앓아 어머니와는 십 수년 간 잠자리를 함께 한 적이 없는 아버지가 여인의 살품을 그리워하는 것이다. 그는 뺑덕어멈의 사진에 '고아떤 최옥분'이라고까지 적어 놓았다. 아버지는 남한에서의 구차한 삶을 과거(북)에 대한 아련한 그리움으로 위무하며 살아가고 있다. 이는 유년시절 잃어버린 꿈의 의미를 글쓰기로 위안하며 살아가는 작가의 욕망과 정확히 일치한다. 이러한 아버지의 삶은 화자를 강하게 끌어들인다. 이는 아버지의 삶이 현실의 이데올로기(어머니가 자신의 아름다운 꿈을 훼손시켰듯이)에 의해 훼손되었다는 점과, 인간의 은밀한 내적 욕망인 성과 관련된다는 점에서 한층 증폭된다.

여기 몸뚱어리는 물론이고 마음까지도 다쳐버린 한 인간이 있어. 그 인간에게 지금 제일 필요한 건 **가느다랗고 축축한 목소리**야. 굵은 목소리는 이젠 너무 뜨거워. 너 사람이 뜨거워지면 어떻게 되는지 알아? 돌아버린다고[2] (강조는 필자).

교문 앞 투석전에서 어이없이 화상을 입고 우울한 휴학기를 보내고 있는 아들 민세는 자신에게 찾아와 다시 운동을 권유하는 동료에게 위와 같이 말한다. 냉전체제의 그늘에서 자신의 삶을 손상 당한 아버지

---

[2] 김소진(1995),「고아떤 뺑덕어멈」,『고아떤 뺑덕어멈』, 솔, p.67.

의 모습과 역사가 부르는 굵은 목소리에 데인 스스로의 처지가 이제는 '가느다랗고 축축한 목소리'를 필요로 하는 것이다. '가느다랗고 축축한 목소리'를 탐사하는 일은 이데올로기에 의해 억압된 욕망을 복원하려는 의지의 발현이자, 잃어버린 꿈의 흔적을 포착하려는 작가의 의도를 상징한다.

그의 소설에서 '가느다랗고 축축한 목소리'는 성적인 모티프로 반복되어 나타난다. 「개흘레꾼」에서 성의 모티프는 구체성을 지니며 독자에게 제시된다. 이 작품에서 아버지는 개들의 흘레에 집요한 관심을 보인다. 누가 부탁한 것도 아닌데 동네를 돌아다니며 용하게 알아내서 흘레를 붙여주는 것이다. 이러한 아버지가 주위의 권유에 못 이겨 마을에서 폭군으로 군림하는 히틀러라는 세퍼트를 짝 지워 주다가 개를 잃어버리는 사건이 발생한다. 낙담한 아버지에게 아들은 앞으로도 개흘레를 계속 붙일 것이냐고 묻는다. 아들의 질문에 아버지는 지난 시절 거제도 수용소의 체험을 들려준다. 수용소에서 아버지는 동지들의 돈을 보관하다가 돈의 출처를 대라는 협박을 당한다. 돈보따리의 출처를 대지 않으면 개를 시켜서 성기를 물어뜯겠다는 협박을 당한 것이다. 결국 아버지는 아랫도리에 이상한 통증을 느끼며 혼절을 한다. 정신을 차린 아버지는 자신이 불구가 되었다는 강박에 시달리게 되고 이러한 자책이 북에 두고 온 아내와 자식 그리고 고향을 잊게 하였다는 점을 고백한다. 개들의 흘레에 대한 아버지의 관심은 자신의 훼손된 성에 대한 보상 심리에서 발원한 것이다.

위의 작품에서 아버지의 성은 분단 이데올로기에 대립되는 개인의 순수한 내면적 욕망을 상징한다. 성은 인간의 생물학적, 유희적 본능을 규정하는 중요한 요소로, 누구도 침범할 수 없는 개인의 가장 내밀한 욕망이다. 따라서 이러한 설정은 이데올로기의 폭력에 의해 개인이 가진 원초적이고 내밀한 욕망인 성이 훼손되었다는 점에서, 이로 인해 아버지의 삶 속에 희망이 사라졌다는 점에서 우리 역사 현실에 대한 준엄한 비판을 보여준다.

3. 환멸의 현실, 이데올로기 비판

한편, 순수한 내면적 욕망을 훼손 당한 아버지의 소외된 삶은 격변하는 시대적 현실에 적응하지 못한 무력한 삶이기도 하다. 생활인의 시각으로 볼 때, 아버지가 경제적으로 무능한 인물로 비춰짐은 어쩔 수 없다. 아들은 '세상살이에 진이 빠져' '정신적 황폐감과 무능함의 완벽한 상징이 되어 여지껏 자신의 머릿속을 한 번도 떠난 적이' 없는 아버지에게서 '세상을 물어뜯을 것 같은 눈빛'을 한 번 보는 게 소원이다. 아들은 '아무짝에도 쓸모 없이 솟구쳐 고통만 선사하면서도 얼토당토 않은 이름 호사까지 누리'고 있는 자신의 사랑니에서 '아픔의 실마리가 꾸역꾸역 풀려가 닿는 기억의 한켠에' '아버지가 등을 돌리고 앉아 있'는 모습을 발견한다.

현실적으로 무능한 아버지에 대한 환멸은 그의 소설에서 80년대 열정적 지식인의 삶에 대한 환멸로 변주된다. 그에게 이데올로기의 그늘에서 자유로울 수 없었던 80년대 지식인들의 아나키즘적 열정은 무능한 아버지의 다른 모습으로 제시된다. 그에게 고통스러운 과거로 기억되는 80년대는 애써 부정하려 해도 지워지지 않는 아버지의 표상에 다름 아니다. 이는 개인의 혁명적 열정이나 이상이 더 이상 진정한 가치로 받아들여지지 않는 1990년대 사회에 대한 지식인의 자조와 비판을 담고 있는 작품들에서 잘 드러난다(「그리운 동방」, 「혁명기념일」, 「열린 사회와 그 적들」, 「적리」, 「임존성 가는 길」, 「가을 옷을 위한 랩소디」 등). 이 작품들에는 80년대의 열정(아버지의 삶)을 꼬리표로 달고 다니는 아들의 일그러진 자화상이 그려진다.

「혁명기념일」은 그 구체적인 모습을 보여준다. 프랑스 혁명기념 연회 파티에 우연히 참석하게 된 정섭은 80년대 함께 운동했던 선배 석주를 만나게 된다. 과거에 석주는 독재정권에 빌붙어 정치인으로 전락한 아버지에 대한 반항으로 운동을 시작하였으며, 이는 아버지를 파국으로 모는 동시에 독재에 대한 대항으로 이어지는 길이라고 생각했다. 이러한 석주가 지금은 아버지의 길을 따라 외교관으로 출세 가도를 달리고 있다. 석주는 같이 운동했던 동료의 애인을 가로채서 결혼까지 했다. 즉, 석주는 아버지를 거부했다가 또 다른 아버지인 자본의 논리에 투항한 셈이다. 그러면 '민중의 분노 어린 자발적인 폭동만이 역사를 바꿀 수 있다'고 주장하는, 애초부터 아버지라는 상징의 권위를 가질 수 없었던 아나키스트 진기의 모습은 어떠한가? 그는 석주에게 애인을 빼앗겼으며, 아직까지 아내의 품에 파묻혀 술로 소일하고 있다. 정섭은 진기의 모습에서 아버지를 떠올린다. 그러나 순수한 열정은 아버지가 살았던 삶처럼 무능의 꼬리표만 길게 달아줄 뿐이다.

> 가도 가도 끝이 없는 이 생활에 그만 지쳐가는 모양입니다. 정말이지 저도 누군가를 절실하게 닮고 싶습니다. 무능했던 우리 아버지는 빼구요.[3]

위의 절규는 90년대 은폐된 자본의 논리에 의해 무참히 거부되는 80년대 지식인들의 순수한 열정에 대한 역설적 항변이다. 아들은 성, 문학, 아나키즘적 열정으로 변주되는 아버지의 삶을 무 자르듯 외면할 수도 없고, 그렇다고 아버지의 삶을 억압하는 현실을 수용할 수도 없다.

---

3) 김소진, 「혁명기념일」, 앞의 책, p.156.

김소진의 소설은 개인의 내밀한 욕망을 상징하는 성과 아나키즘을 무기로 이데올로기의 폭력성을 비판하고 있다. 성과 아나키즘은 인간의 해방과 자유를 규명하는 중요한 수단으로 문학과 강한 근친성을 가진다. 문학은 금기나 한계 상황을 돌파하려는 자유 의지를 인간의 근원적 욕망과 관련하여 탐구하기 때문이다. 그의 글쓰기에 있어서 성과 아나키즘은 문학, 즉 '미적 가상'의 다른 이름이다. '미적 가상'을 통하여 부정적 현실을 넘어서려는 김소진의 이러한 지향은 '미메시스'(Mimesis)의 정신과 통한다.

4. 화해, 유년의 안온함과 휴머니즘 정신

김소진의 소설은 1980년대의 동일성 담론을 해체함으로써 80년대 문학의 '타자'(욕망)를 부활시킨다. 그러나 김소진이 성, 아나키즘, 문학의 이름으로 해체하여 재구성한 80년대 현실에는 어머니와 같은 서민들의 구체적인 생활력, 생명력이 소외되어 있다. 훼손된 현실 속에서도 일상적 삶의 소중한 가치를 실현하는 서민들의 모습은 김소진 글쓰기의 또 다른 '타자'로 기능한다. 어머니의 의해 훼손된 꿈·이상·관능성의 매혹을 좇아온 그의 글쓰기에 소외된 민중들의 따스한 휴머니즘의 정신이 개입하고, 제동을 건다.

그는 다시 유년 시절로 시선을 돌린다. 누구에게나 유년 시절은 순수함의 공간이며, 공동체적 유대의 인간 관계가 꽃피는 시기이다. 유년으로의 회귀는 아버지의 삶(욕망)과 어머니의 삶(현실)이 화해하는 하나의 계기를 마련한다. 결핍의 체험은 소설의 밑그림으로 아련히 물러나고 소박한 휴머니즘의 흑백 영상이 펼쳐진다.

서민들의 삶에 대한 신뢰, 그리고 유년의 삶에 대한 아련한 향수가 만나 『장석조네 사람들』을 그려낸다. 『장석조네 사람들』에서는 산업화가 진행되는 와중에 농촌에서 올라와 도시 변두리 지역에서 가난하게 생활하는 장삼이사들의 풍속도가 그들의 토속적 언어로 재현되고 있다. 방언, 구어, 욕설 등의 생활언어는 해학적 문체를 형성하여 작중인물들을 훈훈한 인정으로 감싸고 있다. 다채로운 생활언어와 사투리에 대한 발굴은 산업화의 과정에서 소외되어 가는 도시빈민층의 삶을 비판적으로 성찰하게 한다. 일상적 삶을 훈훈한 인정으로 재현한 이 작품은 오늘날 우리들이 잊어버리기 쉬운 인간성을 다시 한 번 숙고하게 한다는 점에서 소중한 가치를 지닌다.

그러나 휴머니즘에 바탕한 이러한 화해는 지금까지 그의 소설이 가져온 긴장인 세속적 삶과 순수한 삶, 현실과 이상이라는 대립을 화해시키는 데 있어서는 다소 소박하게 기능하고 있다.

다섯 번째 이야기 토막인 「별을 세는 사람들」에서의 서정적인 화해가 그 좋은 예이다. 이 작품은 가난 속에서도 자연과 자연스럽게 교합하는 서민들의 모습을 그리고 있다.

> 별똥별이 기다란 고리를 그리며 저 너머 어느 세상의 땅으로 떨어지는 게 보였다.
> 「별똥이닷!」
> 「야, 와 아닙니꺼. 우리 인자 슬슬 동네로 내려가 봐도 기얀캤심니꺼?」
> 「웜매, 좋은 것!」
> 세 사람은 누가 먼저랄 것도 없이 동네로 난, 자갈과 흙더미로 된 비탈 아래로 함성을 지르며 뛰어 내려가기 시작했다.[4]

---

4) 김소진(1995), 『장석조네 사람들』, 고려원, p.120.

양은 장수 최씨, 노름꾼 박씨, 광수애비 등은 밤하늘에 떠 있는 깨끗한 별을 보며 현실적 삶의 고단함을 잊어버리고 아름다웠던 과거를 회상한다. 그들은 별똥별이 떨어지는 것을 보며, '웜매 좋은 것'하고 함성을 지르며 동네로 뛰어내려간다. 이들의 모습은 산업화 속에서 소외되는 서민들의 순박한 삶이 별과 아름답게 소통됨을 서정적으로 보여준다.

그러나 이러한 서정적 화해는 현실의 다양성과 복합성에 대한 구체적 성찰에 기반하지 않은 채 이루어지는 순간적, 심정적 화해에 가깝다. 서사 욕망이 세계와의 화해를 꿈꾸는 서정 욕망에 의해 압도되고 있는 형국이라 할 수 있다. 이는 작가가 서문에서 밝히고 있듯이 '유년 시절로 되돌아가고픈 유혹'에서 기인한다. 그러나 그는 이러한 의도가 위험하다는 것을 인식하고 있다. 앞을 보지 않고 슬그머니 뒤돌아 볼 때가 제일 위험스럽고 이미 수렁에 한쪽 발을 담그고 있거나 최소한 빠지기 직전의 순간임을 그는 알고 있다. 아슬아슬하지 않은 사람은 뒤를 돌아볼 필요가 없는 것이다.

『장석조네 사람들』을 지나면서 김소진 소설의 화자는 구체적으로 자신의 이야기를 전개하며 현재적 삶의 문제를 탐색한다. 김소진은 먼저 이전의 작품들에 나타난 팽팽한 긴장을 전제로 하여, 어머니 아버지의 그늘로부터 자아를 새롭게 정립하려고 시도한다. 이는 아버지, 어머니의 삶에 대한 부정을 날줄로 하고, 휴머니즘이 사라진 삭막한 사회 현실에 대한 비판을 씨줄로 하여 전개된다.

이전의 작품에서 보여준 아버지의 삶에 대한 심정적 동조는 이제 서서히 부정적으로 변화되어 간다. 아버지는 이중 인격자(「자전거 도둑」), 혹은 곤충을 잡아먹는 기인(「원색생물학학습도감」) 등 부정적으로 제시된다. 어머니 또한 생활력을 상실한 무력한 행상 보따리 장수(「아버지의 자리」), 혹은 늙마에 들어서 치매기에 시달리는 모습(「문산행 기차」)

으로 그려진다. 이제 과거의 삶은 그를 강력하게 억압하지 않으며, 현재의 삶이 중요한 비중을 차지한다. 이제 자신을 되돌아볼 거울인 아버지, 어머니는 세상에 없거나 무기력하다. 오직 내가 내 삶을 책임져야 한다. 아버지, 어머니의 삶, 즉 과거의 삶을 넘어서서 오늘의 현실 속에서 자신의 문학을 일구어 나가야 하는 것이다.

5. 황금빛 희망, 꿈과 기억의 결정체

김소진 소설에서 드러나는 결핍 체험은 타자(세계)에 의한 자아의 훼손이 압도적이었다. 자아의 순간적인 눈뜸은 외부 세계에 대한 극단적 대치감정을 유발하였다. 이에 그의 글쓰기는 자아의 훼손을 충족시켜 줄 대상을 찾아 나서는 여정이었다. 아버지의 순박한 삶, 80년대 지식인의 아나키즘적 열정, 그리고 서민들의 소박한 휴머니즘 등은 이러한 욕망을 드러내 주는 대상이었다.

김소진의 환유적 욕망은 나(자아)에게서 출발하여 세계로 확장되어 다시 자아로 회귀한다는 점에서 순환 구조를 지닌다. 출발점에 원초적 결핍의 체험을 지닌 유년의 자아가 있고, 종착점에는 결핍의 체험을 내면화하여 현실과 균형을 이루려는 성숙한 자아가 있다. 그 사이엔 타자, 즉 아버지와 어머니, 그리고 서민들의 삶이 있다. 그의 소설은 세계에 대한 근원적 불화를 서사 구조를 통해 되씹어 보고 반추해 보는 과정이었다.

그의 소설이 가진 이야기체의 서사 구조는 단절, 은폐되면서 어느덧 서정성을 향해 나아간다. 서정성은 근원적 결핍과 화해하려는 욕망과 긴밀한 연관을 가진다. 김소진 소설이 성취한 서정적 아름다움은 그의 글쓰기가 거쳐온 철저한 서사성으로 인해 더욱 더 빛을 발한다.

아름다운 서정소설 「갈매나무를 찾아서」에는 그의 글쓰기를 추동해 온 유년 시절의 기억이 갈매나무의 상징으로 표출된다. 갈매나무는 주인공에게 '지옥'이자 '천당'이다. 여기에는 지옥에서 벗어나 천당으로 가고픈 욕망과 아름다움을 존재하게 하는 지옥이 동시에 각인되어 있다. '갈매나무'를 찾아 나서는 김소진의 글쓰기는 바로 이러한 아름다움과 지옥의 '결핍—동화' 과정을 끈질기게 추구했다는 데 의미가 있다.

김소진은 그의 글쓰기를 가능하게 했던 과거에 대한 기억은 '착각'이거나 '부재에 대한 향수'일지도 모른다는 뼈아픈 각성을 하면서 그로부터 빠져 나온다. 이는 '미아리 산동네'를 벗어나기에 다름 아니다. 그는 미아리 산동네를 떠나며 반쯤 부서진 집으로 들어가 옹색한 항아리 안에 똥을 눈다.

아아 하지만 여태껏 나를 지탱해왔던 기억, 그 기억을 지탱해온 육체인 이 산동네가 사라진다는 것이 아니겠는가, 나를 이렇게 감상적으로 만드는 게, 이 동네가 포크레인의 날카로운 삽질에 깎여가면 내 허약한 기억도 송두리째 퍼내어질 것이다. 그런데 나는 기껏 똥을 눌 뿐인데…… 그것밖에 할 일이 없는데. 〔…중략…〕 그리고는 뭔가를 잃어버린 사람처럼 주위를 계속해서 두리번거리며 걷기 시작했다.[5]

이 '황금빛 똥'에는 '기억'에 대한 마지막 찌꺼기를 내보내는 작가의 아쉬움과 뿌듯함이 스며 있다. 글쓰기의 거름이 되었던 과거의 꿈과 기억, 그리고 결핍의 체험이 그의 육체에서 소화되어 '황금빛' 희망으로 변주된다. 그는 '천당'과 '지옥'이 뒤엉켜 있는 삶의 현장에서 과거

---

[5] 김소진(1997), 「눈사람 속의 검은 항아리」, 『눈사람 속의 검은 항아리』, 강, p.33.

의 체험은 절망이 아니라 오히려 희망의 지렛대임을, 심리적 결핍을 벌충하려는 욕망이 오히려 문학의 추동력이 됨을 보여준다. 그러나 그의 문학 세계의 새로운 시작을 알리는 신호탄인 '황금빛 똥'이 발효되어 우리 문학의 토양을 기름지게 하기도 전에 그의 글쓰기는 막이 내렸다.

김소진의 글쓰기는 근원적 결핍을 서사 형식을 통해 치유하려는 욕망의 발현이었다. 그의 소설은 세계와의 소통을 통하여 개인의 실존을 확인하는 과정이었으며, 서사 욕망과 서정 욕망이 길항하는 전장이었다. 이는 1980년대 리얼리즘 문학을 효과적으로 내면화하는 작업이기도 하다.

상실과 부재의 서사
— 하성란론

1. 서사와 이미지의 간극

서사는 '결핍을 채워 가는 궤적'이다. 서사를 경험한다는 사실은 상실한 어떤 대상을 향해 미끄러져 들어간다는 것이다. 이 미끄러짐은 상실과 그것을 메우려는 노력의 반복이다. 이야기의 진행에 따라 최초의 균형은 붕괴되며, 이 결핍의 흔적을 좇아 새로운 평형을 이루려는 의지가 서사 욕망의 추동력이다.

서사는 삶에 의미와 이야기를 부여함으로써 작동된다. 다의적 시니피에들의 유동적인 연쇄인 이미지가 서사 구조에 의해 고정되는 것이다. 이미지를 의미로 전환하는 섬세한 배치라 할 수 있는 전통 서사는 주체의 위기와 더불어 '의미'를 박탈당한 서사, 즉 허구와 시뮬레이션으로 작동되는 시각적·청각적 전자 매체의 이미지 중심 서사에 의해 밀려나고 있다. 90년대 이후 우리 소설계에서는 전통 서사와의 인식론적 단절을 근거로 이미지를 전면에 내세운 소설이 많이 창작되었다.

최근의 소설에서는 이미지가 서사를 보다 선명하게 보여주는 단계를 지나, 스스로 텍스트의 구조를 확장하기에 이르렀다. 시각적 자극 그 자체의 즐거움이 서사적 쾌락을 위협하는 상황이 초래된 것이다. 단단하던 얼개는 갈수록 헐거워지고, 그 사이로 '의미'는 모래알처럼 흩어진다. 상상력은 더욱 가속화되고, 그 극에서 언어는 찢겨 나간다. 이러한 영상 이미지의 남용은 서사의 플롯을 와해함으로써 객관적 현실과 상상적인 것 사이의 경계를 지우려는 경향을 띤다.

하성란의 소설은 서사와 이미지 사이의 경계를 산다. 전통 서사의 쇠퇴와 이미지의 범람 사이에 놓인 점이지대, 바로 이 지점에서 하성란의 소설은 출발한다. 하성란은 1996년 『서울신문』 신춘문예에 단편 「풀」이 당선되어 문단에 나와, 『루빈의 술잔』 『옆집 여자』 등의 단편집과 장편소설 『식사의 즐거움』 『삿뽀로 여인숙』 『내 영화의 주인공』을 상자했다. 그는 꼼꼼하고 섬세한 디테일에 바탕한 '마이크로 묘사'와 인물의 내면을 객관화하는 독특한 문체로 주목을 받고 있다.

그녀의 소설은 '부재', '상실'의 이미지를 추적하면서 현대인의 잃어버린 정체성을 탐색하거나(「루빈의 술잔」 「내가 사랑한 것은 그녀의 등허리였을까」 「깃발」 「양파」 「두 개의 다우징」 「내 가슴속의 부표」 「풀」 「꿈의 극장」 등), 현대인의 소통 부재를 무감각한 언어로 제시함으로써 소통에 대한 갈망을 역설적으로 드러내기도 하며(「지구와 가까운 소행성과의 랑데부」 「시즈오카 현의 한 호텔은 후지산이 보이는 날만 숙박료를 받는다」 「곰팡이꽃」 「즐거운 소풍」 「옆집 여자」 「기쁘다 구주 오셨네」 「고요한 밤」 등), 현실과 환상 간의 긴장을 성장 소설의 구도로 풀어내기도 한다(「촛농 날개」 「악몽」 『삿뽀로 여인숙』 『내 영화의 주인공』 등). 이러한 하성란의 소설 세계는 소외된 현대인의 고독한 내면을 도시적 감수성에 바탕한 감각적 문체로 길어 올리면서도, '정체성 탐색', '소통에 대한 갈망', '현실과 환타지의 긴장' 등 서사 양식의 본질과 기원에 대한 성찰과 맞닿아 있다.

　하성란 소설에서 드러나는 파편화된 이미지의 서사는 '상실'과 '부재'로 대변되는 현대인의 초상을 효과적으로 형상화한다. 그녀는 파편화된 이미지를 적극적으로 활용하면서 이를 서사 양식으로 구조화하는 데 주력한다. 언어를 통해 영상 이미지를 하나의 플롯으로 깁는 것이다. 이미지만으로는 삶의 의미를 구조화할 수 없다. 끝없이 이어지는 이미지의 연쇄를 따라가다 보면, 순간적으로 사라지는 영상 뒤의 허무, 내면의 허탈감만 남기에, 언어는 영상 이미지 사이의 틈·여백을 포착하여 의미화해야 한다.

　하성란의 글쓰기는 서사와 이미지 사이의 간극을 응시한다. '이미지'를 되찾기 위해서는 '의미의 진공 상태'로 회귀하여야 한다. 이미지는 의미가 저장되어 있는 장소가 아니라 의미의 발원지이기 때문이다. 이러한 회귀는 언어적 중계를 통해 이미지를 고정하는 서사 구조의 기원에 대한 성찰이며, 또한 이미지를 소외시키지 않으려는 영상 세대 작가의 예민한 자의식에서도 기원한다.

　이 글에서는 먼저 전통 서사에 의해 억압된 이미지를 지연, 부패, 퇴화, 구토 등의 모티프로 복원하려는 하성란의 내밀한 욕망의 궤적을 추적한다. 그녀는 존재나 사물의 '상실'과 '부재'의 흔적을 좇는 퇴행적 서사를 통해 부르주아 서사를 비판적으로 성찰한다. 이러한 회귀는 소멸을 통해 스스로를 증명하려는 존재의 정체성 찾기라는 점에서 수직적 서사의 변형이라 할 수 있다.

　다음으로 선형적 서사의 '틈'(이미지)을 다시 서사 양식으로 구조화하려는 하성란의 역설적 모험의 도정을 탐사한다. 부표, 공백, 실종, 소멸, 환청 등의 이미지는 자본주의 일상의 모순성을 표상하는 기표인데, 하성란은 이 틈을 포착하여 삶과 죽음, 문명과 자연, 기억과 망각, 현실과 꿈 등으로 대비되는 일상적 삶의 불연속적 스펙트럼을 탐색한다. 추리 기법, 퍼즐 맞추기식의 서사 형식은 파편화된 이미지를 서사 구조로 엮으려는 이러한 의지의 소산이다. 이에 하성란의 소설은 '서사→이미지→서사'의 변증법을 구현한다. 이 변증법은 근대 동일성 서사를 '타자화'하려는 작가의 은밀한 욕망의 발현이다.

2. '상실'과 '망각'의 흔적을 찾아서

하성란의 소설은 속도에 저항하는 '흔적'의 서사이다. 그녀는 존재나 사물의 지워져 가는 흔적에 주목한다. 현란한 영상 이미지의 환유적 변주로 대변되는 속도의 시대에 진정 속력을 부여받고 질주할 수 있는 것은 사물들이다. 마땅히 부여받아야할 인간의 고유한 존재성은 질주하는 자본의 논리에 냉혹하게 훼손당하고 있다. '죽은 사회가 살아 있는 개인들을 지배'(보드리야르)하는 형국이다. 소외된 존재나 사물들은 '상실'과 '부재'의 징표를 가지고 있으며, 이를 통해 질주하는 자본의 속도에 저항하면서 은밀하게 반란을 꿈꾼다. 그의 소설은 이미지의 무한질주에 제동을 걸며 유폐된 존재들의 '흔적'과 '기원'을 향해 나아간다.

'마이크로 묘사체'라 명명되는 하성란의 세밀하고도 드라이한 문체는 시간의 흐름, 속도에 제동을 거는 기능을 한다. 사물에 대한 집요한 묘사는 독자의 읽기를 지연시키고 급기야 속도를 늦추어 사물과 인물들의 질주를 방해한다. 이러한 묘사에 대한 집착은 주체성을 상실하고 사물의 범주로 통합된 현대인의 초상을 포착하는 데 기여한다.

「내가 사랑한 것은 그녀의 등허리였을까」는 '흔적'(이미지)을 통해 '존재'를 탐색하는 과정을 보여준다. K는 사라지고 흔적만이 그녀의 존재를 기억한다. 커피 메이커 바닥에 조금 남은 '푸른 곰팡이', 그녀가 흥미 있어 했던 '오래된 신문지', 원피스 치맛자락에 배어 있는 그녀의 '땀 냄새와 향수 냄새' 등이 K의 존재를 증명한다. 흔적의 정확함, 자세함, 세세함이 쌓일수록 존재는 그 깊이를 잃는다. 이 흔적의 뒤에는 아무것도 없다. K의 흔적을 좇는다는 것은 또한 그녀를 기억하는 '남자'의 추억에 대한 되짚음이라는 점에서 K의 부재를 확인하는 행위가 된다. '부재'의 흔적을 좇는 이미지의 서사는 결국 '존재'의 무력함, 소멸을 드러내기에 이른다. 시간의 두께 속에도 존재의 건재함을 과시하는 것은 '오래된' '손목시계'일 뿐이다. K는 흔적으로 존재의 알리바이를 간신히 입증할 뿐이다. '모든 존재는 현상으로 자신을 말'하며, 인간은 사물 세계에 부착된 수사(흔적)로 전락한다.

하성란의 소설에는 전통적 성격을 띤 등장인물들이 전면에서 사라지고, 그 자리에 자율성을 지닌 것으로 묘사되는 사물들의 세계가 들어선다. 이는 인간의 의식이 사물 속에 투사되어 스스로의 질적 차별성을 상실하는 현대 사회의 사물화 현상을 단적으로 보여준다. 대상과 개인이 교환가치에 의해 축소되어 간다. 인물들은 이름이나 개성을 부여받지 못하고 있으며, 이유 없이 체중이 감소하거나, 건망증으로 고통받는다. 이들은 망각과 상실의 늪에 빠져 살아가는 현대인이다. 이와 함께 자본의 회로에 편입되지 못한 유폐된 사물들은 시간의 무한 질주에 역행하면서 '부패'한다. '부패'는 상실한 기억의 흔적을 스스로의 몸에 각인하는 행위이다. 이러한 인물과 사물은 자본의 논리에 포박된 세계에서 일탈하여 현대 사회에서 잊혀져 가는 '잃어버린 기억'을 환기한다.

「꿈의 극장」에 등장하는 '남자'는 타인의 삶을 가상 체험하는 잡지사 아르바이트 직원이다. 그는 맹인의 삶과 죽음을 가상 체험한다. '눈멂'과 '죽음'은 현대 사회에 적응하지 못하고 점점 퇴화하는 모습을 암시한다. 그는 '안대'를 쓰고, '곤충의 더듬이' 같은 긴 막대기를 들고 '공터'(무덤)를 쑤시고 다닌다. 남자와 접촉하는 사람들은 전염된다. 그의 시선에 포착된 극장 여종업원은 '입술'이라 불리우며, '다지류의 곤충'이 된다. 남자는 '여자'의 드롭스에서 파인애플향을 맡고, '옥도정기'를 바른 겨드랑이에서 국화 냄새를 맡는다. 그는 마당에서 하늘을 향해 울부짖는 누렁이에게서 '야생에 대한 그리움'을 연상하며, 치킨점 주인에게 참치잡이 시절 '빙판처럼 반짝거리'던 '바다 이야기'를 해달라고 조른다. 어느새 남자의 '귀는 습자지처럼 얇아져서 작은 소리에도 더듬이처럼 민감'하게 반응한다. 남자는 현실의 시간을 거슬러 아득한 태초의 지점으로 회귀하기를 꿈꾼다.

남자와 함께 사는 여자 또한 현실에서 소외된 존재이다. 여자는 수많은 옷을 입고 벗기를 반복하는 '중저가 의류회사의 피팅 모델'이다. 그녀는 한 겨울에 봄옷을 가봉하는, 계절을 앞서가는 유행의 물결에 적응하지 못한다. 그녀의 몸은 이러한 유행의 속도에 저항한다. 그녀는 '다이어트의 시대'를 비웃기라도 하듯 이유없이 살이 빠진다. 여자는 직장에서 쫓겨나지 않기 위해 필사적으로 아이스크림, 초콜릿바, 통조림 등의 고칼로리 음식을 먹는다. 이러한 인스턴트 식품을 그녀의 몸은 거부한다. 그녀는 사장의 옷에 구토를 함으로써 실직당한다. '구토'는 음식물의 섭취, 소화라는 신진대사에 역행한다는 점에서 일상적인 삶의 거부이면서, 동시에 발효된 음식물(쓰레기)을 토해낸다는 점(역류)에서는 '부패'를 통해 스스로를 증명하려는 필사적인 행위이다. '구토'(부패)는 시간을 거슬러 자신의 '기억'을 펼쳐 보인다는 점에서 속도의 시대에 저항하는 하나의 방편일 수 있다.

하성란의 소설은 자본의 논리를 대변하는 속도의 이미지와 이에 저항하는 존재나 사물의 '거부의 몸짓'이 겹쳐지고 갈라지는 결절점(結節點)에 주목한다. 이 지점은 고층 건물, 광고판, 엘리베이터, 버스 등으로 대변되는 인공의 세계가 자연의 세계를 압살하고 있는 상황이,

전복되는 순간을 표상한다. 현란한 시각적 이미지가 지배하는 인공의 세계는 존재와 사물의 질적 가치를 무화시킴으로써 교환가치에 지배되는 자본의 논리를 효과적으로 은폐한다. 그러나 이미지의 질주에 동화되지 못하고 부패하고 마는 자연의 세계는 느리고 힘겹게 이에 저항하면서 은폐된 자본의 논리를 폭로한다. 부패의 냄새로 드러나는 후각적 이미지는 속도의 시대에 동화되지 못하는 존재나 사물의 공허와 허무를 웅변한다. 존재와 사물은 악취를 풍기면서 분해됨으로써 개성과 이름을 잃고 의미화하기를 중단한다.

하성란 소설에 나타나는 '부패', '퇴화', '구토', '응축' 등의 모티프는 상실의 '잔해'를 통해 스스로를 증명하려는 존재의 역설적 여정을 암시한다. 이러한 모티프는 존재나 사물이 스스로의 소멸을 통해 자본주의적 일상이 낳은 속도의 이미지를 철저하게 소외시키는 효과를 가져온다. 존재의 퇴행과 사물의 부패는 스스로를 연소시킴으로써 자본주의 사회의 일상을 무의미하게 만드는 숙명적 회귀의 도정이다.

상실된 가치가 다시 돌아와 우리를 소급한다. 호출된 주체는 사라져 버린 '기억'의 흔적들을 탐색한다는 점에서 '부재'를 소비하는 것이다. 이 '부재'에 대한 탐색이야말로 전통 서사와 이미지 중심 서사의 경계에서 공명(共鳴)하는 하성란 소설의 산실(産室)이다.

3. 일상성의 두 얼굴, 반영과 반영의 부재

하성란의 소설은 자본주의의 선형적 서사를 일상적 일화의 수준으로 회절(回折)함으로써 자본주의 사회를 재성찰하고 있다. 일상의 세계는 자본주의 삶의 '빛'과 '어둠'을 가장 잘 보여주는 영역이다(르페브르). 자본주의 삶의 '어둠'은 자본의 논리가 은폐하고 있는 소외된 삶의 현장들이다. 이는 시각적 이미지의 화려한 '빛'이 감추고 있는 이면, 즉 현란한 이미지의 변주가 은폐하고 있는 부분이기도 하다. 생산양식이자 사회 관리의 양태로서의 일상성은 '전과 다름이 없는 반복적 생활'을 그 지배적 특성으로 하고 있는데, 반복성이야말로 착취와 지배의 기초이며 인간과 세계, 인간과 인간의 관계에 일괄적으로 적용되는 것이다(〈모던 타임즈〉의 한 장면, 찰리 채플린이 톱니바퀴의 기계 가운데서 일하는 모습을 연상해 보라!). 이 반복성은 부르주아 서사의 기초가 된다. 그것은 죽음을 가리고 죽음의 공포를 눌러준다. 자본주의의 일상적 삶이 삼켜 버린 '상실'과 '부재'의 흔적이 망각될 수 있는 것은 일상의 반복성에 의해서이며, 이 비극적 망각은 부르주아 서사로서의 일상성이 거두고 있는 최대의 효과이다.

하지만 일상적 삶의 반복은 매번 동일하지 않아서 손쉬운 체계화를 거부한다. 상실과 부재에 대한 기억(흔적) 때문에 일상은 다른 삶의 가능성에 대한 그리움과 열망을 불러일으킨다. 일상은 현대적 삶의 상실을 은폐하면서 동시에 드러내고, 욕구를 충족시키면서 동시에 결핍을 드러낸다. 이 모순성은 자본주의 세계의 '빛'과 '어둠'을 비선형적 반복 속에 드러내고 감추는 영역이며, 자본의 논리가 관철되는 현실과 이에 저항하는 변화에 대한 갈망을 동시에 표출하는 공간이다. 하성란은 오랫동안 방치되었던 일상세계에 주목함으로써 우리 소설의 새로운 영역을 재건하고 있다.

가령 「깃발」 같은 작품에서, 전기 배선공인 '나'는 정전의 원인이 된 전봇대에서 한 사내의 옷가지들을 발견하고, 그 사내의 옷 속에 들어 있던 수첩을 훔쳐보게 된다. 고층 건물의 옥상 위에 있는 거대한 광고탑을 보는 것으로 사내의 일기(수첩)는 시작된다. 광고판 속의 원시 소녀는 '꽃무늬 비키니를 입고 레이라고 불리는 꽃목걸이를 건 원주민 처녀'의 모습을 하고 있다. 하지만 그 속의 낙원은 거짓된 욕망의 허황

함을 담보로 한 허상에 불과하다. 그녀는 광고판 속의 고혹스런 이미지와는 달리 술 취한 중년의 남자와 호텔방을 기웃거린다.

사내의 삶 또한 광고판 속의 소녀와 다르지 않다. 사내는 '책상과 의자, 화분 한 개까지도' '진열된 자동차들 위주'로 꾸며져 있는 사무실에서 근무한다. 반면, 사무실에 없는 것들은 '휴게실'에 다 놓여 있다. 진솔한 삶의 모습은 눈에 보이지 않는 휴게실에 격리되어 있다. 이러한 사무실과 휴게실의 대비는 현실과 꿈, 일과 휴식, 꾸밈과 진실 등으로 변주되어 자본주의적 일상의 허위성을 명료하게 드러내 준다.

사내는 직원들을 고급자동차 전시를 위한 부속물로 보이게 하는, 자동차의 모든 것은 드러내지만 정작 드러나야 할 인간들의 모습은 은폐하는, '사무실'과 '휴게실'을 이어 주면서 단절시키는 '유리창'을 깨고 나감으로써 일상에 균열을 낸다. 유리창은 광고와 현실 사이에 존재하지만 보이지 않는 차단막이다. 사내는 크라이슬러를 꿈꾸는 광고판 속의 여인을 태우고 도로로 질주한다. 그러나 이러한 탈주는 '유리창이 너무도 깨끗해서' '유리창이 있다는 생각을 잠시 잊'은 사내의 착각에 의한 것이었다. 사내의 행위는 일상적 현실의 탈출이 얼마나 어려운가를 역설적으로 보여준다. 우리의 삶은, 희망은 어쩌면 늘 보는 광고판 같은 것인지도 모른다. 하지만 거기엔 진실이 은폐되어 있다. 여자를 처음 봤을 때 사내는 묻는다. "하와이는 어때요? 정말 낙원 같았죠?" 그러자 여자가 대답한다. "사람이 너무 많아요. 전 소매치기에게 여행 경비를 몽땅 도둑맞았지요."

하성란은 이러한 현실과 이상 사이의 '부표', 즉 자본주의 삶의 양면성을 집요하게 천착한다. 시각적 이미지(빛)와 은폐된 자본의 서사 구조(어둠)로 공존하는 이러한 요소가 충돌하는 접점에 '버뮤다 삼각지대'(「꿈의 극장」)가 존재한다. 하성란이 '유리창'과 같은 투명한 문체로 응시하는 지점은 바로 여기이다. 이 지점은 매혹과 증오, 이미지와 서사가 교차하는 곳이며, 자본주의적 일상의 '반영'과 '반영의 부재'를 동시에 보여주는 공간이다.

하성란의 소설에서 자본주의의 일상성이 가진 허위의식을 폭로하는 장치로 반복되는 모티프는 '백미러'이다. '백미러'는 '금간 거울', '볼록한 감시경' 등의 이미지로 변주되는데, 일상의 반복이 은폐하는 개인의 '망각'된 기억을 포착하는 상징적 공간이다. 이곳은 자본주의적 일상 속에서 그 너머를 지향하는 작가의식이 표출되는 공간이다.「깃발」에서는 '유리창'으로 변주되고 있으며,「치약」에서 '남자'는 버스 백미러(볼록거울) 속에서 최명애의 '맨 얼굴'을 발견한다. 이러한 '백미러'는 일상에 의해 감추어진 삶의 이면을 포착하는 상징적 물체이다.

'남자'는 '고정대' 위에 서서 물건들의 도난 방지를 위해 매장 손님들을 감시한다(「당신의 백미러」). 이 위에 서면, 지상에서는 반듯하게 진열된 것처럼 보이던 것들도 낯설게 느껴진다. 고정대는 물건을 훔치는 은밀한 행위를 포착하는 '백미러'인 것이다. '백미러'에 이십팔 일을 주기로 조그만 물건들을 훔쳐 가는 한 여자가 포착된다. 회색 원피스를 훔치려다 남자에게 발각된 여자는 곰팡이가 슨 창고로 끌려가 추궁을 당한다. 평소 그녀의 좀도둑질을 눈감아 주던 남자는 여자를 놓아준다. 이를 계기로 남자는 나이트클럽에서 마술쇼를 하는 여자를 찾아가고 그녀의 일을 돕게 된다. 마술은 현실과 환각의 틈을 교묘하게 이용하여 관객들에게 즐거움을 선사한다는 점에서 '백미러'의 변형이라 할 수 있다.

이 소설에서 부산 미라보 호텔로 마술쇼를 하러 떠나던 남자와 최순애는 교통사고를 당한다. 사고 중에 의식이 깬 남자는 '백미러'에 비친 최순애의 실체를 보고 놀란다. '휘어지고 깨진 백미러' 속에 담긴 최순애의 모습은 '불룩한 성기'를 가진 남성으로 그려진다. '백미러'에 최순애의 은밀한 비밀이 포착된 것이다. 삼 일 만에 깨어난 남자는 머리

부상으로 인해 부분 기억상실증에 걸린다. 그는 파편화된 기억의 퍼즐을 맞추어 나간다. 안개 속을 걸어나가듯 과거를 기억해내려 하지만 그에게 조금씩 떠오르는 것들은 검열된 기억의 조각들뿐이다. 남성으로서의 최순애는 기억 속에서 검열되어 제거된다. 기억하고 싶지 않은 사실의 갑작스러운 출현이 순간적으로 기억을 정지시킨 것이다. 이러한 기억의 사각지대(백미러)는 '망각'된 존재의 흔적을 일깨우는 계기가 된다.

'백미러'에 비친 최순애의 모습은 그로테스크한 '타자'의 이미지이다. 금간 거울인 '백미러'는 기억하고 싶지 않은 일상의 이면을 비춘다. '백미러'에 비친 일그러진 모습은 일상이 탈각시킨 '최순애'의 진정한 얼굴이며, 일상의 쳇바퀴에 짓눌린 '남자' 자신의 모습이기도 하다. 자본주의적 일상이 삼켜 버린 본래의 모습을 만나는 일은 고통스럽지만, '남자'는 지워진 기억의 흔적을 좇아 고통스럽게 퍼즐을 맞추어갈 것이다. 이는 일상의 빈 틈, '백미러'로 상징되는 이미지를 서사 구조로 메우려는, 불가능한 일관성을 갈망하는 하성란식 역설의 다른 모습이다.

4. 탐색과 발견의 서사

하성란의 글쓰기는 '흔적'(이미지)을 통해 존재의 '망각'된 '기억'을 역추적하는 서사이다. 그의 소설은 존재의 근원을 찾아가는 수직적 통합의 서사와 사이버 공간의 퍼즐맞추기식 수평적 조합의 서사 사이의 긴장에서 직조된다. 등장인물들은 '진정하지만 받아들여지지 않는 기도'를 끊임없이 되뇌인다. 이들의 삶은 '세계내에서 세계 자체를 거부'해야 하는 고단한 삶이다. 그들은 사회에 의해 소외되었으면서도 이 소외를 내면화시켜 사회에 대한 암묵적 거부를 행한다. 이는 자본주의적 일상 속에서 잊혀져 버린 자신의 존재를 되찾으려는 행위이다.

이에 하성란의 소설은 기본적으로 탐색의 형식을 띤다. 전통적 탐색의 서사는 파편화된 각각의 이미지, 사건이 하나의 일관된 의미를 향해 나아가는 형식을 취한다. 무질서한 공백, 파편화된 이미지가 결국 하나의 질서로 완성되는 것이다. 그러나 하성란의 소설은 공백이 있는 서술 구조를 취한다. 서사가 종결되어도 '틈'은 쉽게 메워지지 않는다. 공백(이미지)은 서술적 일관성에 저항한다. '겹'으로 존재하는 일상을 포착하는 양면적이고 무관심한 언어는 등장인물로 하여금 더 이상 현실 속에서 자신의 정체성을 확보하도록 용납하지 않고, 일관성 있는 틀 속에서 사물을 구조화하도록 허용하지 않는다.

「풀」에 등장하는 '여자'는 건망증에 시달린다. '남자'가 준 꽃다발, 잡지 레이아웃 작업 중 잃어버린 '탐'자, '약도가 그려진 신문지 조각' 등 그녀는 잘 잊고, 잘 잃어버린다. 사막의 사랑에 비견되는 '허름한 여관'에서 여자는 옷을 벗으며 '반짝이는 것'을 발견한다. 한참 동안 찾던 '탐'자다. 순간 여자는 미끄럼틀 아래의 음지에서 발견한 '작은 풀'을 떠올린다. 그리고 가평의 논두렁에서 앵초꽃씨 하나가 치마에 묻어와 그곳에 떨어진 것인지도 모른다고 생각한다. 여자는 이렇게 일상 속에 흩어져 있는 '희망'의 파편들을 주워 담는다. '볕 한 점 들지 않는 축축한' '응달' 속에서도 무언가 반짝이는 것(작은 풀 한 포기)이 흔들리며, '모래알 같은 작은 점' 중간에도 볼록하게 어떤 형상(별)이 도드라지기 마련이다.

'경인고속도로의 왕복'과 같은 '여자'의 반복적 일상도 매번 같을 수는 없다(「루빈의 술잔」). 하성란은 환멸의 일상 속에서 불쑥불쑥 나타나는 '상실의 징표'를 촘촘한 언어의 그물망으로 포획한다. 찾기 쉬운 그림 가운데 숨어 있는 찾기 어려운 그림 하나(숨은그림찾기), 똑같은 모티프를 벗어나 엉성하게 돌출된 모티프(뜨개질), 성장이 멈추어 버린 오른쪽 다리를 가진 여자(동일한 주민등록증을 가진 여자) 등은 자본주의적 일상이 소외시킨 '상실의 징표'이다. 방사형으로 퍼져 있는 상실의 이미지를 개방된 수평의 서사 구조로 엮기, 하성란 소설에서 반복적으로 드러나는 추리 기법은 여기에서 발원한다.

하성란의 소설 속 인물들은 일상 속에 묻혀 버린 '기억'의 흔적들 속에서 '반짝이는 것'들을 탐색한다. 하지만, '상실'과 '망각' 그리고 '부재'의 흔적들은 탈중심적이어서 일상 속에서 쉽게 그 모습을 드러내지 않는다. 드러나더라도 순간적, 찰나적 현시에 그친다. 일상 속에서 발견할 수 있는 것은 '사막의 황량함'일 뿐이다. 하성란은 '아이누족' 어로 '오랫동안 메마른 강바닥'이란 뜻의 지명인, '삿뽀로'(『삿뽀로 여인숙』)에 조심스럽게 한 발을 내딛는다. '낮은 건물과 도로를 껴안은 채 펼쳐져 있'는 도시는 '뭔가 빠져 달아난 게' 있는 듯하다. 보이지 않는다고 해서 존재하지 않는 것이 아니고, 들리지 않는다고 해서 소리나지 않는 것은 아니다. 야만적인 '기억'의 저편으로 흐르는, '감지할 수 없'는 '흔적'과 '소리'가 보이고 들릴 때까지 하성란은 '침묵'으로 웅변한다. 이러한 침묵의 서사는 느리고 답답하게 진행되지만, 도시적 일상이 탈각시킨 '광휘'의 세계와의 '랑데부'를 예비한다.

기계의 반복적 속도감에 바탕한 엘리베이터의 상승, 하강 운동과 고속도로의 질주로 대변되는 직선의 이미지는 현대인의 서툴고 일방적인 소통 방식을 닮았다. '악마의 유혹에 넘어가지만 결국은 구원을 받'게 되는 '파우스트'(「기쁘다 구주 오셨네」)에 대한 하성란의 탐색은 느리고 고통스러운 우회의 과정을 거친다. 「곰팡이꽃」에서 '남자'는 백여 개가 넘는 쓰레기를 뒤진다. 그는 쓰레기를 뒤지면서 '타인'의 삶에 다가간다. 쓰레기는 존재의 숨겨진 성격, 실체를 있는 그대로 보여준다. '쓰레기는 거짓말을 하지 않는다. 쓰레기야말로 숨은그림찾기의 모범

답안이다'. 하성란은 현대 사회의 허위적 소통을 쓰레기를 통해 폭로하고 있다. 케익과 바다를 좋아하는 사내와 다이어트 중이고 틈만 나면 산으로 여행을 떠나는 여자의 어긋난 사랑은 그녀의 쓰레기를 통해 전모가 드러난다. 쓰레기는 평소 남자와 만났을 때 그의 요구를 거절하지 못한 여자의 가식적 태도를 적나라하게 보여주고 있기 때문이다. '곰팡이'(부패, 쓰레기)를 통해 존재는 '망각'된 자신의 흔적('꽃')을 역설적으로 드러낸다. 부패의 냄새가 지독할수록, '희망'의 파편을 모으기 어렵지만, 그만큼 더 '소통 열망'은 깊이 잠재되어 있는 것이다.

5. 이미지 추적에서 서사적 공간으로

하성란은 자본주의의 일상을 철저하게 허구의 공간으로 만듦으로써 균열을 낸다. 일상의 도시 공간을 세밀하게 그려내면 낼수록, 퇴행하는 부르주아 서사를 철저하게 재현하면 할수록 그 틈과 여백은 도드라져 보인다. 부르주아 서사에 대한 반성적 성찰은 오늘날의 이미지 중심 서사로부터 '이미지'를 되찾게 해준다. 하성란의 글쓰기는 이 틈·여백의 이미지를 통해 일상의 늪 속으로 가라앉은 현대인의 근원적 불안을 길어 올리려는 내밀한 욕망의 발현이다.

하성란의 소설은 '언어' 속에서 '언어 너머'를 지향하는 서사적 아이러니의 모습을 보여준다. 그녀의 글쓰기는 현실의 직접적인 재현을 보여주지 않고 반영의 부재, 즉 틈·여백에 의해 촉발된 이미지를 형상화함으로써 단일한 텍스트 안에 쉽게 응집될 수 없는 불연속적, 비고정적 특성들을 결집시킨다. 하성란의 소설이 웅변하는 것은 이들간의 차이와 대조, 즉 이들을 분리하고 연결하는 '빈 공간'인 것이다. 이 '빈 공간'은 서사와 이미지, 닫힘과 열림 그리고 기억과 망각 사이의 격렬한 떨림을 포착하는 장소이며, 일상의 상징적 질서와 언어의 고정을 거부하는 '타자'의 공간이 한몸으로 현시하는 지점이다. 또한 일상의 지층에 균열을 내는 충만한 드러남의 순간이기도 하다.

섬광처럼 왔다가 사라지는 이미지의 반짝임, 이 순간적인 광채는 너무나 치명적이어서 절망을 깊게 하면서도 그 속에 뛰어들도록, 죽음 가까이까지 근접하도록 추동질하지만, 하성란은 젊은 작가답지 않게 이 이미지의 불순함(?)을 감지하고 적절한 거리감을 유지한다. 그녀는 디테일, 묘사, 플롯 등으로 대변되는, 서사라는 안전 보험에 가입되어 있기 때문에 쉽사리 현실(일상)을 떠나지 못한다. 하성란의 느림과 머뭇거림의 서사는, 부패와 소멸을 통해 자본의 속도에 제동을 걸고, 서사와 이미지의 네트워크화된 결합을 향한 새로운 흐름의 한 행보를 내딛는다.

최근작 『내 영화의 주인공』, 「기쁘다 구주 오셨네」 「고요한 밤」 등은 그녀의 글쓰기가 이미지에서 서사로, 익명(匿名)에서 실명(實名)으로, 수동에서 능동으로 무게 중심을 서서히 옮겨가고 있음을 보여준다. 지금까지의 파편화된 이미지 추적의 서사가 구체적 개인의 정체성 찾기 모티프로 확장되고 있다는 점은 이를 시사한다. 이제 그의 소설 속 주인공들은 학교와 사회(『내 영화의 주인공』), 연애와 결혼(「기쁘다 구주 오셨네」), 은행원과 목수(「고요한 밤」) 사이에서, 즉 자신들의 구체적 삶의 공간에서 일탈과 순응, 갈등과 화해의 아슬아슬한 균형을 통해 스스로의 정체성을 되묻고 있다. 이전의 소설들에서는 환멸의 일상을 극복할 수 있는 타자와의 소통이 번번이 좌절되거나 유예되었지만 위의 작품들에서는 서로간의 따뜻한 화해를 이끌어내는 점도 주목된다.

이야기의 전달보다는 서술 방식의 새로움으로 주목받은 하성란의 글쓰기가 앞으로 어떠한 변모를 보여줄지 섣불리 예측할 수는 없지만 험난한 여정을 예고하는 것만은 사실이다. 이미지를 서사로 고정하는 의

미화의 과정에서 전통 서사가 보여준 개인의 내밀한 욕망의 억압이라는 시행착오에 대한 구체적 안전 장치를 어떻게 마련할 것인가 하는 문제가 남아 있기 때문이다. 이미지와 서사 사이에서 위태롭게 외줄을 타고 있는 하성란의 글쓰기는, 어느 한쪽이 느슨해졌을 때, 전통 서사로의 회귀나, 넘쳐나는 이미지에 파묻히게 되는 상황으로 전락할 수 있다.

  서사의 어두운 내면을 정면으로 응시함으로써, 이미지 천국에서 서사의 죽음을 연기(延期)하려는, 아니 서사의 자리를 탈환하려는, 하성란에게 주어진 시지푸스의 형벌을 지켜 보는 일은 고통스럽지만 우리 문학의 새로운 가능성의 일면을 확인하는 설레임과 기대감을 동반한다. 그녀의 소설에서 눈을 뗄 수 없는 이유도 바로 여기에 있다.

경계를 응시하는 사랑의 서사
— 황석영의 『오래된 정원』

1. 경계선의 사유

한 여인이 이별을 앞둔 연인의 초상을 그린다. 눈에는 짙은 음영을 드리우고, 고뇌를 드러내려는 듯 움푹 팬 볼을 강조한다. 젊은이를 둘러싼 배경은 어두운 빨강을 주조로 코발트의 푸른 붓자국을 세로로 그어 음울한 분위기를 강조한다. 이 선명하면서도 어두운 분위기는 젊은이의 열정과 우울을 효과적으로 드러내 준다. 사랑하는 자의 영상을 영원히 봉인하려는 허망한 욕망은 이렇게 한 시대의 표정과 조우한다.

그로부터 십수 년 후, 중년이 된 여인은 다시 붓을 든다. 젊은이를 둘러싼 배경 위에 회색을 덧칠하고 훨씬 투박하고 굵은 터치로 색을 덧붙이듯 자신의 초상을 그려 넣는다. 머리는 드문드문 회색으로 덧칠하고, 눈에는 검은 선을 몇 개 겹쳐 얼굴 전체의 표정을 암시하며, 광대뼈는 강조한다. 그녀의 뒤로는 짙은 회색이 두텁게 칠해진다. 붓의 터치는 훨씬 거칠고 원숙하다. 강조된 광대뼈와 눈밑의 가녀린 주름살과 희끗한 머리카락이며 여러 색깔이 중첩된 뺨은 그녀의 사그라진 젊음과 고독을 드러내며, 눈빛은 잔잔하게 가라앉아 있다. 그녀는 묘하게 푸근한 미소를 머금고 있다. 이 중년 여인의 자화상은 격정의 시대를 겪은 한 영혼의 지혜로운 자기 통찰의 여정을 함축하고 있다.

이로써 서른두 살의 젊은이와 사십대 중반의 여인, 시간의 발톱을 거스른 연인들이 한 화폭에 담기게 되었다. 그림 속에 여백으로 남아 있는 시간의 편차에 주목하자. 시간이 엇갈린 두 초상이 포개지는 지점은 80년대의 삶과 90년대의 그것이 만나고 갈라지는 공간이다.

젊은이의 초상은 80년대를 상징하는 코드로 해석할 수 있다. 이 그림에서는 인물의 표정과 그를 둘러싼 분위기가 시대적 현실을 드러내는 지표가 된다. 기표와 기의가 조화롭게 결합하고 있는 형국이다. 더 나아가 모티프의 당당함이 인물과 배경을 압도하기에 이른다. 미네르바의 올빼미가 황혼녘이 아니라 새벽녘에 비행했던 시기가 80년대 아니었던가.

여기에 덧붙여지는 중년 여인의 자화상은 90년대의 표정으로 읽을 수 있다. 두텁고 거친 터치와 회색의 분위기 사이의 조화는 80년대의 열정을 내면화하고 있는 성숙한 여인의 모습을 보여준다. 지난 시대의 파토스는 짙은 회색의 배경과 여인의 사그라진 젊음과 고독을 드러내는 표정 뒤로 희미한 흔적을 남길 뿐이다.

이 두 이미저리는 한 화면에 중첩, 병치됨으로써 각각의 시대를 드러내는 고정된 상징에서 벗어나 미래를 보여주는 징후로 기능한다. 이들의 그로테스크한 대비를 통해 새로운 의미를 창출하려는 시도는 『오래된 정원』을 관류하며 한순간도 쉼 없이 작동된다. '겹침'과 '덧붙임'은 80년대와 90년대 사이의 단절과 계승의 다채로운 스펙트럼을 보여준다. 80년대는 90년대의 시점에서 반추되고 있으며, 90년대는 80년대와의 연관 속에서 새로운 의미를 부여받는다. 각각의 시대는 경계를 넘어 서로 스미고 짜인다.

　과거와 현재의 불연속성을 회피하기보다는 거기에 초점을 맞춤으로써 우리는 변화의 본질을 더욱 잘 이해할 수 있다. 『오래된 정원』은 불연속성에 기초하지만 고도의 자기 동일성을 유지하는 프랙탈(fractal) 방정식과 같이, 80년대와 90년대를 표상하는 이질적 이미지의 중첩을 통해 당대의 정황을 압축, 재현함으로써 그것의 현재적 의미를 추출하고 있다.

　경계선은 끝과 시작을 동시에 보여준다. 경계선은 기존의 체계를 거부하는 단절과 상호 관계를 통해 형성된 연속성이라는 상반된 성질이 공존하는 지점이다. 황석영은 『오래된 정원』에서 경계선에 선 자의 시각을 보여준다. 그는 지난 시대를 가로지르며 되짚어보는 탈구(脫臼)된 존재이다. 『오래된 정원』은 탈구가 가져다 주는 결절점(結節點)의 서사를 통해 시간의 엇갈린 틈새와 삶의 이면을 탐색한다.

　획일화에 대한 공포와 파편화에 대한 두려움을 가로지르는 경계의 서사는 낭만적 사랑과 현실적 사랑, 의식과 몸, 자아와 세계 사이의 점이지대를 산다. 『오래된 정원』은 80년대를 표상하는 열정적 사랑, 단식(혁명)의 담론, 자아와 세계의 선형적 인식 등이 일상적 삶의 내밀한 욕망에 의해 붕괴되는 궤적을 추적한다. 황석영은 이 접점을 포착함으로써 80년대의 열정적 이념을 반성적으로 성찰하고 있으며, 동시에 그 틈으로 스며드는 개인의 내밀한 욕망을 흡수한다. 이 서사의 궤적을 따라가는 여행은 80년대 삶과 90년대 삶의 대비를 통해 이념과 욕망의 새로운 변증법을 창출하려는 사유와 만나는 고단한 즐거움을 동반한다.

2. '기억'의 사랑

　사랑은 대상과의 하나됨을 추구한다는 점에서 경계선을 탐색하는 운명을 지닌다. 그러나 하나됨은 현실적으로 불가능하다. 대상과의 현실적 단절이 극복될 수 있다는 환상이 작동할 때, 낭만적 사랑은 점화된다. 떠나는 연인을 영원히 소유하려는 욕망은 이러한 낭만적 사랑에 대한 집착에서 나온다. 동질화를 꿈꾸는 에로스와 이를 좌절시키는 현실 사이의 구멍, 탈낭만화된 사랑은 자신도 타자도 아닌 바로 이 공간에 보금자리를 튼다. 낭만적 사랑의 열정은 회색의 일상 속에 흔적 없이 스러진다.

　『오래된 정원』에서 사랑이 움트는 보금자리는 '기억'이다. '기억'의 공간에서 낭만적 사랑과 현실적 사랑은 상호 습합(濕合)된다. 이 곳은 사랑의 결핍을 메우려는 욕망의 공간이기도 하다. 오현우와 한윤희의 짧은 만남과 긴 이별 그리고 새로운 만남에 이르는 사랑의 궤적은 이 '기억'의 공간에 아로새겨진다.

　광주 항쟁에 연루되어 도피 중이던 청년은 조직이 소개한 한 여성으로부터 도피처를 안내받는다. 도피처에서 함께 생활하며 이들은 연인이 된다. '꿈결 같은 몇 달'을 함께 보내고 젊은이는 떠난다. 이들의 '갈뫼'에서의 짧은 만남은 동일성의 환상이 지배하는 정열적인 사랑을 보여준다.

　　우리들 앞에 가로놓인 불투명하고 악에 가득 찬 시대를 용납할 수가 없었다. 그건, 마치 초현실주의 그림의 배경처럼 두 사람의 등뒤에 있을 뿐 전면에는 매우 또렷한 우리 두 사람의 윤곽뿐이다. 나는 머릿속에서 그 배경조차도 검은 물감으로 지워버리고 만다. 그리고 우리는 아이도 갖지 않을 것이다. 나는 그에게 내 모든 감정을 주입해서 또 다른 나를 만들어낸다. 그게 낯익은 나의 이미지가 된다. 나와 그는 서로의 것이 되었다. 정말? 우리가 세상 속에서 영원히 유폐되는 일이 가능한 일일까. 우리만이 숨어서 남게 되는 일이.

―상, pp.209~210.

 윤희와 현우의 하나됨은 역사와 가정의 모든 책임으로부터 '유폐'된 사랑의 결과이다. 상대편의 구체적 현실이 매개되지 않은 대상을 흡수하는 방식의 사랑이기 때문이다. 이 하나됨 속에는 단조롭고 평화로운 일상을 꿈꾸는 윤희의 욕망이 역사의 수레바퀴를 돌리려는 현우의 욕망에 의해 억압되어 있다. 이들의 긴 이별은 바로 이 낭만적 사랑의 비극적 본질을 깨닫는 통과제의의 과정이라 할 수 있다.
 정체성의 소멸까지도 무릅쓴 무모한 사랑의 열정은 냉엄한 현실 앞에 무릎을 꿇는다. 젊은이가 돌아올 가능성은 점점 희박해지고, 과거의 모든 가치가 퇴색해 버리는 조용한 환멸의 시기가 도래한다. 낭만적 사랑의 틈 속에 환멸의 현실이 들어선다.
 윤희는 바깥 세상에서 스스로를 바라볼 수 있는 기회를 가지기 위해 베를린 유학을 결심한다. 그녀는 그곳에서 쓰레기 산업폐기물 처리 과정을 연구하는 이희수를 만난다. 이희수와의 사랑은 현우와의 낭만적 사랑이 억압한 윤희의 소박한 욕망을 일깨운다.
 이희수의 '상식적이고 안정된 정서'는 독감과도 같았던 지난 시절의 열정과 현우와의 이별이 가져다 준 상처를 위무하며, 윤희의 욕망을 깨어나게 한다. 이러한 윤희의 여성으로서의 회복은 지난 시대의 낭만적 사랑에 저당 잡혔던 일상을 탈환하려는 욕망의 발현이다. 하나됨에 대한 강박은 '내색 않고 같은 선에 서서 넉넉한 시선으로 한 방향을 바라보아 주는' 여유로움으로 변모한다.
 그러나 윤희의 일상적 사랑도 이희수의 갑작스러운 죽음으로 종말을 고한다. 이희수의 죽음은 베를린 장벽으로 대변되는 사회주의 이념의 붕괴와 맞물려 지나온 삶을 되짚어보게 한다. 이념의 붕괴는 '갈뫼'에서의 낭만적 사랑의 붕괴를 상징적으로 드러내 주며, 또한 일상에 안주하려 했던 희수와의 사랑도 비판적으로 성찰하게 한다. 그녀는 '갈뫼의 어두운 마루 구석에 먼지가 케케묵은 채로 남아 있을' '젊은' 현우의 초상을 생각하고, '오래된 정원'으로 되돌아와서 자신의 삶을 기록으로 남긴다. 그녀가 다시 찾은 '갈뫼'는 이념(현우)의 부재와 자신의 소멸(죽음)을 견디는 성찰의 공간이다.

> 갈뫼에 와서 윤희의 숨결을 접하면서 나는 상대방을 얻게 되었다. 상대를 통해서 나는 여기 구체적으로 존재한다. 독방에 처박혀 있던 것은 오현우가 아닌 천사백사십사번으로서, 악조건 속에서 살아남을 생명력을 유지하기 위해서는 과거의 생각과 행동을 사람의 존엄성으로 고수해야 한다는 자의식만 있었다. 나는 이제 상대를 통해서 세속의 길로 돌아오는 중이다.
> ─하, p.112.

18년의 복역을 끝내고 출감한 현우는 윤희의 노트를 발견한다. 윤희는 이미 죽은 후이다. 그녀의 노트는 시간을 거슬러가면서 잃어버린 현우의 과거를 재생한다. 현우와 윤희는 노트를 통해 새롭게 만난다. 이 노트야말로 낭만적 사랑과 환멸의 현실을 이어 주는 매개체이다. 현우는 윤희의 노트를 통해 잃어버린 과거의 지점으로 회귀한다. 현우와 윤희의 삶을 압축, 재현하는 노트는 낭만적 사랑과 환멸의 현실 사이에 조그만 '기억'의 오솔길을 낸다.

현우는 윤희를 통해 구체적 현실을 발견하고 세속의 길로 돌아오게 된다. 시간에 녹슬지 않는 사랑은 드물다. 하지만 이들의 사랑은 '기억'이라는 공간에 보금자리를 마련했다는 점에서 시간의 간지(奸智)에서 자유롭다. '기억'은 과거 속에 매몰된 유토피아의 흔적을 수용하고 조직할 수 있는 거리를 제공하는 장치이며, 또한 그것이 가진 불충분함을 보충해 줄 수 있는 생성적인 요소이다. 이에 '기억'의 사랑은 이념에 의해 억압된 일상적 욕망의 공간과 이념의 부재를 견디는 성찰의 공간 사이의 틈을 직시하게 하고, 오늘날 우리가 가꾸어야 할 새로운 사랑의 공간인 '갈뫼'를 향해 손짓한다.

3. 여백, 혹은 탈구의 서사

몸과 정신의 탈구는 삶과 죽음의 경계선을 보여준다. 이는 단식 투쟁에서 잘 드러난다. 단식은 보다 나은 삶을 위해 죽음을 담보로 투쟁하는 방식이다. 명료한 의식만이 자신의 존재를 확인시켜 주는 유일한 수단이 되는 단식 투쟁은, 윤희가 그린 연인의 초상, 즉 80년대의 풍경화를 상징적으로 표상하는 행위이며, 현우의 감옥 생활을 집약해서 보여주는 사건이라 할 수 있다.

머리맡의 형광등은 낡을 대로 낡아서 양쪽 모서리에 검은 흔적이 번져 있고 보통 때에는 들리지도 않았던 지잉, 하는 소리가 점점 커져간다. 깊은 밤중에 잠을 못 이루어 뒤척이다 보면 금속성의 소리가 아예 머릿골 속에서 긴 파장을 그으며 지나가는 것만 같다. 낮이나 밤이나 켜 있는 형광등의 뿌연 빛이 소리로 변하여 대뇌를 점령해 버린다. 몸은 차츰 사라지고 의식만 명료하게 번뜩인다. 이것이 그 사흘에서 나흘까지의 하얀 백지장 같은 경계선이다.

—하, p.75.

단식은 사흘에서 나흘로 넘어가는 단계가 가장 힘들다. 몸과 의식의 경계선을 선명하게 보여주기 때문이다. 몸이 사라진 빈자리에 꿈, 추억, 과거가 들어서며, 현실적 시간이 정지된다. 단식에서 가장 어려운 관문은 '복식'이다. '복식'이란 단식 투쟁을 끝낸 수감자가 다시 음식을 먹기 시작하는 일련의 과정을 말한다. '복식'은 단식을 하던 수감자의 의식을 가득 채웠던 사념들을 사라지게 하고 오로지 현재적 순간만을 중시하게 한다. 단식과 복식은 현재와 과거, 의식과 몸의 경계선을 넘나드는 고통스러운 과정을 보여준다.

정신과 몸의 경계선에서 발견한 것은 의식의 밑바닥에 자리잡고 있는 몸의 욕망이다. 단식 투쟁을 하는 수감자를 굴복시키기 위해 행하는 강제급식을 예로 들어보자. 멀건 죽을 고무용기에 담아 호스를 입 안에 넣고 연신 용기를 주물러 목구멍으로 넘긴다. 강간을 당하는 것 같은 굴욕감과 수치심 때문에 항의 단식 중이던 수형자는 눈물을 흘리며 운다. 그는 토하고 또 토하지만 목젖에 닿은 밥 알갱이들의 매끈한 감촉과 혀끝에 남아 있는 구수한 맛을 잊지 못한다. 그의 몸 안에서 의식과 몸의 경계선이 무너진 것이다.

이념의 투명성이 일상적인 삶의 욕망을 억압했던 80년대의 담론들이 단식을 통해 비판적으로 성찰된다. 단식 투쟁은 급진적 이념이 붕괴된 틈새로 스며드는 개인의 내밀한 욕망을 여실히 보여준다. 이는 인간다움을 향한 눈물겨운 투쟁의 형식이다. 단식으로 표상되는 80년대의 상징은, 의식과 몸의 탈구, 즉 그 자체의 행위가 가진 불연속성으로 인해 스스로 균열된다. 그 균열의 틈으로 일상의 욕망이 스며든다. 죽음을 앞둔 여인의 온화한 미소는 '단식'의 담론을 내면화한 표정이라 할 수 있다.

그가 출발했던 땅에서 이제는 아득한 미래로 날아간 하늘 사이에는 무한 천공이 입을 벌리고 있다. 혁명이라고. 그건 정지된 섬광이야. 오현우처럼 유폐되거나 그의 아우들같이 바리케이드 앞에서 연발사격에 쓰러지지 않는 한 그는 출퇴근하는 토론자로 기진맥진 살아가야 될 테니까. 그렇지만, 아무리 그렇다 할지라도 혁명이란 얼마나 아름다운가.

―하, pp. 109~110.

혁명의 지향과 구체적 현실 사이에는 '무한 천공'이 입을 벌리고 있다. 의식과 몸의 탈구를 통한 여백의 시선이 응시하는 지점은 바로 여기이다. 혁명은 '정지된 섬광'에 비유할 수 있다. '지상에서 비롯된 새벽의 삶을 회복하기 위해서 지상에 세워진 한낮의 모든 허접쓰레기 같은 제도를 부'수려는 혁명이 제도화된 것이다. 악과 싸운다고 생각하는 사람들도 상대방을 닮아서 욕망의 뿌리를 다 잘라낼 수는 없다. 혁명위원회도 퇴근을 하고 집으로 돌아간다.

하지만 인간을 제한하던 금기들이 사라지는 장면은 얼마나 아름다운가. '마른침을 꿀꺽 삼키며 환멸에 치를 떨게 된다 할지라도 피부를 찌르는 듯한 전율로 나는 살아 있다고 중얼거리게 하는 사업'이 바로 혁명이다. 혁명이 가진 생명력은 여전히 유효하다. 다만 혁명의 순수성이 실현되기 어려울 뿐이다.

의식과 몸의 탈구가 주는 여백은 80년대의 열정적 이념과 90년대의 일상적 욕망을 누비며 서로를 찢고 깁는다. 이러한 탈주(脫走)의 서사는 현대에 부합하는 새로운 혁명과 신화를 향해 나아간다. 황석영의 『오래된 정원』은 혁명을 새로운 문맥 속에 다시 갱신하고 외삽(外揷)하는 작업의 연장선, 즉 이념의 심연을 탐사하되, 그 너머 일상적 삶의 지평에 대한 응시를 멈추지 않고, 이념의 내부이면서 동시에 외부인 접점, 그 경계선에 서서 끊임없이 일상을 투시한다.

4. 언어와 언어 너머, 혹은 반영과 반영의 부재

　젊은 연인의 초상을 그리는 여인의 가슴은 대상을 자아화하려는 욕망으로 들끓고 있다. 이는 질서정연하고 선형적인 세계에서나 가능한 욕망이다. 일상적 삶의 도식화, 모델화라는 희생을 감수해야만 자아와 세계의 연속성은 유지될 수 있는 것이다. 이러한 시도가 불가능하다는 것을 깨달았을 때, 낭만적으로 보였던 현실은 절망적 지옥으로 변한다.
　그러나 중년이 된 여인이 그리는 자화상은 자신의 모습을 그린다는 점에서 자의식적이며, 죽음을 앞둔 시점에서 지나온 삶을 되돌아본다는 점에서 현실과 일정한 거리를 두고 있다. 이 자화상은 선형적인 세계 인식에 바탕하고 있다기보다는 자아와 세계의 표정이 겹으로 얽혀 있는 구도를 취하고 있다. 대상을 자신에게 끌어들이기보다는 일정한 거리를 유지하며 응시하려는 태도는 자아와 세계 사이의 리얼한 관계를 회복하게 한다. 이는 자아와 세계의 관계를 하나의 단일한 선으로 표현하기 힘들다는 인식의 발로이다.
　윤희의 노트는 이 두 개의 초상을 변주, 재현하고 있다. 윤희의 노트를 잠시 들여다보자.

　　어쩌면 이렇게 상반된 정신이 있을 수가. 보슈와 브뤼겔의 화첩을 하루 종일 들추어보다. 보슈의 절망적인 지옥의 악몽과 브뤼겔이 그린 생활하는 자의 당당한 실경은 같은 몸뚱이의 앞과 뒤이다. 밭가는 농부와 소와 대지로 가득 찬 화면의 왼편 구석 위에 한뼘쯤의 바다가 조금 보이고 그 안에 보일락말락 사람이 거꾸로 빠진 것 같은 두 다리가 보인다. 그래놓고 '이카로스의 추락'이라니. 양초 날개를 달고 너무 높이 올라갔던 이상주의자의 추락은 이렇듯 생활 앞에선 볼품없는 비극이다.

　　　　　　　　　　　　　　　　　　　　　　　　　—상, p.73.

보슈와 브뤼겔의 그림을 대비시키고 있는 윤희의 독백은 정확하게 그녀가 그린 그림의 두 장면과 일치한다. 대상을 자아화하려는 욕망이 좌절되었을 때 표출되는 '절망적 지옥의 악몽'(보슈)은 젊은 연인의 초상을 그리던 그녀의 다른 모습이며, 이상주의자의 좌절을 볼품없는 비극으로 만들고 있는 '생활하는 자의 당당한 실경'(브뤼겔)은 중년이 되어 과거를 성찰하며 자화상을 그리는 자신의 모습이다.

윤희가 남긴 노트를 바라보는 현우의 시각은 이 둘의 경계지점을 향해 나아간다. 이 지점은 자아와 세계의 연속성을 상징하는 선형적 플롯(80년대)과 지난 시대의 열정을 내면화한 비선형적 플롯(90년대) 사이에 난 공간이다.『오래된 정원』은 윤희와 현우의 교차 서술이라는 방식을 통해 이 험난한 오솔길을 탐험한다.

『오래된 정원』을 현우의 정체성 찾기라는 구도로 이해할 때, 윤희의 노트는 현우가 부재한 시기를 비추어주는 거울의 역할을 한다. 그녀의 노트는 현우에게 세계 자체이자 텍스트의 기능을 한다. 따라서 윤희의 노트를 읽는 현우의 행위는 시간이 엇갈린 두 인물의 초상이 그려진 그림을 해독하는 작업과 동궤에 놓인다. 이에『오래된 정원』은 과거의 삶에 대한 회억(悔憶)이 중심 내용을 이루는 것이 아니라, 80·90년대 삶에 대한 현재적 성찰에 무게중심이 놓여 있다고 할 수 있다.

다음은 윤희가 베를린 유학시절 옆집에 살던 노파의 남편, 슈테판의 그림을 본 후 그 느낌을 적어 놓은 부분이다.

내가 본 것은 미리 정해진 관념이나 객관적 세계의 이성으로부터 놓여나겠다던 추상 표현주의적인 물감의 흔적들이었어요. 나이프와 거친 페인트 붓의 자국이 화면의 위에서 아래로 그어져 있거나 어린이의 낙서처럼 뭉개져 있기도 했습니다. 〔…중략…〕 그런데 그리는 사람의 생각이며 구성이며 기획을 처음부터 배제하려는 노력 끝에 정반대로 그는 자신의 손가락의 흔적을 무수하게 화폭 안에 남기고 있어요. 나는 기분이 아주 좋았습니다.

―하, p.212.

나치즘으로 대변되는 도구적 이성에 저항한 슈테판의 추상 표현주의 그림은 '자신의 손가락의 흔적'을 남기는 것으로 귀결된다. '손가락의 흔적'은 몸의 흔적이다. 이 몸의 흔적은 '미리 정해진 관념이나 객관적 세계의 이성'으로부터 벗어나 있으며, 또한 '추상 표현주의적인' '문자 추상'으로부터도 탈구되어 있다. '언어'와 '언어 너머'의 세계가 한몸으로 결합되어 있는 모습이라 할 수 있다.

윤희의 노트는 이러한 양면적 특성을 반영한다. 그녀의 노트는 직접 말하듯이 친근한 어투로 제시되어 있기도 하고, 그녀가 본 책의 내용을 아무런 코멘트 없이 직접 인용하여 놓기도 한다. 고백체, 일기체, 편지체의 서술방식은 그녀의 내면 심리를 섬세하게 표출하는 데 기여한다. 내적 독백을 연속적으로 서술함으로써 흘러가는 의식을 효과적으로 표출하는 의식의 흐름 기법은 언어화된 체험과 그렇지 않은 체험의 간극에 주목하게 한다. 특히, 자아와 대상의 경계지점에서 불쑥 표출되는 내면 독백은 삶의 이면을 통찰하는 날카로운 시선을 보여준다. 이러한 내면 독백은 언어화되지 않은 감각이나 정서를 환기시키는 이미지의 표현이다. 이는 감정 형용사로 주로 드러나는데, 감정 형용사는 논리적 사유 이전에 오는 본능적 언어에 가깝기 때문이다.

윤희의 노트에는 과거를 재현하는 언어와 언어화되기 이전의 무의식을 표출하는 이미지의 세계가 공존한다. 이는 세계의 연속성에 바탕한 선형적 인식과 불연속성에 주목하는 비선형적 인식의 병치, 공존이라 할 수 있다. 그녀의 노트는 '반영'과 '반영의 부재'를 동시에 드러냄으로써 일상의 지층에 균열을 내는 충만한 드러냄의 순간을 포착한다. 이 순간은 일상의 상징적 질서와 언어의 고정을 거부하는 '타자'의 공간이 한 몸으로 현시하는 지점이다.

그러나 『오래된 정원』에서 황석영은 '언어'와 '언어 너머'의 세계 사이의 무리한 통합을 지향하지 않는다. 통합, 조화에의 열망은 둘 중 하나의 희생을 강요하는 경우가 많기 때문이다. 이 작품은 온전하게 보여주는 것, 여기에 머물러 있다. 윤희의 텍스트(노트)를 되새김질하는 현우에게 총체성에 대한 지향은 하나의 열린 가능성으로 남겨져 있다. 중요한 것은 통합, 조화에의 열망에서 벗어나 조용히 자신을 응시하는 것이다. 현실 세계에 참여함과 동시에 그 바깥의 지점에서 급속히 메타적으로 변해가는 우리 자신을 되돌아보는 것, 바로 이것이 『오래된 정원』이 우리 시대에 던지는 화두이다.

5. 희망의 悲歌

다시 그림으로 돌아가자. 다른 색깔과 분위기로 묘사된 서른두 살의 젊은이와 사십대의 여인이 앞서거니 뒤서거니 하면서 화면 바깥 현실계를 내다보고 있다. 젊은이가 애타는 마음으로 불안하게 바라보던 곳과 훨씬 뒤에 중년의 여인이 자기 시대의 눈으로 넘겨다본 곳은 세계의 어느 방향으로 가는 길이었을까? 젊은이의 시선과 중년 여인의 시선이 만나고 겹쳐지는 지점은 어디일까? 사랑에 빠진 연인들이 서로의 경계지점에서, 의식과 몸의 접이지대에서, 자아와 세계의 교차점에서 무엇을 보았을까?

그런데 우리가 함께 법석대며 정성을 쏟아 만들어놓은 눈사람은 어디로 갔을까. 한낮의 햇볕에 녹아내리고 난 뒤 최초의 형상은 사라지고 우리가 붙여둔 숯덩이 눈썹이며 눈이며 고추를 꽂은 붉은 코도 다 떨어지고 씌웠던 모자는 바람에 불려 날아갔어요. 그리고 얹어놓았던 머리는 몸통 위로 녹아내려 작은 눈더미가 되어 누렇게 흙과 먼지로 더럽혀져 있어요. 아이들의 재깔거리던 웃음소리는 사라지고 바퀴와 발길에 진창이 되어 버린 일상이 무심하게 거리에 남아 있겠지요.

—하, pp.217~218.

그것은 '진창이 되어 버린 일상' 속에서도 꽃피는 희망(눈사람)이 아니었을까? '현재의 삶의 방식이 잘못되었다는 걸 잘 알면서도 어쨌든 이 변화된 세계 속에서 수많은 힘없고 가난한 이들과 더불어 다시 시작해내야만' 한다. 희망은 초라하고 남루한 누더기 더미 속에서도 스스로의 흔적을 남기기 마련이다. 이 부재와 상실의 흔적을 좇아 빛나는 옷으로 지어내는 일이야말로 어렵고도 지난한 문학의 과제가 아닐까? 『오래된 정원』은 이 무섭고 끔찍한 희망에 대한 비가(悲歌)이다.

『오래된 정원』에서는 기억의 공간으로 이어지는 우회로를 조심스럽게 제시하고 있다. 이러한 우회도로는 이미지와 스펙터클의 발빠른 생산과 소비가 삼켜 버린 틈, 여백을 탐사한다. 이미지와 스펙터클로 출렁이는 소비사회는 시간성을 밀어내고 공간성을 전경화한다. 역사의 시간성은 한없이 지워지고 하이퍼 공간, 사이버 공간 등 이미지의 공간 천국이 우리를 사로잡는다. 이에 시간의 여백은 속도의 무한 질주에 나포된 현대인의 공허한 삶을 반성하는 계기를 마련해 준다. 시간을 산책하는 자만이 속도와 망각에 저항할 수 있다. 속도와 망각에 저항하는 여백의 담론은 역사의 줄기에서 이탈한 환각적 이미지의 공간에서 우리 삶의 역사성을 되돌아보게 하는 소중한 지표가 될 수 있다. 80년대와 90년대의 경계선에서 끊임없이 현재를 응시하는 황석영의 서사는 이미지와 스펙터클의 환유적 변주 속에 은폐된 역사의 무거움을 환기시킨다.

80년대 소설의 선형적 플롯을 일상적 일화의 수준으로 회절(回折)함으로써 재성찰하는 동시에 90년대 이미지 중심 서사의 무한 질주에 채찍을 가하는 결절점의 창조적 서사, 즉 진정성의 서사와 욕망으로서의 그것이 삼투 작용을 하는 경계 지점에 『오래된 정원』의 이정표가 세워진다. 이는 의도와 감수성의 중첩이며, 자신의 중심을 잃지 않으면서 타자와 함께 할 수 있는 방법에 대한 탐색이다.

아름다움과 사랑, 그 이미지의 서사
―최윤의 『마네킹』과 김연수의 『사랑이라니, 선영아』

1.

최윤의 『마네킹』과 김연수의 『사랑이라니, 선영아』는 '아름다움'과 '사랑'이라는 신비롭고도 마력적인 이미지로 자맥질해 들어가, 그 이미지의 실루엣을 좇아 새로운 평형을 이루려는 서사 욕망의 맨 얼굴을 보여준다.

그러나 이를 추구하는 방식은 상당히 이질적이다. 최윤이 세속을 초월하는 절대적 '아름다움'을 함축적이고 시적 언어를 통해 추적하고 있다면, 김연수는 '사랑'이라는 신화를 '구지레한' 일상에 대한 디테일과 감각적 언어를 통해 현실 속으로 끌어내리고 있다. 『마네킹』이 절대적 아름다움에 대한 숭배에 가까운 찬사로 일관하고 있다면, 『사랑이라니, 선영아』는 영원한 사랑은 존재하지 않는다는 사실을 섬세한 관찰과 비유를 통해 음각하고 있다. 전자가 초월적 상상력에 기댄 숭고함과 엄숙함의 미학에 의지하고 있다면, 후자는 하강적 상상력에 발을 담그고 가볍고 경쾌한 대중문화의 미학과 몸을 섞고 있다.

서사는 이미지에 의미와 이야기를 부여함으로써 작동된다. 삶의 순간적이고 유동적인 연쇄인 이미지가 서사 구조에 의해 고정되는 것이다. 그러나 오늘날 소설은 이미지와 서사, 욕망과 결핍, 초월과 현실 등의 경계가 무너져 버리는 미지의 영역에 자신의 보금자리를 마련해야 하는 모험의 도정에 있다. 최윤의 『마네킹』과 김연수의 『사랑이라니, 선영아』는 이러한 서사의 분열된 자의식을 '아름다움'과 '사랑'의 이미지에 용접함으로써, 아니 서사와 이미지의 상간(相姦)을 통해 소설의 운명을 타진하고 있는 작품이다.

2.

『마네킹』에 대한 풍문이 무성하다. 특히, 작품이 발표된 직후 일간신문 문화면을 수놓았던 화려한 미사여구는 작품에 대한 구체적 분석에 바탕하지 않은, 말 그대로 풍문에 가까웠다. 작가는 "무엇을 썼는가의 문제가 아니라 무엇 때문에 썼는가의 문제"를 중심으로 작품에 접근하라고 조언한다. 그러나 이는 작가의 의도일 뿐이다. 필자는 필자의 방식으로 『마네킹』을 읽었는데, 일차적으로 이 작품에 얽혀 있는 서사를 각각의 인물별로 재구성해 보았다. 이를 통해 개별 서사의 특징과 이들 사이의 연관을 살펴보았다. 필자가 재구성한 『마네킹』의 서사 구조는 썩 만족할 만한 수준이 되지 못했다.

『마네킹』은 여러 겹의 서사가 스미고 짜이면서 전개된다. 이는 크게 '지니'의 서사와 주변 인물의 서사로 나눌 수 있는데, '지니'의 서사는 다시 그녀의 여정을 작가적 시선으로 좇고 있는 중심 서사에 '지니'를 찾아 나서는 '쏠배감펭'과 '소라'의 여정을 다룬 서사가 교차된다. 그리고 주변 인물의 서사는 '지니'의 가족인 '상어', '불가사리', '우뭇가사리' 등의 이야기로 이루어진다.

이들 각각의 서사는 '정체성 탐색'이라는 주제로 수렴된다. '지니'의 여행이 이 작품의 중심적인 탐색의 틀이라면, 여기에 '지니'를 좇으면서 정체성을 찾아가는 '쏠배감펭'과 '소라', 그리고 '지니'의 실종을 계기로 스스로의 삶을 되돌아보게 되는 '상어', '불가사리', '우뭇가사리' 등의 서사는, '지니'를 구심점으로 그녀가 지닌 절대적 아름다움을 향해 종과 횡으로 교직된다. 특히, '지니'의 서사는 작가의 감정이 직접적으로 개입하는 3인칭 전지적 시점으로 전개되는데, 이는 '지니'가 뿜어내는 아름다움에 대한 작가의 집착이 낳은 산물로 보인다. '우뭇가사리'의 서사 또한 3인칭 시점으로 전개되고 있는데, '지니'의 외상과 이를 방기한 죄책감 등을 선명하게 드러내 주는 역할을 한다. 작가는 '지니'가 지닌 아름다움이 거세되는 장면에 대한 해설을 '우뭇가사리'인 어머니에게 맡기고 있는 셈이다. 그리고 나머지 인물들의 서사는 '지니'에 대한 섬세한 감정의 무늬를 표출하는 데 효과적인 1인칭 시점으로 진행된다. 결국, 이 작품은 '지니'가 발산하는 마력적인 이미지에 도취된 인물들의 여정을 다루고 있는 셈이다.

필자가 보기에 '지니'의 여행을 다루는 서사는, 작가의 과도한 개입이 '아름다움'에 대한 묘사를 압도함으로써 긴장감을 획득하지 못하고 있다. '지니'에 대한 경배적 태도는 그녀의 내면에 대한 묘사를 억제·거세하고 있으며, '지니'의 아름다움에 대한 신비화는 역사·현실과의 관계를 끊어버리기에 이른다. 즉, 주관과 객관, 현실과 초월 사이의 긴장을 적절하게 조절하지 못함으로써, 작가의 시적이고 함축적 표현만이 남은 앙상한 서사가 된 것이다. 이를테면 '지니는 왜 떠나는가'에 대한 질문을 던졌을 때 납득할 만한 답을 찾기 어렵다는 점이 그 한 예이다.

그러나 그녀가 기억하고 있는 것은 단 한 번의 하강. 기온과 색채와 물의 촉감이 그녀의 몸 속에 만들어내던 무한한 안도감. 아마도 우뭇가사리의 뱃속으로 하강하듯이 거의 완벽에 가까운 믿음으로 바닷속으로 들어간 순간 떠남을 위한 그녀의 여행 계획은 이미 무르익었다고 보아도 좋다. 그녀가 감은 눈을 떴을 때, 그녀 앞에는 옅은 푸른색으로 투명하게 다가오는 물의 세상이 있었을 뿐이다.

— 『마네킹』, p.119.

마지막 C.F 촬영의 순간, '지니'는 자신이 연출한 이미지와 하나됨의 경험을 하고 그 대상을 향한 여행을 결심한다. "물의 세상"으로 대변되는 이 세계는 어머니의 자궁, 평안한 죽음의 세계 등을 연상시키며 "무한한 안도감"을 준다. '지니'의 체험을 작가적 목소리로 제시하고 있는 위의 장면에서, '지니'와 그녀의 행위를 서술하는 작가 사이에는 그 어떠한 여과 장치도 없다. 오직 '지니'를 향한 작가의 맹목적이고 일방적인 동경만이 있을 뿐이요, 나아가 작가는 '지니'와 자신을 동일시하는 도취에 빠지는 듯한 인상까지 풍긴다.

그렇다면 '지니'의 여행은 무엇을 보여주는가? 그녀의 '춤의 언어'는 많은 사람들에게 위안과 안식을 준다. 특히, 사랑과 우정 사이에서 실의에 빠져 있는 E, 사랑하는 딸을 잃고 방황하는 중년의 여인 그리고 어린 나이에 미혼모가 된 소녀와 그녀의 아이 등은 '지니'의 손길과 스치며 안식을 얻는다. 그러나 이러한 서사적 얼개는 구체적 사건이나 그 어떤 인과적 연관도 배제한 채 주관적이고 우연한 형태로 제시된다. 작가가 사건 자체에 큰 의미를 부여하고 있지 않기 때문이다. 오직 작가의 시선은 '지니'의 이미지에 고정되어 있다.

그녀는 이미 밑으로, 밑으로 무겁게 당겨지는 몸을 움직여 아이를 안아 소녀 엄마의 가슴에 내려놓았다. 그러나 움직이지 않는 엄마의 몸 위에서 아이의 울음은 더욱 자지러졌다. 그녀는 아이 앞에 무릎을 꿇고 앉았다. 그녀는 앉은 채로 아기를 향해 어쩌면 마지막이 될지도 모르는 춤을 추었다. 마른 나뭇잎처럼 가볍고 장난처럼 경쾌한 몇 개의 동작으로 이루어진 춤이었다. 그녀는 아기에게 이렇게 말했다.

"울지마. 내가 너를 이렇게 사랑하는데."

그녀가 여러 번 이 말을 하며 춤추는 동안 아이는 지친 듯 울음을 멈추고 소녀 엄마의 가슴을 자신의 작은 몸으로 덮었다. 아기도 먼 곳에서부터 서서히 소리를 높이며 다가오는 북소리를 들으리라.

— 『마네킹』, pp.264~265.

아이를 위한 '지니'의 마지막 춤 장면이다. "마른 나뭇잎처럼", "장난처럼 경쾌한 몇 개의 동작"으로 이루어진 춤은 아이의 울음을 멈추게 한다. 이 작품에서 '지니'의 춤은 그녀의 아름다움을 드러내는 가장 중심적인 모티프이다. 작가는 말로 표현할 수 없는 절대적 아름다움을 '지니'의 춤을 통해 상징적으로 표출하고 있는 것이다. 그러나 이러한 춤이 '나뭇잎', '장난', '경쾌한' 등의 단성적인 어휘로 묘사됨으로써 오히려 그 신비스러운 빛을 잃어버리는 느낌이다. 그리고 말을 잃어버렸던 '지니'가 그것을 되찾아 마지막으로 하는 말 또한 "사랑"이라는 단어로 귀결된다. 작가가 그렇게도 갈망했던 아름다움이 '사랑'이라는 언어의 감옥에 수감되는 장면이다. 아이를 위한 춤과 "울지마. 내가 너를 이렇게 사랑하는데"라는 '지니'의 말이 "먼 곳에서부터 서서히 소리를 높이며 다가오는 북소리"가 주는 신비롭고도 초월적인 이미지와 매개되지 못하는 이유도 이와 무관하지 않다. 현실을 초월한 신비로움(신성)의 이미지도 구체적 현실과의 긴장감을 전제로 했을 때만 그 나름의 의미를 획득할 수 있다. '지니'의 이미지가 서사적 얼거리로 짜여지지 못하고 신비화·추상화되고 있는 이유도 여기에 있다.

'지니'의 서사가 작가의 과도한 개입으로, 혹은 추상적 아름다움에 대한 일방적 경배로 인해, 이미지를 서사 구조로 깁는 데 실패한 면이 없지 않다면, 오히려 그녀의 여정을 뒤따르는 '쏠배감펭'과 '소라'의 서사는 1인칭 고백체의 서술을 통해 '지니'의 이미지에 구체적인 형상을 부여한다. 특히, "세상에서 가장 눈부신 것"을 보고 인생이 뒤바뀐 '쏠배감펭'은 그 순간의 이미지를 끊임없이 되새김질하면서 새로운 인생을 찾아 떠난다.

> 나와 D가 거의 동시에 상승을 멈추고 정지한 것은 저 위쪽에서 빛을 받고 내려오는 한 여자의 모습 때문이었다. 바다색과 거의 구별이 되지 않을 정도의 얇은 청색 천으로 된 슈트를 입고 여자는 아기가 어머니의 자궁 속에서 그렇듯이 몸을 구부리고 우리를 향해 내려오고 있었다. 바다를 침대 삼아 휴식을 취하고 있는 사람의 지순한 표정을 짓고, 여자는 눈을 감고 하강하고 있었다. 그녀의 몸을 감고 있는 얇은 천은 바다 물결에 따라 흔들려, 여자는 투명한 수초에 휩싸인 신비한 여신 같았다. 바로 나 자신을 향해 내려오는 것만 같은 어린 여신.
> 그토록 평화로운 표정, 갑자기 심장을 뜨겁게 달구면서 응축된 무언가를 눈물로 분출시키는, 강렬하게 부드러운 그 표정에는 미동도 없었다. 죽음과 삶의 경계가 지워질 때에나 만들어질 만한 그런 표정을 나는 이미 어디선가 보았던 것일까.
>
> ─『마네킹』, pp.20~21.

'순간'의 마력에 압도된 장면을 되새김질하는 '쏠배감펭'의 묘사는 작가의 진술보다 오히려 구체적이다. 스스로도 명확히 규정할 수 없는 그 변화의 정체를 찾아나가는 탐색담인 그의 서사는 한편으로는 '지니'의 아름다움과 일정한 거리를 유지하면서 다른 한편으로는 구체적 삶의 매개를 통해 '지니'의 이미지에 진입한다. 경련적인 혼돈을 일으키는 황홀의 느낌 앞에서, 그것을 표현하고 싶은 욕망과 표현할 수 없는 막막함 사이에서 곤혹스러움을 느끼는 '쏠배감펭'의 딜레마는 '지니'의 이미지에 대한 아득한 거리와 주관적 몰입의 긴장에서 발원한다.

> 바로 그 순간 바닷속에서 내가 만난 어린 여신의 모습이 뇌리에 뚜렷하게 떠올라오면서 그것이 춤추는 여자의 모습 위에서 잠시 흔들리다가는 마침내 두 영상이 완전히 하나로 겹쳐졌다. 나는 더 이상 독가시를 열세 개나 품은 쏠배감펭이 아니었다. 나는 다른 사람이 되어 있었다.
>
> ―『마네킹』, p.253

그녀를 다시 만나는 순간, 그는 "가슴이 부풀어 그 자리에서 터져버릴 듯한 고통"을 느낀다. 그러나 고통은 "지난 시간 그녀를 기다리며 감내한 모든 어려움이 응축된 환각적 표현일 뿐 그것은 단숨에 희열의 통증으로" 변한다. 이 '희열의 통증'은 어린 여신의 영상과 춤추는 여자의 모습, 즉 초월과 현실의 이미지가 겹쳐지는 경험에서 발원한다. '쏠배감펭'은 초월적 이미지를 현실 속으로 끌어내림으로써 별명에서 벗어나 스스로의 정체성을 찾는다. 그가 '지니'를 통해 거듭남을 경험하는 과정은 '여신'의 이미지를 되새기며 이를 서사화(의미화)하려는 노력과 동일한 궤적을 그리고 있다.

'지니'의 육체에 기생한 '상어'와 '불가사리'의 삶 또한 구체적이고 생동감 넘치는 서사로 전개되며, '지니'의 이미지를 효과적으로 부각시킨다. 대조적인 삶을 살아가는 모습을 통해 제시되는 '지니'의 모습은 보다 선명하고 생생한 이미지로 표출되고 있다.

말 한마디 하지 않으면서 당신의 내면을 들여다보듯 무표정한 시선을 거두지 않는 지니 앞에 당신이 서 있다고 상상해봐. 그애의 눈길이 당신의 저 깊숙한 곳에서 생생하게 살아 있는, 알 수 없는 수치심, 무언가 잘못된 일을 저질렀을 때의 불편함을 불러내는 것을 경험하게 될 거야. 아, 물론 그애의 눈길 앞에서 우리는 마치 핀에 고정된 나비나 딱정벌레가 된 것 같은 느낌을 받지. 그애의 시선은 그렇게 사람을 마비시키는 데가 있어. 당신, 잊는 일의 달콤함을 알고 있지. 때로 생존을 위해 잊어야 한다는 것도.

— 『마네킹』, pp.102~103.

'지니'의 육체를 소비하며 살아가는 '불가사리'는 광고 모델로서의 이미지를 뚫고 뿜어지는 '지니'의 진실을 감지한다. 그녀는 이러한 '지니'의 모습을 애써 외면한다. "오랫동안 악취에 절어 있다 보면 맑은 공기가 머리를 아프게 하는 수가 있"기 때문이다. 이는 "진실을 마주보고 싶은 사람이 없다는 것 정도는 나도 알고 있지. 그건 아주 거추장스럽고 품이 들어가는, 그렇다고 별다른 대가도 돌아오지 않는 그런 귀찮은 일이라는 걸 내 짧은 인생 경험이 가르쳐줬거든"이라는 대사에 잘 드러난다. 이렇듯, '불가사리'는 '지니'를 매개로 자신의 정체를 드러낸다.

'상어'의 삶 또한 '불가사리'와 유사하다. "영혼이 있는 것은 모두 혼탁하다"고 단언하는 '상어'는 "남은 인류가 기대할 수 있는 것은 이 뒷걸음치는 시간 속에서 덜 파멸하는 것일 뿐"이라고 생각한다.

내가 좋아하는 것은 단순한 것들이다. 나는 확장되는 모든 감각을 좋아한다. 나는 만져서 확인할 수 없는 것은 믿지 않으며 그것이 즐거움을 주지 않으면 존재로 치지 않는다. 나는 즉물주의자다. 그것만이 내 인생의 나침반이다. 내가 좋아하는 것은 이런 것들이지만 시간만 좀더 있다면 이 목록은 무한대로 늘어갈 것이다. 나는 내 자신이 한 덩어리의 감각의 살로 요약되는 순간, 감각이 확장되면서 정신을 제거하는 모든 순간을 좋아한다. 그런 순간에 나는 영원을 느낀다. 별로 마음에 드는 문장은 아니지만 그게 사실이니 이렇게 말하는 거다. 뭐랄까, 내 자신이 추방된, 비어 있는 영원.

―『마네킹』, p.50.

'상어'는 타고난 기질을 거부함으로써 존재 부정의 의식을 행한다. 그는 신경과 근육, 심지어 성질과 체질까지를 개조한다. 그는 "육체는 나의 종교다"라고까지 선언하는 "즉물주의자다". 이러한 냉소주의자인 '상어' 또한 '지니'의 모습에서 "내면 깊은 오지에서, 사장되기 직전의 진실"을 발견한다.

최소한 지니가 있다는 것, 내가 인정한, 나를 설득한 단 한 명의 인류가 있다는 것은 내 인생의 마지막까지 내게 작은 위안이 될 것이다. 그러나 정말 그럴까. 그 반대일지도 모른다. 위안받는 순간 나라는 존재는 부정된다. 인류에게는 늘 두 가지의 상반된 욕구가 존재해왔다. 위로를 받고 싶은 욕구와, 단지 위로받았다는 이유로 위로를 준 존재를 배반하고 파괴하고 싶은 욕구. 이 두 가지는 결국 동전의 양면처럼 닮지 않았던가.

―『마네킹』, p.134.

'상어'에게 '지니'는 위안받고 싶은 동시에 배반·파괴하고 싶은 욕구를 불러일으키는 양면적 존재이다. 위안받는 순간 스스로의 존재가 부정되는 위험한 존재. '상어'는 자신의 존재를 긍정하기 위해 '지니'를 배반·파괴하려고 시도하기도 했다. 이 시도의 좌절 이후 그는 '지니'의 존재를 애써 외면하며 살아왔다. 이러한 '상어'에게 '지니'의 실종에 따른 사망신고는, 그가 인정한, 그를 설득한 단 한 명의 인류가 사라졌다는 사실을 확인하는 일이며, "지상에 와서 할 일을 다 마쳤다"는 인식에 이르게 한다. 그가 잉여의 생을 무인도에서 마무리하고자 하는 이유도 여기에 있다.

디테일한 내면 묘사, 세태 풍자와 냉소 그리고 단호하고 직설적인 진술로 일관하는 '불가사리'와 '상어'의 서사는 메마른 현대 사회의 모습을 반성적으로 성찰하는 계기를 마련한다. 이들의 서사는 '지니'와 대조되는 그들의 단호한 삶의 태도로 인해 작가의 시선보다 선명하게 '지니'의 아름다움을 포착하고 있다.

결국, 『마네킹』은 작가의 과도한 개입이 서사의 균형을 깨는, 중심 서사('지니'의 탐색담)보다는 주변 인물들의 서사가 오히려 '지니'의 이미지를 성공적으로 형상화한, 그래서 작가가 짝사랑한 이미지가 작가의 의도를 벗어난 곳에서 개화한 작품이 되고 말았다.

3.

『사랑이라니, 선영아』 또한 여러 겹의 서사가 상호 교차되며 전개된다. '선영'을 매개로 한 '광수'의 낭만적 사랑과 '진우'의 현실적(냉소적) 사랑 이야기가 작가의 개입에 의해 넘나들면서 사랑의 이미지가 조각된다.

이 작품도 '순간'의 이미지에 대한 풍경으로 시작된다. '광수'와 '선영'의 결혼식 날, '광수'는 신부의 부케 오른쪽 윗 부분이 꺾여 있는 것을 발견하고, 자신의 결혼식에 지극히 사소한 문제가 하나 있다는 사실을 순간적으로 감지한다. 그러나 '광수'는 "그 감정체계의 긴가민가한 움직임을 언어로 변환시켜줄" 그 무엇이 없다는 아포리아에 직면한다. 이러한 순간의 이미지를 작가는 "인간이 얼마나 쫀쫀해질 수 있는

가를 보여"주는 디테일한 묘사와 비유의 참신함을 통해 포착하고 있다.

소설은 통속적인 삼각 관계에서 출발한다. 증권회사 직원인 '광수'는 낭만적 사랑을 믿는 인물이다. 대학 입학 후 13년간 '선영'만을 사랑해 온 그는 '사랑해 선영아'라는 카피 문구에 어울릴 법한 인물이다. 이에 비해 '진우'는 탈낭만화된 사랑을 믿는 현대인의 한 축을 반영한다. 작가의 목소리를 빌린 '진우'에 의해 '광수'의 낭만적 사랑은, 자본가의 착취 수단으로, 결혼은 그 낭만적 사랑의 완성품으로 매도되기도 한다. 그렇다고 작가의 목소리가 '진우' 쪽으로 향하기만 하는 것도 아니다. '진우'의 논리가 '선영'과의 관계를 통해 폭로되기도 하기 때문이다. 이에 '선영'은 낭만적 사랑(광수)과 탈낭만적 사랑(진우) 사이를 진자운동하는, 사랑이란 대상 그 자체의 소설적 은유라 할 수 있다.

또한 '광수'와 '진우'가 자리바꿈하기도 한다는 점에서 작가의 사랑에 대한 관점이 유동적임을 알 수 있다. '선영'의 사랑한다는 고백에 '광수'는 "사랑이라니, 선영아. 무슨 소리야? 오래전부터 나를 사랑해 왔다니, 그게 무슨 소리야?"라고 반문한다. 그리고 '선영'을 자신의 방으로 유혹하여 성관계를 맺으려는 '진우'는 이를 거부하는 '선영'을 달래면서 "어떻게…… 사랑이 변하니?"라고 말한다. 이러한 '광수'와 '진우'의 자리바꿈은 낭만적 사랑과 탈낭만적 사랑의 경계를 넘나드는 현대인의 사랑 지형도를 보여준다.

사랑은 '나'를 무한히 확장시킨다. 사랑에 빠졌을 때, '나'는 질투로 몸이 달아 자살을 떠올리는 심약한 청년이 되기도 하고 어떤 투정이라도 받아들일 수 있을 만큼 너그러운 성자가 되기도 하고 청소차가 지나가는 새벽 거리를 비스듬히 누워서 바라보는 폐인이 되기도 한다.[…중략…]

하지만 사랑이 끝나면 이 모든 가능성이 사라진다. 사랑의 종말이 죽음으로 비유되는 까닭은 그 때문이다. 사랑이 끝나고 나면 우리는 원래의 자신으로 되돌아가는데, 그러면서 무한히 확장됐던 '나'는 죽어버린다. 진우의 말처럼 한 번 끝이 난 사랑을 다시 되돌릴 수 없는 이유도 그 때문이다. 죽음은 비가역적인 과정이다. 사랑의 종말도 그와 마찬가지이다. 확장이 끝난 뒤에는 수축이 이어지게 된다. 사랑이 끝나게 되면 우주 전체를 품을 수 있을 만큼 확장됐던 '나'는 원래의 협소한 '나'로 수축하게 된다. 실연이란 그 크나큰 '나'를 잃어버린 상실감이기도 하다. 〔…중략…〕 처음에는 두 사람이 함께 빠져들었지만, 모든 게 끝나고 나면 각자 혼자 힘으로 빠져나와야 하는 것. 그 구지레한 과정을 통해 자신이 어떤 종류의 인간인지 뼛속 깊이 알게 되는 것. 그게 바로 사랑이다.

—『사랑이라니, 선영아』, pp.56~57.

위의 인용문에서 보듯, 사랑은 존재를 무한히 확장시키는 과정이다. 그러나 사랑이 끝나면 모든 가능성은 사라진다. 확장이 끝난 뒤의 수축 과정을 거쳐 원래의 협소한 자아로 되돌아와야 한다. 이러한 구지레한 과정을 통해 낭만적 사랑은 자아의 정체성을 심문하는 탈낭만적 사랑으로 전이된다.

김연수가 스케치하는 사랑의 초상은 89학번의 세대적 감수성과 조우하며 구체성을 획득한다. 작가의 사랑 이야기는 세대를 초월한 보편적 사랑의 외피를 두르고 있는 듯하지만, 실제로는 89학번 세대들의 사랑을 표출하고 있다. '광수'와 '진우' 그리고 '선영' 세대는 1989년의 키워드였던 '애국'이란 단어를 통해 사랑을 배웠다. 그런데 '애국'과 매개된 사랑은 동구 사회주의권의 붕괴와 맞물려 오래 지속되지 못한다. 타자에 대한 자기 희생이나 배려가 미처 체화되기도 전에 자기 자신에 대한 사랑으로 전이된 것이다. 김연수 세대의 80년대에 대한 인식을 엿볼 수 있는 대목이다. 기존 세대에 대한 부채의식과 거부의 양가적 감정을 표출하는, 80년대와 90년대의 경계에 존재하는 김연수 세대의 사랑론은 여기에서 기원한다. 그들은 지난 세대가 물려준 기억을 그들만의 언어를 통해 재구성한다. 그들의 소설에서 역사적 현실의 중압감이 대중문화의 스펙트럼이나 개인주의적 감성의 형태로 변형되어 표출되는 이유도 여기에 있다.

80년대의 기억에 냉소적인 태도를 보이던 '진우'가 정작 자신에게 사랑했었다고 말할 수 있는 기억의 영수증이 남아 있지 않다는 사실에 당황하는 모습은 이들 세대의 뿌리 없는 정체성을 역설적으로 보여주는 예이다. 이들은 현대적인 사랑 방식이란 자신의 정체성을 발견하는 것 이상이 되어서는 안 된다고 말하면서도, 스스로가 어떤 사람이었는지에 대해선 알지 못하는 이율배반에 빠지게 된다. '선영'의 집 앞에서 고래고래 부르던 '얄미운 사람'이 사실은 '선영'을 향한 것이 아니라 선배를 향한 연모 때문이었다는 것을 망각하는 '진우'의 모습에서 우리는 89학번 세대의 정체성을 엿볼 수 있다.

이 작품에서 김연수의 사랑론은 낭만적 사랑과 탈낭만적 사랑의 점이지대에 보금자리를 튼다. 이 보금자리는 "사랑이라니, 선영아"라는 명제에 함축되어 있다. 이 명제는 '사랑해 선영아'라는 낭만적 사랑의 신화를 비틀면서도, 바로 그 신화에 의존하고 있는 사랑의 아포리아를 반영한다.

> 사랑이 입을 열면, 그 안에서 우리는 자신의 정체성을 발견한다. 그게 우리가 할 수 있는 최선의 사랑이다. 사랑을 통해 자신이 누구인지 알게 됐다면 거기서 멈춰야만 한다. 너무 사랑하지 말아야 한다. 즉 너무 알려고 하지 말아야만 한다. 너무 사랑한다는 말은 상대방의 정체성마저 요구하는 일이다. 그건 무방비 도시의 어둠 속을 살아가는 현대인에게는 너무 무리한 요구다. 현대적인 사랑의 방식이란 우리가 절대로 알지 못하는 게 있다는 걸

받아들이는 일이다. '아마도' 혹은 '어쩌면'으로 시작되는 문장의 본뜻이 'You never know'를 의미한다는 사실을 이해하는 일이다. 누구도 다른 사람이 될 수는 없다. 그걸 모르면 누구도 진정으로 사랑할 수 없다. 누구도 다른 사람이 될 수는 없다. 누구도 다른 사람의 삶을 대신 살아갈 수는 없다.

—『사랑이라니, 선영아』, pp.107~108.

작가는 사랑을 통해 정체성을 발견했다면, 거기에서 멈추는 것이 최선의 사랑이라 말한다. 상대방의 정체성까지 요구했을 때, 사랑은 소화불량에 시달리기 시작한다. 이는 80년대와 90년대의 경계를 살았던 89학번의 삶의 방식이며, 낭만적 사랑과 탈낭만적 사랑이 혼종된 사랑론이기도 하다. '구속이자 안식처'인 사랑의 양면성. 전면적으로 거부하지도 그렇다고 인정하지도 못하는 이 아포리아를 정직하게 수용하며 그것의 울타리와 그 바깥의 경계를 응시하는 자세가 필요하다는 것. 이것이야말로 갈기갈기 찢어진 사랑의 이미지를 '얼멍얼멍한' 서사의 그물망으로 길어 올리는 『사랑이라니, 선영아』의 정수이다.

마지막으로 이 작품을 읽으면서 얻은 보너스 둘. 첫째, 우리말 어휘를 발굴해서 적재적소에 배치하는 작가의 재치. 이는 고유어와 현대어를 맛나게 버무리는 능력에서 기원한다. 둘째, 작가의 감칠맛 나는 비유. 대중매체의 코드를 유영하듯 타고 넘나드는 재치와 풍자는 이미지와 서사를 왕래하는 작가적 감수성의 바로미터이다.

4.

우리는 왜 이미지에 매혹되는가?『마네킹』과『사랑이라니, 선영아』

를 이 화두에 대한 서사적 응답의 일환으로 볼 수는 없을까. 최윤이 현실을 벗어난 초월적 아름다움에 중독된 인물들을 통해 이미지의 매혹에 빠져들고 있다면, 김연수는 현실 속에서 '사랑'이라는 괴물과 이전투구하면서 이미지의 유혹을 떨쳐 버리려 노력하고 있다. 전자가 연역적이라면 그래서 다소 추상적이고 관념적이라면, 후자는 '구지레한' 일상을 통해 사랑의 본질을 귀납적으로 드러내려고 한다.

　최윤의 『마네킹』은 이미지가 서사를 보다 선명하게 보여주는 단계를 지나, 스스로 텍스트의 구조를 확장하기에 이르렀음을 환기하고 있다. 아름다움의 이미지 그 자체에 대한 갈망이 서사적 얼개를 위협하는 상황이 초래된 것이다. 서사의 플롯은 헐거워지고, 그 사이로 이미지는 모래알처럼 흩어진다. 이미지는 더욱 자기 증식에 골몰하고, 그 극에서 서사는 찢겨나간다. 이미지는 서사의 플롯을 와해함으로써 현실과 초월 사이의 경계를 지우려는 방향으로 질주한다.

　김연수의 『사랑이라니, 선영아』는 이미지와 서사의 아슬아슬한 긴장을 보여준다. 이 작품은 파편적이고 단편적인 이미지나 에피소드를 디테일한 묘사나 감각적 비유를 통해 적절하게 모자이크함으로써 이미지 자체의 한계를 넘어서고 있다. 이를 통해 작가는 화려한 낭만적 사랑의 이미지 뒤에 은폐된 자본의 논리를 포획하고 있다. 특히, 섬세하면서도 속도감 넘치는 문체는 상업성과 순수성 사이의 결절점에 사랑의 풍속도를 경쾌하게 음각하는 데 기여하고 있다.

겹의 일상, 겹의 서사
—정미경의 『장밋빛 인생』

1. 축제와 광고

2002년 6월 한 달은 월드컵 축제의 열기로 뜨거웠다. 현란한 이미지로 소비 제국을 시뮬라크르하던 광고의 메카, 시청 앞 대형 멀티비전은 축구를 매개로 시민들을 직접 대면했다. 도심의 붉은 물결은 시뮬라크르를 전복시키는 듯했다. 거리 응원전에 모인 사람들은 한 목소리로 '대~한민국', '오 필승 코리아'를 목청껏 외쳤다. 많은 사람들, 특히 외신 기자들은 이 엄청난, 아니 예기치 못한 응원 열기에 놀라움을 감추지 못하였다. 그들은 한국민의 에너지와 열정에 찬사를 연발했다.

이제 그 열기를 곰곰이 되씹어볼 때이다. 첨단 테크놀러지가 생산하는 이미지의 속도는 현대인의 삶을 저당잡는다. 이미지의 속도에 매혹되는 사이 정체성은 연기처럼 증발된다. 인터넷이 대중화되면서 '아이 러브 스쿨'이라는 사이트가 폭발적인 호응을 일으킨 바 있다. 이미지의 속도에 차압당한 정체성을 지난 시절에 대한 추억의 편린으로 조합하려는 욕망의 발현이다. 여기에서 '우리'라는 공동체 의식은 많은 위안을 준다. 이 소비의 시대, 지난 시절에 대한 향수는 마약과 같은 중독성으로 고독한 개인의 상처를 봉합한다. 이러한 공동체 의식은 존재의 심연을 응시하는 내면적 고독으로부터 자아를 해방시켜 주기도 한다. 현실과 대면하는 고통을 망각하기 위한 포장된 이미지가 '우리', '대한민국', '애국심'으로 변주된 것이라면······.

정미경의 『장밋빛 인생』을 읽으면서 지난 한 달간의 월드컵 축제를 떠올린 것은 '카니발의 열광 뒤에 얼핏 스치는 고독한 자아의 실루엣' 때문이다. 이 실루엣에 대한 응시를 소홀히 하는 한 국민적 축제는 은폐된 자본의 논리에 투항하는, 아니 스스로의 삶에 대한 도피라는 혐의에서 자유로울 수 없다. '축제 없는 노동이 무의미한 것처럼 노동 없는 축제도 공허하다'. 『장밋빛 인생』은 일상적 삶을 송두리째 축제의 공간으로 몰아넣는 화려한 광고의 세계와 그 이면의 환멸을 감각적 문체로 포착함으로써 '노동 없는 축제'의 허상을 해부한다.

2. 겹의 서사

『장밋빛 인생』은 두 겹의 서사가 스미고 짜이면서 전개된다. 속도의 시대를 대변하는 '광고쟁이들'의 삶에 대한 이야기가 화자의 현재의 삶을 스케치하듯 담아낸다. 그리고 연인과의 아름다웠던 추억을 되새김질하는 과거로 향한 서사가 여기에 종과 횡으로 교차한다. 전자는 박진감 넘치고 생기발랄한 광고의 이미지를 연상시키는 문체로 진행되고 있으며, 후자는 섬세한 내면 성찰의 문채(文彩)로 낭만적이고 로맨틱한 분위기를 조각한다. 과거의 기억은 '지금 여기'의 삶을 끌어당기며 현재에 부착됨으로써 서사의 전개를 지연시키며 동시에 이미지의 가공할 속도에 제동을 건다. 이러한 현재와 과거의 교직 구조는 성공한 광고 제작자인 주인공 '영주'의 정체성을 심문하는 데 효과적으로 기능한다.

두 겹의 서사는 이미지와 서사의 아슬아슬한 긴장을 보여준다. 이 줄타기의 긴장에서 『장밋빛 인생』의 묘한 매력이 발산된다. 이미지만으로는 서사를 구축할 수 없다. 이미지나 에피소드를 의미론적으로 매개하는 서사적 장치가 필요하다. 꼬리에 꼬리를 무는 연쇄와 연상 기법은 찢어진 이미지를 아슬아슬하게 깁는다. 이러한 자유 연상 기법은 현재의 삶에 과거의 그것을 덧붙임으로써 일상적 삶의 겹을 포착하는 데 효과적인 기능을 발휘한다. 이는 전통적인 이야기 기법을 떠올리게 한다. 이 작품은 구술적 전통에 바탕한 이야기체의 중요한 서사 구현 원리인 연쇄와 연상 기법을 차용함으로써 형식적 안정감을 유지하고 있다. 이미지와 서사, 어느 한쪽도 포기하지 않으려는 작가의 자의식은 극단으로의 질주를 경계한다. 이 작품은 외형적으로 이미지 중심 서사의 형태를 띠고 있지만 각각의 파편적이고 단편적인 이미지나 에피소드를 적절하게 모자이크하는 구성을 통해 영상 이미지 자체의 한계를 넘어서고 있다. 이러한 구성상의 특징은 '15초, 30초 짜리 인생'이라 불리는 광고 제작자들의 삶을 효과적으로 응시하게 함으로써 화려한 광고 뒤에 은폐된 자본의 논리를 포획한다. '민'과의 추억으로 향해 있는 오솔길을 되새김질하는 성찰의 서사는 이미지의 질주를 적절하게 통제하고 있으며, 광고 제작자들의 박진감 넘치고 디테일한 삶을 날카롭게 포착하는 서사는 '민'과의 사랑을 진부한 불륜 행각의 나락으로부터 구출한다. 이에 뒷받침되는 섬세하면서도 속도감 넘치는 문체는 조작된 환상을 유포하는 광고의 세계에 독자를 흠뻑 젖어들게 하면서도, '인생은 30초를 지나서도 꿈틀거리고 소금 냄새를 풍기며 자꾸만 감겨 오는 지독한 것'이라는 사실을 고통스럽게 환기하며, 가상과 현실의 경계를 아슬아슬하게 넘나든다. '쓸쓸하고도 상투적인 관용구의 적확함'으로 명명할 수 있는 이 작가의 감각적 문체는 상업성과 예술성의 점이지대에 둥지를 틀고 있다. 긴장과 이완의 강약 조절이 분명한 문장, 묘사와 대화의 적절한 조화, 그리고 비종결형의 단문이 촉발하는 이미지와 섬세한 디테일의 긴장 등은 낭만적 분위기를 조성하면서도 삶의 이면을 포착하는 날카로움을 유지하고 있다.

3. 광고와 일상

주인공 '영주'를 중심으로 전개되는 서사는 그와 관계를 맺는 인물들을 통해 광고 뒤에 은폐된 일상적 삶의 고독을 섬세하게 포착한다. 푸드 스타일리스트인 아내, 재즈 스쿨 강사 그리고 광고회사 후배 강호 등을 통해 사막과도 같은 도시의 쓸쓸한 삶이 우울하게 음각된다. 이들의 삶의 이면을 엿보면서 화자는 소비시대의 삶이 가진 허위성을 파헤치는 것이다.

'영주'는 경계선에 선 자의 시각을 보여준다. 그는 진실과 허위, 발효와 부패, 일상과 광고의 틈새에서 '모래 위에 버려진 물고기'처럼 '습기'를 그리워한다. 그는 한 편의 광고를 만들 때마다 '자신의 영혼을 5센티미터씩 잘라서 넣는 것' 같은 생활에서 잠적하고 싶어한다. '열정과 에너지를 조금씩 잘라서 가져가' 버린 광고 작업에 대한 '조용한 환멸의 시간'이 찾아온 것이다. 이러한 환멸은 일상을 되돌아보는 성찰의 시간을 요구한다. 영주의 삶에 '11월'이 찾아온 것이다. 아라파호족 인디언은 11월을 '모든 것이 끝난 것은 아닌 달'이라고 한다. 완벽하게 비워지기 전의 긴장으로 팽팽한 삶. 현재의 삶과 과거의 그것이 겹쳐짐으로써 서로를 지우는 슬픈 풍경. 이러한 11월의 필터를 통해 영주는 건조한 광고의 사막을 조감한다. '조금만 참고 뛰면, 언젠가는 나도 저렇게 될 수 있'다는 조작된 환상을 심어 주기 위해 제자들 몰래 헬스 센터에서 운동하는 '움직이는 광고판', 재즈 스쿨 강사. 그녀는 클라이 맥스로만 이루어진 광고를 사랑하고 자신의 몸매에 카리스마가 깃들 기를 원한다.

화자의 아내인 정애 또한 재즈 스쿨 강사와 유사한 삶을 살아간다. 정애는 푸드 스타일리스트이다. '미각의 아이쇼핑'으로 요약되는 그의 직업은 요리에 대한 환상을 통해 시청자들에게 즐거움을 준다. '사랑 이 꽃피는 요리', '사랑의 마법', '사랑의 불꽃'이라는 말이 시사하듯 음식을 매혹적인 이미지로 시뮬라크르하는 것이다.

이러한 포장된 이미지가 전복되는 순간 그들의 소외된 일상적 삶이 모습을 드러낸다. 화려한 겉모습의 이면에 웅크린 고독한 자아의 내면 이 영주의 시선으로 무덤덤하게 서술된다.

재즈 스쿨 강사의 '저스트 두 잇'의 뒤편 그녀의 가슴속에서 꿈꾸는 진정한 소통'에의 열망이나 '푸른 드레스와 분장과 화려한 테이블 세 팅' 뒤편에서 '빛나는 어떤 타인'을 바라보는 정애의 고독. 그러나 영 주는 이들의 몸짓을 독해하지 못하는 '정서적인 금치산자'에 머물고 있다. 인간의 내면이란 수없이 많은 겹으로 이루어져 있고 그 겹겹의 얼굴은 타인만이 아니라 자기 자신조차 도무지 파악할 수 없기 때문이 다. 이들의 삶과 소통하기 위해서는 더 고통스럽고 긴 우회로를 필요 로 한다. '강호'와 '민'의 짧고도 강렬했던 삶과의 대면이 그것이다.

4. 광고와 사랑

'민'의 죽음으로 시작된 이 소설은 '강호'의 죽음으로 끝을 맺는다.

이에 '강호'와 '민'은 화자의 정체성을 심문하는 두 축이라 할 수 있다. 강호는 광고로 대변되는 일상적 삶을 되짚어보게 하는 인물이며, 민은 광고 너머의 삶을 응시하는 계기를 마련해 준 화자의 또 다른 자화상이다.

이강호는 광고에 처음으로 눈을 맞추고, 광고를 보며 옹알이를 배우고, 동요보다 시엠을 먼저 외운 '광고 세례를 받고 자라난 세대'에 속한다. 그에게 지난 광고는 묵은 일기장이고, 새로운 광고들은 일상의 이정표가 된다. 이러한 강호를 보면서 화자는 '도플갱어', 즉 십여 년의 시간을 거슬러 올라가 그때의 자신을 보는 것 같은 착각을 일으킨다. 이강호는 화자에게 서로의 내면의 진정성을 천칭처럼 정확히 잴 수 있을 정도로 친숙하게 다가온다.

이강호는 일에 대한 열정과 능력을 두루 갖춘 인물이지만 몸에 결함이 있다. 심장이 약해서 수술을 받아야 할 형편이다. 동맥의 괴사가 심해서 어느 순간에 쓰러져 심장이 멈추어 버릴지 모르는 처지인 것이다. 도시의 정글에서는 몸이 아프다는 건 열등한 종이라는 것을 스스로 자인하는 일이 된다. 그래서 그는 사랑도 기피한다. 사랑은 상대방의 '전 존재'를 요구하기 때문이다. 중간에 망가져서 상대에게 반칙을 하고 싶지는 않다. 하지만 그가 몰두하는 일은 몸과 정신으로 만들어 낼 수 있는 '최선의 것'을 요구한다. 사랑은 '최선의 것'을 만드는 타협이 아니다. 이러한 이강호의 모습은 언발란스한 현대 젊은이들의 삶을 상징한다. '완강한 턱선 아래, 탄탄한 근육 아래 겨우 존재하는 심장'은 정신과 몸, 이성과 감성, 의식과 무의식의 단절과 균열을 보여주기 때문이다. 결국 그는 비극적 죽음을 맞이한다. 꿈을 미처 펼쳐 보기도 전에 그가 그토록 열망했던 광고 제작 현장에서 교통사고로 죽는다. 이러한 이강호의 죽음은 영주의 과거와 현재를 순식간에 삼켜 버린다. 이는 영주가 가졌던 젊은 시절 열정의 스러짐이며, 현재의 삶이 시뮬라크르에 불과하다는 사실을 고통스럽게 각인시킨다.

성공을 위해 앞만 보고 달려온 화자 앞에 민이란 인물이 나타난다. 민은 메이크업 아티스트다. 그녀는 모델들을 포장하는 일을 한다. 그러나 자기 얼굴에는 전혀 화장을 하지 않는다. 그녀는 모델들과는 달리 '지우개로 슬쩍 문지른 그림'으로 다가온다. '선명하면서도 아득하고 다만 완전한 집중을 요구하는 오만함으로' 다가온 민은 '언어로 설명할 수 없는' 매혹으로 영주를 빨아들인다. 이러한 영주의 모습은 다음과 같은 이미지와 겹쳐진다.

> 푸른 바다와 검은 잠수복 차림의 인간의 얼굴, 그리고 천진난만하게 펼쳐든 아기 고래의 암회색 꼬리가 어우러진 장면이 주는 놀랍고도 평화로운 느낌은, 그야말로 지독하게 낯설었다.
>
> ― 『장밋빛 인생』, p.16.

이 사진은 영주에게서 김민희, 그리고 강호에게로 전달된다. 김민희는 영주에게서 거의 반강제적으로 빼앗아가고, 강호는 김민희 몰래 훔친다. 이들 광고 제작자들은 이 사진이 주는 '놀랍고도 평화로운 느낌'에서 전쟁터 같은 '지금 이곳'의 삶으로부터 잠시나마 벗어날 수 있을 것 같은 희망을 본다. '아득히 먼 곳으로 이끌어갔다가 문득 내가 딛고 선 이곳을 보여주기', 사진의 풍경과 현실의 '콘트라스트(contrast)'야말로 광고 제작자들의 꿈이다.

영주는 '민'의 모습에서 저 사진의 풍경을 본 것은 아닐까. 그녀를 통해 영주는 현실과 현실 너머의 세계를 '콘트라스트'한다. 현실 속에서 현실 너머를 꿈꾸는 광고의 역설. 이러한 광고의 운명은 '하나가 될 수 없다는 사실을 알면서도 하나가 되려고' 열망하는, '소통의 불가능함을 알면서도 그것을' 갈망하는 사랑의 운명과 동궤에 놓인다. 『장밋빛 인생』에서 사랑은 광고와 동일한 기표이다. 이러한 모순적 운명을 온전하게 짊어지는 방법은 죽음밖에 더 있겠는가? 자살로써 사랑의 운명을 증명한 '민'의 죽음은 이렇게 시뮬라크르를 벗어날 수 없는 광고의 운명을 보여준 '강호'의 죽음과 연결된다. 이러한 비극적 현실 앞에서 우리는 무엇을 할 수 있겠는가? 공허한 메아리로 돌아온다는 사실을 감수하고라도 작가와 함께 다음과 같이 외쳐볼 일이다.

제발 부탁이야. 누군가 날 좀 꺼내줘. 이토록 현란한 동영상 속에서 날 꺼내줘. 오프 버튼을 눌러달라구. 이 어지러운 세상 속에서 이제 그만 나가고 싶어.
그러고 싶어
불을 켜줘.

— 『장밋빛 인생』, p.224.

세 여자 이야기
— 전혜성의 『트루스의 젖가슴』

『트루스의 젖가슴』은 구술 자서전인 『소저너 트루스의 이야기』를 모노드라마로 각색한 가상 희곡 『소저너 트루스』를 연극 무대에 올리려는 세 여인의 삶을 그리고 있다. 세 여인은 『소저너 트루스』를 각자의 눈으로 재해석하여 '트루스'를 자기 안에서 새롭게 탄생시키고자 하는 의지를 보여준다. 이 세 여인의 삶은 예술의 운명을 향해 울려 퍼지는 '무섭고도 끔찍한 희망'에 대한 비가(悲歌)를 연주한다. 이러한 예술에 바치는 진혼곡(鎭魂曲)은 속도의 무한 질주에 나포된 현대인의 공허한 삶을 반성적으로 성찰하는 계기를 마련해 준다는 점에서 소중한 의미를 지닌다. 이들이 연주하는 독주와 이 독주가 빚어내는 협주에 가만히 귀를 기울여 보자.

먼저, '순수성과 열정의 에너지'로 가득 찬 서른넷의 젊은 연출가 이실. 그녀는 대학시절 운동성과 연극성 사이에서, 연극을 하려다 보면 운동성이 사라지고 운동을 하려다 보면 연극성이 사라지는 모순의 악순환을 겪는다. 그러던 중 우연히 극단 '만선'의 '워크숍 단원 모집' 공고를 보고, 연극에 대한 잠재된 욕망이 소환한 거절할 수 없는 유혹에 이끌려 연극판에 뛰어든다. 이후, 온몸을 바쳐 '미련한 직실함'으로 이끌어 온 극단 '고도'가 해체되고, 남자 친구인 '휘규'와의 사이도 서먹서먹해지는 상황에 처한 그녀는 지금까지 살아온 삶에 대한 회의를 느끼고 연극을 그만두기로 결심한다. 이때 예국희의 전화를 받는다.『트루스의 젖가슴』연출을 맡아 달라는 것이다. '연극과 고집'이라는 무기 외엔, 빈털터리나 다름없던 이실은, 이 작품과의 만남을 통해 참된 예술에 다가가고자 하는 예술적 열정을 다시 싹틔운다. 그녀에게『트루스의 젖가슴』은 연극에 대한 열정을 되살리는 계기로 기능하며 운동성과 연극성을 포괄하면서 이를 넘어서는 원동력이 된다.

다음으로, 쉰둘의 베테랑 배우 오데레사. 그녀는 사회적 '율법'에 의해 모성성을 박탈당한 인물이다. 그녀는 남편의 유아적 태도, 의처증, 알코올 중독과 외도 등에 의해 결혼에 실패하고 뒤이어 딸마저 남편에게 빼앗긴다. 주위에선 남편의 외도에 대한 책임까지도 싸잡아서, 모든 게 안사람의 단정치 못한 행실 탓이라는 오명을 그녀에게 뒤집어씌운다.

스스로를 모성에 가두려는 배역들을 기피해 왔던 그녀는『소저너 트루스』와의 만남을 통해 변화를 겪게 된다. 특히,『트루스의 젖가슴』5장에서 이사벨라가 아들 피터를 되찾는 장면은, 딸을 잃게 된 자신의 처지와 오버랩되면서 그녀를 빨아들인다. 데레사와 이사벨라, 그리고 소저너 트루스의 혼과 숨결이 섞이는 과정에서 저절로 '자연의 무늬'가 직조된 것이다. 그녀의 '직감의 바늘'은 '이사벨라의 모성을 향해 젖 냄새를 맡은 굶주린 아기'처럼 격렬하게 버둥거린다. 그러나 이 작품의 클라이맥스인 8장에서 트루스가 젖가슴을 풀어헤치는 장면을 그녀는 연기할 수 없다. 암수술로 가슴을 도려낸 그녀에겐 '트루스의 젖가슴'이 없기 때문이다. 딸에게 엄마란 어떤 존재인가를 보여주고 싶은, 이사벨라의 검은 피부를 덮어쓰고 스스로의 육성을 전하고 싶은, 그녀가 지필 수 있는 생의 마지막 미학일 수 있는 이 작품에서 그녀는 '진짜 자신의 것이 아닌 오기와 권위'를 연기하며 8장을 도려내야만 하는 절박한 상황에 처한다. 이혼과 암수술로 인해 모성성을 박탈당한 데레사의 모성성에 대한 애착과 갈망, 이를 예술에 대한 추구로 성취하려는 열정이 이 작품의 주제의식의 한 축을 형성한다.

이러한 데레사와 이실 사이의 갈등과 화해는 작가가 죽음에 비유(작가는 이들의 갈등과 화해를 〈죽느냐, 사느냐〉, 〈아무도 죽을 수 없는 이유〉라는 표제를 통해 암시하고 있다)할 정도로 치열하고 감동적이다. 자신이 살아온 삶의 전부인 목숨과도 같은 끈질긴 예술혼을 건 한치도 물러날 수 없는 도박이기 때문이다.

마지막으로 『트루스의 젖가슴』을 발견하고 공연에 올리기로 결정한 극단 '가이아' 대표, 예국희. 그녀는 모성성이 고갈된 인물이다. 그녀의 아버지는 극단 '만선'의 대표 예진호이다. 예진호의 주위엔 언제나 애인들이 끊이질 않았다. 그는 어린 아내를 당근과 채찍으로 길들이려 했던 '제왕'이다. 이러한 예진호의 전횡에 견디지 못한 어머니는 스스로 목숨을 끊는다. 국희의 어머니는 딸마저도 자신의 이미지를 위한 소품으로 활용할 정도로 '사진이 되기 위해 존재'한 모성이 결핍된 배우로서의 어머니. 아버지의 가식과 결혼 생활의 평범함을 견디지 못해 소멸한 '밀가루를 바른 듯이 새하얗게 꺼져 있던 어머니의 마지막 얼굴'은 예국희의 인생에 끈질기게 달라붙는다. 이는 남자와 결혼에 대한 공포에 가까운 경계심을 유발한다. 아버지, 어머니의 삶과 다르게 살려 한 그녀는 스스로를 '접붙여진 존재'처럼 여긴다. "하늘이 무너져도 어머니처럼 나약하게 죽고 싶지 않았다. 그건 의지가 아니라 묵시였다"로 표출되는 국희의 결심은 브레히트와의 만남과 결혼 과정에 영향을 미친다. 남자의 손아귀에서 벗어나야겠다는 강박관념은 강간당

할 것에 대한 두려움으로 전이되어, 만난 지 일 주일도 채 안 되어 그녀 쪽에서 먼저 브레히트를 유혹하게 만든다. 되풀이되는 섹스는 강박관념의 치유는커녕 새로운 강박관념만 양산하는 악순환을 낳는다. 브레히트와의 관계는 그녀에게 '이미 저질러진 듯한, 도저히 모면할 수 없을 듯한, 기억할 수도 없는 언젠가 이와 똑같은 일이 자신에게 일어났었던 것'만 같은 강박관념을 끊임없이 재생시킨다. 이러한 강박관념은 그녀가 그토록 떨쳐버리려 했던 아버지와 어머니가 살았던 삶의 음울한 그림자에 다름 아니다. 결혼 생활은 네 번의 자연 유산이라는 뼈아픈 고통을 그녀에게 안겨 주며, 남성과 모성(아이)을 거부하게 한다. 국희의 결혼 생활은 '다산성과 석녀' 사이의 의미 없는 악순환으로 귀결된다. 하지만 이 원치 않은 고통은 동시에 그녀에게 의외의 소득을 가져다 준다. 오랜 세월 그녀를 속박해 왔던 강박관념을 떨쳐 버리게 된 것이다. 그녀는 아버지가 쓰고 있던 예술이란 벙거지와, 브레히트 씨의 입에 물린 시대라는 찐빵을 '장송곡' 없이 매장시킨다.

　예국희는 아이를 낳지 않을 것이다. 아니, 아이를 갖지 않을 것이다. 그녀, 32세. 그때 예국희는 기도까지 자신을 틀어쥐고 있었던 강박관념의 허구성을 보았다. 그것은 브레히트 씨의 명령형에서 촉발되어, 그날 오후의 벤치를 거쳐, 칼리굴라처럼 자신을 신격화하고 싶어하는 아버지에 대한 역겨움과 함께 장송곡 한 가락 없이 무덤 속으로 처박히고 말았다.
　그후로 브레히트 씨의 페니스는 그녀의 버자이너를 딱딱하게 굳게 했다.
―『트루스의 젖가슴』, p.211.

이러한 상황에서 예국희는 『트루스의 젖가슴』을 접하게 된다. 그녀는 어둠 속을 걸어서라도 아침 햇살이 떠오르는 길과 마주치고 싶었고, 생(生)은 가차 없이 걸어나가는 이사벨라 같은 여자의 것이라는 사실을 깨닫게 된다. '트루스의 젖가슴'은 고갈된 국회의 자궁에 생명의 물줄기를 다시 샘솟게 하는 원천이 된다.

이 작품에서 드러나는 세 여자의 결핍과 부재의 체험은 괴로운 것이지만 동시에 창조적인 영감의 원천이기도 하다. 그것은 현재의 삶을 들여다볼 수 있는 계기를 마련해 주며, 또한 결핍과 부재의 대상을 되찾으려는 욕망을 자극하기도 하기 때문이다. 이렇듯 실존 인물인 '트루스'를 자기 안에서 새롭게 탄생시키고자 하는 세 여자의 독주는 여성성과 모성성을 매개로 얻어지는 예술적 열정의 발현이라는 점에서 협주이기도 하다.

이제 세 여자의 운명적인 첫 만남의 장소로 이동하여 이들이 빚어내는 갈등과 화해의 협연을 감상할 차례이다.

국회의 아버지 예진호는 1981년 봄, 아이스킬로스의 3부작 『오레스테이아』의 1부에 해당하는 〈아가멤논〉의 이야기를 재해석하여 무대에 올린다. 트로이 전쟁 초기, 아르고스의 왕 아가멤논이 막 전쟁에 출정하려던 무렵, 함대는 아울리스항에 발이 묶여 꼼짝도 못하게 된다. 트로이 편을 드는 아르테미스 여신이 역풍의 조화를 부린 것이다. 진중의 예언가는 아가멤논의 딸 이피게네이아를 여신에게 제물로 바쳐야만 한다고 말한다. 왕은 아내 클리타임네스트라를 속여 이피게네이아를 여신의 희생 제물로 바친다. 역풍은 멎고 아가멤논 왕은 출정하여 승리를 거둔다. 왕이 돌아온 날 밤, 클리타임네스트라는 목욕 중인 남편을 흉기로 내리쳐 죽임으로써 딸의 죽음을 되갚아 준다.

예진호는 이 〈아가멤논〉 이야기에 내용적으로는 인간의 애욕과 권력 다툼, 부패한 세계의 세기말적 징후를 덧붙이는 한편, 형식적으로는 극장 예술로서의 연극을 벌거벗긴다는 파격적인 실험에 혼신의 열정을 쏟아 부어 무대에 올린다. 〈아가멤논'81〉은 흥행에 참패한다. 하지만 완전히 실패한 것은 아니다. 골조가 다 내려앉은 작품의 형해 속에서도, 인광처럼 빛나는 '클리타임네스트라의 오데레사'가 있었기 때문이다. '정념도 분노만도 아닌 클리타임네스트라'. 제아무리 난폭했던 예진호의 연출도 하얀 불길처럼 자존하는 클리타임네스트라를 손대지 못했던 것이다. 해체하지도 활용하지도 못함으로써, 변형하지도 훼손시키지도 못한 클리타임네스트라의 이미지는 객석에 앉은 예국희와 이실의 몸 속에 고압 전류로 흘러든다.

  클리타임네스트라 왕비는 살인자였다. 그녀는 남편이자 아르고스의 왕인 아가멤논이 트로이 전쟁에서 싸우고 있을 때, 왕의 사촌인 아이기스토스와 간통하고 공모하였다. 그리하여 승전보를 안고 돌아온 남편을 욕조에서 두 번 내리쳐 죽여 버렸다. 아가멤논 왕이 사지를 뻗으면서 쓰러지자, 그녀는 세 번째로 내리쳤다. 그렇게 막 남편을 죽인 클리타임네스트라가 미라처럼 매달린 기둥들보다 더 사위스러운 모습으로 흐느적흐느적 걸어 나왔다. 그녀가 걸치고 있는 건 옷이라고 할 수 없는 은빛 헝겊 오라기뿐. 잿가지처럼 쭉쭉 찢어진 헝겊 오라기는, 출렁거리는 젖무덤 두 쪽을 아무것도 걸치지 않은 것보다 더 적나라한 느낌으로 노출시켰다. 마치 여인 자신은, 그 젖무덤 두 쪽을 싣고 온 수레에 불과해 보일 지경이었다. 그것은 굶주린 아이가 쭉쭉 빨고 싶은 해갈의 젖가슴, 비비대면 온몸의 죄 먼지가 살비듬처럼 떨어질 것 같은 세례의 젖가슴, 자신이 받은 것을 되돌려 주기에 가차 없는 냉혹한 심판의 젖가슴이었다. 그녀는 단지 사련에 눈이 멀어 남편을 죽인 간부(姦婦)가 아니었다. 그녀는 오히려 이피게네이아의 어머니며, 자기 딸을 제물로 바쳐 버린 가증스러운 죄악에 대한 정의의 응징자였다. 날이 선 듯한 젖가슴에서 하얀 피가 뚝뚝 떨어지는 것 같았다. 클리타임네스트라, 아니 데레사 선생의 입술에서 새하얀 피의 대사가 뚝뚝 떨어졌다.
— 『트루스의 젖가슴』, pp.122~123.

그러나 세상의 율법은 오히려 딸의 살해자를 옹호한다. 클리타임네스트라는 잔혹한 여자로 매도된다. 고독한 왕비의 혈관 속엔 부정(不正)한 정의(正義)의 피가 흘렀다. 그 정의가 설사 광기로 성취되었다 해도, 세상엔 광기 없이는 무너뜨릴 수 없는 철옹의 성벽이 있는 것이다. 클리타임네스트라가 남편을 죽인 건, 딸을 죽인 아버지에 대한 정의로운 응징이었다. 그 정점에 젖가슴을 헤쳐 보이면서 빛나던 데레사 선생이 있었다.

『트루스의 젖가슴』을 무대에 올리려는 이실과 국희, 그리고 데레사의 예술적 열정은 이 '클리타임네스트라의 젖가슴'을 '지금 여기'의 현실에 전용하려는 의도에 다름 아니다. 그러나 '클리타임네스트라의 젖가슴'과 '트루스의 젖가슴' 사이엔 건너야 할 심연이 존재한다. 데레사와 이실(국희) 사이의 갈등은 여기에서 발생한다. 〈아가멤논 '81〉에서 클리타임네스트라로 분장한 오데레사는 왕비의 관능성과 광기에 초점을 두고 연기를 한 반면, 관객의 입장에 선 국희와 이실은 클리타임네스트라의 모성을 연기한 데레사에 매료된 것이다.

'클리타임네스트라의 젖가슴'과 '트루스의 젖가슴'은 '데레사의 젖가슴'을 통해 결합된다. 이러한 데레사의 젖가슴이 드러나는 장면은 장엄하기조차 하다. 데레사에 압도당하는 이실의 모습, 아니 데레사와 이실이 화해하는 장면은 이 작품에서 가장 감동적인 아우라를 연출한다. 예국회를 통해 최후 통첩 시간을 알려준 이실은 연습실에서 데레사를 기다린다. 데레사의 출현. 데레사가 내뿜는 카리스마는 맹독처럼 이실의 정수리를 파고든다. 인생 전체가 농축된 듯한, 짧고도 두터운 데레사의 실루엣은 서녘의 광채까지 그녀를 위한 배경으로 아울러 낼 정도로 늠름한 빛을 발한다. 이실과 데레사 사이의 심연(긴장). 경극 배우 분장을 한 얼굴은 '데레사'와 '소저너 트루스' 그 어느 쪽에도 속해 있지 않았다. 배우(데레사)와 배역(트루스)이 만나 그 어느 쪽으로도 기울지 않는 팽팽한 긴장을 연출한다. 이러한 데레사의 모습은 그 자체로 '연극의 운명'을 보여주는 한 편의 연극이 된다. 데레사가 연기하는 모노드라마가 아니라, 데레사를 녹여서 만든 한 편의 드라마. 이실은 자기 눈앞에 펼쳐진 이러한 '마법의 양탄자'에 '어질머리'를 느낀다.

데레사는 여기에서 〈아가멤논 '81〉을 다시 공연한다. '관능성과 광기'의 클리타임네스트라가 아니라, '트루스'의 클리타임네스트라로.

「허나 그대는 여기 이 아가멤논이 트라케의 바람을 잠재우기 위해 내 산고의 소중한 결실인 이피게네이아를 제물로 바쳤을 때는 잠자코 있었어요. 이 사람은 탐스러운 털을 가진 수많은 양 떼 가운데 한 마리가 죽는 양, 딸의 죽음을 대수롭지 않게 여겼어요. 부정한 짓을 한 대가로 그대가 이 나라에서 추방했어야 할 사람은 바로 이 사람이 아닐까요?」

「그래요, 바로 그 사람이에요.」

이실은 저도 모르게 중얼거렸다.

그녀는 따뜻해지는 심장으로 두 손을 가져가며, 클리타임네스트라에게 손을 들어 주는 평결의 미소를 지어 보였다.

「그런데도 그대는 내 행동을 심리할 때에는 엄격한 재판관이 되는 구려.」

그 대사가 화살처럼 날아와 심장에 꽂혔다. 선생은 그 대사를 뱉으면서 그녀 쪽으로 성큼 다가들었다.

「내 그대에게 이르노니……」〔…중략…〕

「댁들도 내 젖을 먹고 싶으시오?」

8장의 마지막 대사가 튀어 나왔다.

—『트루스의 젖가슴』, pp.270~271.

뒤이어 이어지는 데레사의 대사. "나의 트루스에겐 젖가슴이 없어."

'클리타임네스트라의 젖가슴'과 '트루스의 젖가슴'이 만나 '데레사의 젖가슴'으로 거듭나는 감동적인 장면이다. 이실의 뇌리에 '흰 자작나무 상한 몸통처럼 절단된 선생의 상반신, 노파의 흐물거리는 입술처럼 참혹하게 아문 젖가슴의 생채기들'이 빠른 몽타주 화면처럼 스쳐 지나간다. 그 순간 이실은 '잘라낸 나뭇가지에 맺히는 젖빛 수액'을, '떼어낸 여자의 자리에 엉기는 젖빛 생명의 질료'를 발견한다.

이실은 젖가슴이야 있건 없건, 트루스에 가 닿으려는 데레사의 열망 자체로 연극의 주제는 이미 가장 치열하게 완성된 것인지도 모른다고 생각한다. 그녀는 뜨거운 연대감이 살 속 깊은 곳에서 샘솟는 것을 느끼며, 이 '해괴한 감격'은 '그녀가 인간으로 남기를 원하는 한 그녀 뼛속에서 끝날까지 스며' 있을 것이라 확신한다. 자옥하게 진행된 방의 어둠 속에서 이실은 이상하게도 연극에 대한 강박증에서 놓여나고 있음을 느낀다. '데레사의 젖가슴'은 이렇게 잘려나간 온전함으로, 이실의 아집을 이겨낸 높이 없는 망루로서, '트루스의 젖가슴'에 대한 역설적 일치의 장소로서 애굽의 태양신 '라'처럼 찬란하게 되살아난다.

'소저너 트루스'는 세 여성의 삶이 연주하는 불협화음을 '격정과 절제'의 긴장된 선율로 직조하는 모성성의 상징적 인물이다. 트루스의 노래는 노예 해방 운동이 전개되던 격동기와 '지금 이곳'의 삶 사이에 존재하는 근 200여 년에 이르는 사회·문화적 간극을 무색하게 할 만큼의 강렬한 '가이아의 연가(戀歌)'이다. 이러한 연가의 정수를 상징하는 이미지는 다음의 장면에 잘 드러나 있다.

바로 그 장면이, 제 배를 찢고 가르는 지진마저도 자신의 일부로 품고 키워주는 대지의 여신 가이아의 이미지와 완벽히 맞아떨어지는 듯한 전율을 안겨주었다. 낮게 구슬리듯 조용히 시작된 노래가 대지에 떨어지는 비를 맞아 생장하는 푸른 풀처럼 싱싱하게 커 올라서, 마침내 해일처럼 나부끼고 천둥처럼 포효하다가, 천지에 충만한 가을 들녘처럼 풍요롭게 머리 숙이는 듯한 그 장면은, 직접 눈으로 보지 않았어도 소저녀 트루스의 정수를 알게 하는 서사적인 이미지였다.

—『트루스의 젖가슴』, p.240.

'트루스'의 삶을 연극 무대에 올리려는 세 여인의 열정이 목숨과도 같이 뜨거울 수 있는 것은 이러한 '대지의 어머니 그 자체처럼 온 세계와 인간을 껴안으려는 풍요로운 포용력'을 담보로 한 것이기 때문이다. 이들의 예술적 도전의식은 모성성에 대한 애착과 갈망을 예술(연극)에 대한 추구로 승화시킨 것이기에 감동적이다.

이러한 인생과 예술의 운명에 맞닿아 있는 다소 버거운 주제의식은 균형 있고 절제된 이야기 방식을 통해 작품 속에 적절하게 스미고 짜인다. '현재→과거→현재'의 순환 구성은 '모성/자궁'을 연상시키는 타원형의 궤적을 그리며 근대 서사의 선형적 플롯을 회절(回折)하고 있으며, 삽입된 희곡은 세 여자의 이야기와 병행·교차되면서 상호텍스트성을 효과적으로 연출한다. 특히, '트루스'의 삶은 거의 '날것'으로 제시되는데, 이는 구술성과 모노드라마의 속성을 '더 이상 잃을 게 없는 사람만이 뿜어낼 수 있는 직접 화법'의 설득력과 현장성으로 활용한 결과이다. 이는 단순함에도 불구하고 강한 울림을 주는 '소저녀 트루스'의 일생을 '업적 자체보다 살아 움직이는 그녀의 독특한 모습'을 중심으로 생생하게 드러내는 데 기여하고 있다. 신화와 연극을 자유자재로 넘나드는 작가의 이야기 솜씨와 연극에 대한 디테일한 묘사 역시 작품에 적절하게 녹아들어 읽는 재미를 쏠쏠하게 해준다. 이러한 『트루스의 젖가슴』이 지닌 서술상의 특성은 근대 서사의 선형적 플롯을 반성적으로 성찰함과 동시에 이미지 중심 서사의 무한 질주에 제동을 거는 데 일조하고 있다.

마지막으로 사족 둘. 먼저, 이실의 시선을 중심으로 작품이 전개된다는 점. '트루스'의 삶을 전용하는 이실의 태도에 개연성이 부족한 듯하다. 국희와 데레사에 비해 이실이 '트루스의 젖가슴'에 빠져들게 되는 과정이 선명하게 드러나 있지 않기 때문이다. 이러한 점은 동시에 이 작품의 '희망'을 암시하는 장치일 수 있다. 이실의 앞에는 사랑과 결혼 그리고 이를 예술로 승화시켜야 할 새로운 삶이 남겨져 있기 때문이다. 이에 이실과 데레사의 연대감은 우리 사회에서 모성성이 지닌 의미를 미래지향적 가치로 현실화시킬 가능성을 암시한다고 볼 수 있다.

다음으로, 이 작품에 등장하는 남성의 모습이 너무 부정적이라는 점. 휘규의 애매모호한 태도, 예진호의 바람기와 예술의 허울을 쓴 가면, 데레사 남편의 의처증과 폭력, 브레히트의 외도 등. 작가는 '트루스의 젖가슴'이 이들을 감싸안을 정도로 따스하고 포근하다고 느끼는 것일까? 너무 안이하고 일방적이지는 않은가? 이런 의문을 떨쳐버릴 수 없는 것은 필자가 단지 남자이기 때문일까?

가족, 공동체, 욕망, 그리고 소설의 자리

1. 소설의 육성

지난 가을 문예지의 소설란은 풍성했다. 원로, 중진, 신진 등에 고르게 배분된 지면, 다양한 소재와 주제의식은 소설 읽기의 재미를 쏠쏠하게 했다. 서사의 위기에 대한 무성한 담론을 비웃기라도 하듯 소설은 꿈틀거리며 자기 목소리를 한껏 발산하고 있었다. 서사에 대한 풍문이 너무 앞서나간 것이 아닌가 하는 생각마저 들었다.

조폭 영화에 대한 환호와 우리 현실을 응시하는 일군의 영화에 대한 외면으로 거칠게 요약되는 영상 이미지 쪽의 판세도 '서사의 부활'을 요청하는 듯하다. 문제는 스스로의 내면을 진지하게 응시하려는 태도가 소외되는 분위기이다. 문학적 '진정성'에 대한 추구가 낯설음으로 다가오는 이 시대에, 소설은 우리 사회의 '맨 얼굴'을 응시하고 있다는 점에서 역설적으로 새롭다. 이 새로움의 이면을 들여다보면, 거기에는 꿈(환상)과 현실, 자아와 세계의 양극에 거미줄처럼 얽혀 있는 삶과 문학에 대한 근원적 화두가 꿈틀거린다. 현실의 행복한 삶을 위협하는 근원적 요소를 탐색하고, 고통스럽지만 그 조건들을 끊임없이 환기하는 작업은 문학의 본질적 기능이다. 이러한 기능이 은폐된 자본의 논리에 의해 침윤당하고 있는 현실에서, 다시 문학은 사회 현실에 대한 응전과 더불어 스스로에 대한 비판의 시선을 날카롭게 벼려야 한다.

지난 가을에 발표된 중·단편 소설의 거의 절반에 가까운 작품이 직·간접적으로 가족의 테두리 안에서 전개되고 있다. 소외된 가족 구성원들과 부부 관계 그리고 가족의 해체와 재구성에 관한 이야기가 가장 많이 창작되었다. 가족의 붕괴와 재결합 문제는 '자아'의 정체성, 나아가 우리 사회의 정체성에 대한 근원적 천착이라는 점에서 주목을 요한다. 가족을 매개로 현실/환상, 이성/감성, 생성/소멸, 신념/의혹의 틈새에서 흔들리는 자아의 정체성을 탐색하는 작품들은 이전의 서사 전통으로 회귀하는 듯한 인상을 강하게 준다.

가족에 대한 탐색은 농촌공동체, 선사시대의 유물, 전통적 유교의식, 구술문화 등 가족의 원형에 대한 탐사로 거슬러 올라간다. 이러한 '되돌아봄'은 앞만 보고 달려온 오늘날의 현실에 대한 반성임과 동시에 물질 문명에 쫓기는 현대인의 초상을 응시하는 행위이다. 과거와 현재 사이의 긴장 속에서 소설은 다양한 스펙트럼을 연주하고 있다.

신예 작가들은 '지금 이곳'의 문제, 즉 욕망의 존재방식에 대한 문제를 다룬 작품을 통해 자신의 존재를 웅변하고 있다. 이러한 작품들은 전통 서사가 억압한 개인의 내밀한 욕망을 환기하는 작업과 영상 이미지의 환유적 변주로 대변되는 욕망의 무한 질주를 경계하는 목소리 사이에서 소설의 운명을 건 야심찬 모험의 도정에 있으며, 새로운 소설의 징후를 진단해 볼 수 있는 자리를 마련하고 있다. 이러한 신진 작가들의 작품과 더불어 '서사의 부활'을 재촉하는, 익숙하지만 그래서 오늘날에는 더욱 낯선, 중진 작가들의 작품을 읽는 재미도 녹록치 않다.

2. 힘겨운 그러나, 소중한 가족 이야기

　가족은 근대 사회의 안녕과 체제의 존속성을 보장하는 이데올로기로 기능한다. 대상과의 하나됨과 영원성의 획득이라는 근원적 욕망을 두 축으로 하는 가족 이데올로기는 은폐된 자본의 논리 속에서 지속적으로 발전해 왔다. 낭만적 사랑을 통한 동일성에의 환상과 혈연을 통한 영원성의 획득이라는 상상을 기반으로, 가족의 '신화'(바르트)는 근대 사회를 지탱하는 주춧돌이 된다. 이에 90년대 이후 일군의 작가들은 은폐된 가족 이데올로기의 허상을 폭로하면서 불륜, 이혼 이야기를 과감하게 서사의 전면에 내세웠으며, 심지어 '결혼은 미친 짓이다'라고 선언하면서 가족의 '신화'를 의도적으로 전복해 왔다. 한편, 황폐화된 현실을 직시하고 이를 극복하기 위해 공동체적 유대에 바탕한 향수를 환기하려는 작업도 전개되었다. 이러한 태도는 근대 기획의 일환으로서의 가족 이데올로기에 함몰된 보수적 현실 순응주의로 비춰지기도 한다.

　이들의 성과에도 불구하고 가족에 대한 담론만 무성하고 진지한 접근이 부족하다는 느낌이 드는 이유는 무엇일까? 가족 이데올로기가 상대적이고 우연적인 역사적 산물이고, 근대 기획의 상상적 근거라는 사실을 폭로하는 것만으로는 부족하다. 그렇다고 일그러진 가족의 모습을 적나라하게 응시하며 가족에 대한 불온한 희망을 질타하는 시선이나 가족에 대한 희망을 포기하지 않으려는 노력의 소중함을 과소평가하려는 것은 아니다. '안식처이자 구속'인 가족의 양면성과 가족의 현재적 의미(전면적으로 거부하지도 그렇다고 인정하지도 못하는 아포리아)를 정직하게 수용하며 가족이라는 울타리와 그 바깥의 경계를 응시하는 자세가 필요하다. 어느 한쪽을 과장함으로써 가족의 현실적 의미를 퇴색시키기보다 상처난 가족의 실체를 따스한 시선으로 보듬어 안는 자세가 요구된다.

은미희의 작품은 일그러진 가족의 모습을 절제된 시선으로 응시하면서도 끝내 가족에 대한 희망의 끈을 놓아버리지 않는다는 점에서 따스하다. 「사막의 연가」(『라쁠륨』, 2001. 가을)는 '한쪽 눈이 자웅눈인 아버지'와 열정이 없는 어머니 사이의 어긋난 삶을 다루고 있다. 어머니는 '매미처럼 껍질만 집에 벗어놓고' 아버지를 떠나 딴 남자에게로 날아간다. 이러한 어머니를 아들은 가만히 응시한다. '가족이라는, 어머니라는 생각보다는 어머니 자체의 한 개인으로 생각하면 어떨까. 어머니에게도 어머니만의 상처가 있고, 삶이 있고, 기억이 있고, 추억이 있으므로. 다만 이제까지 꽃을 피우지 않던 어머니의 마른나무에 물이 돌고 다시 새순이 돋기를 기다리자. 사이렌의 노래처럼 사막의 연가도 추하지 않고 듣는 사람들을 매료시키길.' '자신을 사막으로 만들 만큼 들뜬 열정'이 사그라들기를. 아버지의 쓸쓸했던 삶을 이해해 주기를.

이러한 아들의 독백은 가정이 어머니에게 부여한 이데올로기를 벗기고 있는 동시에, 권위가 사라진 가부장에 대한 연민을 바탕으로 하고 있다. 어머니의 '연가'는 가족이라는 울타리와 그 바깥(열정, 사랑) 사이의 경계에서 연주되고 있다. 작가의 시선은 가족에 대한 환상과 가족의 '신화'에 대한 전복적 상상력을 가로지르며 가족이라는 울타리와 그 바깥 사이의 점이지대를 응시하고 있는 것이다. 어머니의 선택을 지켜볼 수밖에 없는 아버지와 아들의 모습 속에 가부장적 가족 이데올로기가 붕괴된 오늘날 우리 가족의 현주소가 투영되어 있는 것이다.

그녀의 작품인 「새벽이 온다」(『21세기문학』, 2001. 가을) 또한 일그러졌으나 그래도 아직까지는 지켜야 할 최후의 보루인 가족의 모습을 치밀하게 형상화하고 있다. 어머니는 육이오 전쟁 때 강제 입대를 피해 작두에 오른손 검지를 절단해 불구가 되어 신산한 삶을 살다 간 아버지를 통해 두 아들의 모습을 본다. 형에게는 아버지의 잘려진 희망인 절망을, 동생에게서는 잃어버렸던 아버지의 희망을. 이때부터 어머니는 동생만을 편애한다. 급기야 승승장구하던 동생이 사업에 실패해 빚더미에 앉게 되자 어머니는 형에게 돈을 갚으라고 한다. 형은 아내와 자신이 정상적인 부부생활을 포기해 가며 마련한 아파트를 팔고 동생의 빚을 갚기로 결심한다. 형은 '눈 밑의 기미가 늘어가는 아내'에게 다음과 같은 말을 하리라 준비한다. '그래도 우리에겐 아직 희망이 있노라고. 잘릴 염려 없이 환갑이 넘도록 다닐 수 있는 직장이 있고, 마음 졸일 만큼 건강이 나쁜 것도 아니며, 무엇보다 당신을 쏙 빼닮은 두 아이들이 있다고. 그리고, 그리고 평생을 억압할 죄책감도 없고. 이게 바로 사는 힘이라고. 살아가는 원동력. 정제되지 않은 먹빛 원유 같은. 타면서 피어나는 시꺼먼 그을음이 눈앞을 가리겠지만 그래도 우리는 잘 헤쳐나갈 거라고'.

그러나 화자의 생각은 입 밖으로 표출되지 않는다. 아니, 표출된다 하더라도 그 말 자체를 있는 그대로 수용하기는 어렵다. 아내는 새벽 출근을 위해 늘 바쁘게 설거지를 하고 잠자리에 든다. 남편은 상상 속에서 이웃 여인과의 정사를 꿈꾼다. 이러한 생활은 이미 정상적인 부부, 가족의 울타리를 벗어나 있다. 안락한 가정의 희생을 감수하고 마련한 아파트를 팔고 이사를 간다면 이들 부부의 삶은 더욱 황폐해질 것이다. 따라서 위의 절규는 '가족' 신화로의 투항이라고 해석되지 않는다. 그에게는 이미 되돌아갈 따스한 가족이 없다. 이는 무기력한 가장의 처지에 대한 절망적 자위의 목소리이면서, 또한 우리 시대 가족에 대한 그것으로 읽힌다.

고종석은 개인, 가족, 국가의 의미에 관한 자유주의자의 세련된 사유를 보여준다. 자유를 옹호하는 '자발적 망명자'인 그의 객관적 시선은 요즘 우리 사회에 만연된 내성적 나르시시즘의 사유에 일침을 가한다. 「아빠와 크레파스」(『동서문학』, 2001, 가을)는 우리 사회 현실에 대한 객관적 비판의 시선을 거두지 않으면서도, 혈연적 본능에 함몰되는 가장의 섬세한 내면을 응시하고 있는 작품이다. 한국에 정착할 수 없는 비극적 가족의 이야기를 통해 가족의 신화인 국가를 우회적으로 성찰하는 작품이기도 하다. 가장의 섬세한 내면 고백을 직조한 이 작품은 아버지(민우)와 딸(미원) 사이의 관계가 서사의 중심축을 이룬다. 5살 때 사고로 눈을 다쳐 한쪽 눈으로 세상을 보면서 살아가는 미원은 단성녹내장으로 다른 한쪽 눈마저 실명하게 된다. 이 실명을 계기로 자식을 제대로 건사하지 못한 죄책감에 시달리던 아버지와 부모님이 물려준 눈을 제대로 간수하지 못한 딸 사이의 소통이 이루어진다. K대 법대에 진학한 미원은 실명에도 굴하지 않고 계속 공부를 하기로 결심한다. 그러나 K대에서는 이를 거부한다. 이들 가족은 다시 프랑스로 떠나기를 결심한다. 가족을 지키기 위해 '가족의 신화'를 자양분으로 유지되는 조국을 떠나야 하는 아이러니. '안식처이자 구속인' 우리 가족의 현주소를 보여주는 바로미터가 될 수 있는 작품인 듯하다.

함정임의 「소풍」(『세계의 문학』, 2001, 가을)과 김인숙의 「여행」(『작가세계』, 2001, 가을), 그리고 신경숙의 「종소리」(『작가세계』, 2001, 가을) 또한 화목하거나 단란하지도, 그렇다고 파경 직전도 아닌 기우뚱한 균형의 가족을 형상화하면서 가족에 대한 희미한 희망의 끈을 놓지 않는다.

한창훈의 「강」(『실천문학』, 2001, 가을)은 남아선호사상으로 무장한 아버지의 죽음과 이로 인한 상가집의 풍경을 스케치하고 있는, 가부장적 가족에 대한 비가(悲歌)이다. 이 소설은 사내들이 지켜야 한다는 상주자리를 지키는 딸 셋의 모습을 통해 봉건적 가족 이데올로기를 풍자하고 있는 작품이다. 가족들이 식사를 할 때도 방 안에서는 아버지 오빠 그리고 남동생이, 어머니와 세 딸은 마루에서 먹었다. 음식도 딸들은 늘 고구마나 아니면 보리 알 하나, 둘 셀 수 있는 파래밥이 전부였다. 힘쓸 일 없다고 많이 먹지도 못한 것이다. 그런데 그렇게 애지중지 키운 아들들이 아버지의 영전을 제대로 지키지 못한다. 특히 막내는 아버지가 죽었다는 거짓말을 하여 친구들에게 부조금을 미리 챙기기까지 한 망나니이다. 맏상주인 오빠는 술을 마시고 곯아 떨어져 있다. 세 자매 모두는 가슴 한켠이 내내 무겁다. 초상집 주인으로 체면 문제가 걸려 있기 때문이다. 초상은 모름지기 한쪽은 웃고 한쪽은 울고 해야 한다. 이러한 초상집의 어정쩡한 분위기를 일신한 인물 또한 딸들이다. 집에서 하는 마지막 제사에서 엎드려 통곡하는 순간 갑자기 누군가 방귀를 '뿌우웅' 뀌어 버린 것이다. 세 딸들은 이 위기를 재치 있는 웃음을 통해 넘긴다(이 장면은 독자들이 직접 찾아 읽기를⋯⋯). 울어 봐도 아무 소용이 없다는 것을 깨달은 자의 웃음, 즉 한(恨)이 승화된 골계미야말로 이 작품이 연주하는 아버지에 대한 진혼곡이다. 가부장적 가족 제도를 유쾌하게 제사지내는 이 넉넉한 웃음은 서민들의 공동체적 유대에 기반하고 있다는 점에서 근대적 신화로서의 가족 이데올로기에 균열을 내는 한 방식일 수 있다.

이에 비해 정길연의 「기다리는 여자」(『문예중앙』, 2001, 가을)는 이지러질 대로 이지러져 산산조각이 난 가족의 모습을 통해 그것의 소중함을 역설적으로 형상화하고 있다. '노숙자'를 취재하다 실종된 남편의 행방을 좇는 아내의 독백체로 전개되는 「기다리는 여자」는 남편의 무책임함을 냉소적으로 직시하고 있다. 특히, '주체적이고 능동적인 변혁가도 못 되면서 세상에 대한 불평불만을 달고 사는', '혼자 올곧고 혼자 반듯한 체 씹을거리가 쌓여가는', '설거지 하나 확실하게 못 도와주면서 전근대적 가부장사회의 폭압적 사례들을 열거하며 질타하는' '이십일세기 대한민국 성인화된 투덜이 스머프'인 남편이 '노숙의 매너리즘'에 빠져들게 되었다는 암시는 민중에 대한 거리감을 확보하지 못하고, 그 관념 속에 함몰된 지난 시대 이념 문학에 대한 뼈아픈 각성이라 할 만하다. 구체적 현실에 뿌리내리지 못한 지식인의 정서적 허약함은 가정과 사회에 대한 최소한의 책임조차 회피하는 노숙 생활에 빠져들게 하고, 이는 가족 해체의 한 원인이 될 수 있다는 진단이다. 결국 화자는 뱃속에 있는 아이와 함께 남편과의 '보이지 않는 끈'을 스스로 끊어 버린다. 이 작품에는 일그러진 가족의 모습이 담겨 있다. 가족 공동체에 대한 희망이 스러진 자리에 남는 환멸이 작품을 가득 채우고 있는 것이다. 그러나 시종 친근감/거리감, 연속/단절의 틈을 맴돌며 진행되는 화자의 독백체는 가족에 대한 낭만적 신화와 그 '너머'를 오가며 가족의 소중함을 역설적으로 환기한다.

3. 사라져 버린 것들에 대한 그리움

가족 서사는 공동체 사회에 대한 그리움에 그 뿌리를 두고 있다. 이순원의 「망배(望拜)」(『라쁠륨』, 2001, 가을)는 공동체 사회와 현대 사회의 경계에서 '중용'의 미학을 음각한 작품이다. 할아버지 제사에 내려가지 못한 화자는 제사 시간에 맞추어 망배(멀리서 절을 올리는 행사)를 올린다. 조상님께 올리는 제사는 할아버지, 아버지에게는 종교이며 자존심이었다. 화자에게 어느덧 제사는 종교와 현실 사이의 중간쯤의 자리에 놓인다. 밤제사에서 저녁제사로, 19일장(할머니)에서 3일장(할아버지)으로 시속의 변화에 따라 제사의 형식도 점점 간소해져 간다. 그러나 작가는 '시속을 따라가며 우리가 버린 것 가운데도 아름다움이 있었다'고 말하며 중용의 자리를 강조한다.

살아 계실 땐 돗자리에 앉은 부모한테 돗자리에서 절을 올려도 무방할 일이나 돌아가신 조상을 대하여 후손이 돗자리에 앉아 예를 올리는 법이란 없다. 예란 속으로도 겉으로도 공손해야 한다. 그렇다고 멧방석을 깔고 앉기엔 조상 보기에 사는 모습이 너무 측은한 일이 아니더냐. 그래서 제석자리를 쓰는 게야. 예에도 중용이라는 게 있는 법이고.

—「망배」

매끈하게 짜여지지 않은 '제석(祭席)자리'를 제상 앞에 까는 이유를 알 수 있는 대목이다. 망배를 올리던 화자는 할아버지가 어린 시절 자신에게 들려준 이야기를 회상하면서, 돗자리와 멧방석의 중간인 '제석자리'를 찾아 은박지 자리를 뒤집는다. '오늘'의 뿌리는 '어제'라는 사실을 환기하는 이 작품은 메마른 현실 세계와 아련한 추억의 세계 사이의 분열과 통합의 긴장에서 '미래의 자리'가 마련될 것임을 암시한다. 문제는 이 분열과 통합의 긴장을 어떻게 착하고 유지하느냐에 달려 있다. 통합의 문제를 주시하면서 균형 잡힌 서사 세계를 일구어 온 작가에게 분열이 주는 불온하고, 치명적인 떨림의 미학을 요구하고 싶다.

김재영의 「사라져버린 날들」(『내일을 여는 작가』, 2001, 가을)은 더 아득한 과거로 회귀하기를 꿈꾼다. 이 작품의 화자는 화석이 된 동식물의 유체를 발굴하는 유물 발굴 현장의 소장이다. 공교롭게도 유물 발굴은 개발업자에겐 사업을 망치는 보증수표이다. 문명의 거친 손은 거대한 포크레인까지 동원해, 수천·수만 년 전의 고요하고 평화로운 퇴적을 마구잡이로 파헤치는 것이다. 유물 발굴 현장의 상황은 점점 나빠지고 개발업자는 최첨단 산업단지가 들어설 거라며 협박을 한다. 어둠에 잠긴 마을에서 가창 오리떼가 울어대는 밤 화자는 '혹냄댁'과 어울린다. 그녀에게서 화자는 천둥새에 얽힌 전설을 듣는다. '배냇병신'이었던 새끼오리가 고난 끝에 까마득한 우주를 날아가 인간 세상의 소망을 하늘에 전하는 천둥새의 전설은 수천 년 전, 이 산야에 터를 잡고 농경을 시작했을 고대인들의 염원을 담고 있다. 고대인들은 푸른 청동의기에 농경 그림을, 그 뒷면에는 바다오리(천둥새)를 그려 넣음으로써 풍요를 기대했던 것이다. 그 오리의 후예인 가창 오리떼가 최첨단 시설물에게 서식지를 빼앗기고 떼죽음을 당한다.

이러한 과거와 현재가 교차되는 서사와 이복 오빠와의 이루어질 수 없는 애틋한 사랑을 간직한 한 여인의 이야기가 맞물린다. 잔인한 운명의 상흔을 가슴에 품은 여인은 천둥새의 현신으로 읽힌다. 화자 또한 시위대와 경찰의 대치 상황에서 잃어버린 희경과의 비극적 사랑을 가슴에 품고 있다. 여인과 화자는 새와 사람과 고대인들의 유적이 파헤쳐지는 불임의 땅에서 사랑을 나눈다. 이 사랑의 결과로 새로운 생명이 잉태된다. 이 생명은 이복 오빠의 아이이면서, 희경의 아이이기도 하고, 불임의 땅에 내린 축복의 씨앗(희망)이기도 하다. 따라서 이 작품은 잊혀진 공동체 사회에 대한 비가(悲歌)이면서, 동시에 새로운 삶에 대한 희망의 메시지를 전하는 굿이기도 하다.

우애령의 「학자」(『창작과비평』, 2001, 가을)는 '자신이 얕보고 내리보던 사람들의 힘에 의지해서 일생을 살아온', '선비정신을 마지막으로 지닌' '선비'에 대한 이야기이다. 동시에 가뭄으로 인해 생명력을 상실해 가는 농촌 현실에 대한 비가(悲歌)이기도 하다. 학자이면서 현실에 적응하지 못한 김주사를 객관적으로 관찰하는 심선생의 시각으로 형상화된 이 작품은 농촌에 대한 낭만적 동경과 피폐한 농촌 현실의 고발 사이에서 새로운 농민소설의 자리를 타진하고 있다.

서정인의 「의료원」(『21세기문학』, 2001, 가을)은 작가 특유의 입담과 대화체를 바탕으로 현실 세태를 날카롭게 풍자하고 있다. 특히, 화자의 '헌 것은 헐어서 갔거니와, 새 것은 되기도 전에 왜 갔냐?'라는 항변은 부박한 현실에 대한 따끔한 충고로 들린다. 구술문화, 신화, 설화 등에 대한 작가의 집요한 천착은 이미 우리 문학사의 한 페이지를 장식하고 있다. 이러한 서정인의 탐색은 '현실을 위해서 이상을 따르자는 이야기다'라는 말에서도 드러나듯 과거에 묻혀 버리는 것이 아니라 현재를 향해 열려 있는 정신이라는 점에서 더욱 소중하다.

이상의 작품들은 현대의 물질적 풍요와 견고한 제도를 반성적으로 성찰하며 문명의 '저편'으로 비상하기를 꿈꾼다. 다소 진부하고 익숙한 주제의식을 담고 있기는 하지만, '문명과 인간'에 대한 근원적 성찰을 통해 '지금 현재' 그리고 '미래의 삶'과의 접속 의지를 놓치지 않는 한, 이러한 복고주의적 경향의 작품들이 지닌 생명력은 유지될 것이다.

3. 욕망의 현상학

욕망은 실체가 없다. 이 때문에 욕망은 끊임없이 추구되지만, 쉽게 충족되지 않는다. 대상을 욕망하면 할수록 그것은 주체를 파멸의 수렁으로 인도한다. 수렁의 심연은 죽음인지도 모른다. 이러한 무정형의 욕망을 움켜쥐려는 작가들의 야심찬 시도는 흥미진진하다.

엄창석의 「몸의 예술가」(『문예중앙』, 2001, 가을)는 이념과 욕망을 이어 주는 가교가 되는 작품이다. 잿빛 도시 프라하를 배경으로 전개되는 이 작품은 동구가 간직한 과거의 우울한 역사와 이 도시 위로 화려한 색조를 뿌려 놓겠다는 화자의 욕망이 빚어내는 그로테스크한 긴장을 다루고 있다. 굶어 죽어 가는 모습을 연기하는 광대의 모습을 찾아간 화자는 거대한 몸짓으로 인간의 욕망을 과시하는 광대의 모습을 본다. 광대의 단식은 민중혁명가의 모습과 겹쳐지는데, 소비에트의 압제를 거역하는 방식으로 가장 신적인 것, 즉 생명(창조적 본성)을 역행하는 행위였기 때문이었다. 이러한 단식은 전체성에 억눌린 민중들의 절망적인 소멸 욕망과 맞물려 엄청난 호응을 얻는다. 그러나 단식 광대는 오늘날 거대한 몸짓의 사나이(그라쿠스)로 대체되어 있는데, '그라쿠스'는 욕망의 무한 증식을 통해 신의 형상을 모독하는 현대인의 상징이다. 정신적 결핍을 숨기려고 몸을 공허하게 확대 위장하는 '어릿광대'이기 때문이다. 이러한 '그라쿠스'의 죽음은 비대한 세상의 종말을 의미한다. 이를 통해 작가는 이념이 스러진 자리에서 무한하게 증식하는 욕망의 질주를 경계하고 있는 것이다.

권지예는 정육점에서 욕망의 어두운 심연을 해부한다. 「정육점 여자」(『문예중앙』, 2001. 가을)의 배경은 인간의 정체성, 개성도 녹여 버리는 거대한 잡식성 동물로 비유되는 도시, 파리의 정육점이다. 왜 정육점인가? 정육점은 도시와 인간의 가식적인 모습을 해체하고 욕망의 적나라한 모습을 드러내는 장소이다. 생명을 식료품으로 가공하는 장소인 정육점에서 인간 욕망의 '맨 얼굴'이 그대로 드러나기 때문이다. 홍등가는 인간의 근원적 욕망인 성(性)이 직접적으로 매매된다는 점에서 '인간 정육점'이라 할 수 있다. 정육점 여자 '라라'는 남편과 함께 정육점을 운영하며 산다. 그녀는 정육점 냉동고에서 낯선 남자와 정사를 나누다가 얼어죽는다. 욕망은 화려하고 달콤하지만 쉽게 부식된다. 냉동고는 이러한 욕망을 저장하는 장소로 고안된 장치이다. 상실과 허무감이 지배하는 무미건조한 환멸의 삶은 일회적, 순간적, 찰나적 욕망에 집착하게 한다. 이를 영원히 소유하려는 헛된 욕망은 죽음을 부른다. 실체가 없는 욕망은 죽음을 통해 완성된다. 욕망의 추구와 욕망의 정지는 죽음의 다른 얼굴인 것이다. 이러한 욕망의 심연이 작위적인 관념의 플롯으로 전개되고 있다는 점에서 아쉬움이 남는다. 자기 방기, 자기 파괴의 몸짓이 구체적 현실과의 치열한 싸움으로 승화되기를 기대해 본다.

오수연은 말한다. 인간의 욕망은 결코 충족될 수 없다고. 「그날」(『세계의 문학』, 2001, 가을)은 영생하려는 인간의 욕망을 다룬 미래 소설이다. 인간의 영생에 대한 욕망은 과학기술의 발전과 더불어 '영생약'을 만들기에 이른다. 그러나 이 약은 일부 권력층들만의 소유가 된다. 약을 복용한 집단은 자신들만의 나라를 세운다. 이 약에서 소외된 '자연국' 사람들은 '영생약' 구하기를 염원하며 구차한 삶을 이어 간다. '영생국'은 '자연국'에 비공식적으로 '영생약'을 유통시켜 그들의 망명을 유도함으로써 유지된다. '자연국'의 욕망을 자양분으로 존재하는 '영생국'은 '흡혈귀'와 유사하다. '영생국'에서는 매년 '그날', 신성한 의식을 거행한다. '그날'의 의식을 통해 '영생국'의 시민들은 죽음을 만나고, 자연인의 영혼을 만난다. 완벽한 '영생약'이 개발되지 않았기 때문에 그들도 언젠가는 죽음을 맞이해야 한다. 죽음과 대면하는 날 시민들에게 용기를 주기 위해 이 행사가 거행되는 것이다. '그날'의 의식은 역설적으로 '영생인'으로 살아가기 위해서는 영원한 고통을 각오해야 함을 환기한다. 죽음과의 전쟁은 영원히 계속될 것이며, 삶이란 영원한 전쟁이라는 사실을 말이다. 결국 스스로 영생을 반납하고 죽어 버리는 사람이 생긴다(일광욕을 하듯이 편안하게 누워 있는 죽은 소녀의 모습을 떠올려 보라). 영생에 대한 욕망은 끝없이 연기되며, 더욱 강도 높은 결핍을 낳는다. 이 영생에의 욕망(결핍)을 채우기 위해 '죽음'을 연습한다는 역설적 상황 설정을 통해 작가는 인간의 그릇된 욕망이 낳은 비극성을 경고하고 있다.

김중혁의 「사백 미터 마라톤」(『문학과사회』, 2001, 가을) 또한 미래 사회를 배경으로 욕망의 문제를 비판적으로 성찰하고 있는 작품이다. 중학생 시절 체육 선생님으로부터 입력된 기억 때문에 사백 미터밖에 달릴 수 없는 육상 선수가 있다. 그는 사백 미터에서 15연승을 한다. 사백 미터는 현대인을 지배하는, 외부로부터 주입된 규격화된 욕망의 속도를 상징한다(400미터는 전력 질주해서 달릴 수 있는 최고의 거리이며 가장 빠른 속도로 코너를 도는 종목이다). 그는 '지친 것도 아니고 숨도 차지 않지만' 더 멀리 달리지 못한다. 오직 사백 미터만 달릴 뿐이다. 그는 시뮬라르크를 통해 가시화한 기계적 욕망을 향해 질주하는 현대인의 초상이다. 그의 기록은 단축되지 않고 점점 느려지는데, 이는 관습화된 욕망에 대한 몸의 저항 때문이다. 이러한 몸의 저항은 사백 미터밖에 달릴 수 없는 육상 선수를 마라톤에 도전하게 한다. 마라톤은 '자신과의 싸움'이라는 점에서 스스로의 내면을 들여다볼 기회를 제공한다. 반면, 그의 매니저는 '말의 의미가 몸으로 전달되지 않는' 압축주의자이다. 매니저는 이성 중심의 근대 기획이 산출한 전형적인 '바라보는 자'이다. 그는 머릿속으로만 달리고 몸은 굳어서 달리지 못한다. 의식은 발달하지만, 몸은 퇴행해 간 것이다. 이러한 '몸'의 상실은 미래 인간의 모습을 비관적으로 보여준다. 매니저는 육상 선수의 알선으로 퇴화된 몸의 율동을 환기하며 춤을 추는 '스피드 클럽'에 참석한다. 그는 그 모임의 참가자가 모는 오토바이의 뒤에 타고 거리를 질주함으로써 잃어버린 몸의 기억(자신의 속도)을 되찾는다. 매니저와 육상 선수는 49.195 Km의 마라톤(느리게 달리기)에 도전함으로써 속도의 시대에 저항한다.

이러한 신진 작가들과는 달리, 하창수의 「수도원의 굴」(『문학과 경계』, 2001, 가을)과 이병천의 「귀싸대기를 쳐라」(『실천문학』, 2001, 가을)는 욕망의 무한 증식으로 대변되는 현대 사회의 '저편'에서 욕망의 의미를 반추하고 있다. 「수도원의 굴」은 현실 세계의 뒤틀린 욕망에서 벗어난 '수도원'의 공간에서 욕망이 거세된 인물들을 통해 역설적으로 욕망의 무한함을 성찰하고 있다. 「귀싸대기를 쳐라」는 하층민들(환경미화원)의 일탈을 유쾌하게 보여주고 있는 작품이다. 천민 자본주의에서의 '인간 쓰레기'들에게 '귀싸대기'를 한 대 때리는 행위를 통해 무분별한 욕망 과잉을 응징한다는 이야기이다. 작가는 이러한 하층민들의 일탈과 더불어 이들에 대한 따스한 연민의 시선을 거두지 않고 있다. 특히 결말 부분에서 '울고 있는 손'을 통해 자신의 행위를 '몸'으로 성찰하는 부분은, 욕망의 무한 질주에 자신을 맡김으로써 '몸'의 쾌락에 탐닉하는 현대인의 모습과 대비되면서, 하층민들의 훈훈한 자의식을 다시 한 번 확인하게 한다.

4. 다시, 소설의 자리

오늘날 소설은 자아와 세계, 과거와 현재, 허구와 진실, 욕망과 결핍, 환상과 현실, 모방과 창조 등의 경계가 무너져 버리는 미지의 영역에 자신의 보금자리를 마련해야 하는 모험의 도정에 있다. 윤후명, 이문열, 김종광의 작품들은 이러한 서사의 정체성을 향한 탐색의 연장선에 있다. 소설의 내면을 향한 이들의 응시를 따라가는 여행은 오늘날 우리 소설의 현주소를 확인함과 동시에 새로운 서사의 징후를 타진해 볼 수 있는 자리를 마련한다.

윤후명의 「나비의 전설」(『작가세계』, 2001. 가을)은 '현실 속에서 현실 너머를 꿈꾸는' 소설의 운명을 '상상력의 실루엣'을 통해 아름답게 직조한 작품이다. 화자는 주민등록증 발급을 위해 근교 면사무소를 찾았다가 용문산 사나사 입구에서 우연히 나비떼를 만난다. 이듬해 다시 면사무소를 찾은 화자는 나비떼를 떠올리고 그곳으로 향한다. 올해도 어김없이 나비떼는 모여들어 있었다. 화자는 지난해처럼 나비떼 속에서 절의 경내를 둘러보고 '가든' 음식점으로 내려와 된장찌개를 시켜 먹는다. 식사 후 담배를 피우고 있을 때 작은 소녀가 재떨이를 가지고 나타난다. 소녀의 뒷모습을 물끄러미 바라보던 화자는 두 갈래로 묶은 머리가 걸음걸이마다 팔랑거린다고 느낀다. '팔랑거린다'라는 단어에서 화자는 나비를 연상한다. 그리고 나비를 좇아가는 소년이 된다. 소녀의 모습이 사라지자 어느새 화자는 먼 초원의 구릉을 넘어가고 있다. '나비'를 통해 몽골 초원의 소녀와 음식점 소녀를 함께 보고 있는 것이다. 지난해 몽골의 광활한 산야를 여행할 때, 거기에서 화자는 자신과 말, 안내하는 소녀가 혼연일체가 되어 초원 속으로 묻히고 있음을 느낀다. 이 이국 소녀에서 화자는 나비를 연상한다. 구릉을 팔랑팔랑 넘어가는 모습이 눈에 어린다. 이 먼 초원의 구릉에서 넘어오는 나비의 발걸음, 날갯짓이 '가든'의 누대에서 된장찌개를 먹고 있는 화자의 마음에 무늬를 드리우는 것이다. 초원으로 화자를 이끌고 있는 몽골 소녀와 수박 쟁반을 들고 화자에게로 다가오고 있는 나빌레(재떨이를 가져오던 작은 소녀)는 같은 소녀이다. '몽골 소녀 나빌레……' 화자는 소녀의 이름을 부르며 초원의 나비떼 속으로 묻혀 들어가고 있었다. 나비떼가 준 이러한 환각의 병증을 작가는 물리칠 수 없다. 환각의 무늬를 현실 속에 수놓는, 현실의 삶을 환각의 무늬로 직조하는 작업이야말로 소설의 운명이기 때문이다.

이문열의 「김씨의 개인전」(『세계의 문학』, 2001. 가을)은 조각가 '김씨'의 삶을 다양한 인물의 관점에서 포착함으로써 오늘날 바람직한 예술가(소설)의 조건을 탐색하고 있는 작품이다. 「나비의 전설」이 현실과 환상의 경계에서 소설의 자리를 탐사하고 있다면, 「김씨의 개인전」은 모방과 창조의 점이지대에 시선을 집중하고 있다. 조각가 '황선생님'의 조수 아닌 조수로 십여 년을 고생한 '김씨'는 돌연 독립을 선언한다. 일을 그만두고 자신의 작품으로 개인전을 열겠다는 것이다. 황선생님의 후배의 진술에 따르면 '김씨'는 이미 단순한 잡역부가 아니다. 본격적인 작품 조성에 다가가게 된 것이다. 이러한 '김씨'의 첫 조각 전시회에 미술평론가와 황선생님이 함께 간다. 그런데 모든 작품이 전시장 바깥에 나와 있는 것이 아닌가? 미술평론가는 작품을 보며 '조형적인 상상력이나 일관된 미학 논리가 결여된 노동의 산물, 즉 오래 손에 익은 기술로 황선생님의 작품들을 열심히 복제한' 것이라 생각한다. 방문자가 영문을 묻자, 김씨는 '자신의 작품은 안에 있다고' 말한다. 안에는 받침대 위에 놓인 수북한 돌 부스러기들뿐이었다. '바깥 것들은 모두가 한입으로 선상님 작품이라구 하니 워쩌겠슈? 여기 이 부스럭 돌들은 그것들을 파내느라 생긴 것들인데, 그래도 내 작품이라고 할 수 있겠지유. 그거 파내느라고 흘린 내땀하고……' '차차로 진짜 내 작품도 나오겠쥬'라는 김씨의 말은 많은 여운을 남긴다. 앞으로 나올 김씨의 작품은 삶의 향기가 묻어 있는 창조품일 것이다. 이러한 결말은 패러디, 패스티쉬가 판치고 있는 오늘의 현실에서 소설의 조건에 대한 작가의 조언으로 들린다. '어둠도 별이다'라는 소제목처럼 김씨의 새로운 조각품은 삶의 모방을 넘어 은은한 창조의 빛을 발할 것이다.

  김종광의 「단란주점 스타크래프트」(『라쁠륨』, 2001, 가을)는 아날로그와 디지털의 경계에서 새로운 소설의 징후를 타진하고 있다. 스타크래프트를 소재로 하고 있는 이 작품은 작가의 말을 빌리자면, '스타크래프트 애호가분들한테는 엉터리라고 욕먹을 짓거리요, 스타크래프트에 문외한이신 분들께는 뭔 개잡소리냐고 비난받을 짓거리임에 틀림없'으므로 '독자 여러분의 아량이 절대적으로 필요하다.' 디지털의 영역으로 진입하려는 소설의 욕망(소설이야말로 아날로그의 적자(嫡子)가 아닌가)은 당분간 이러한 어려움을 감수해야 할 듯하다. 여기에 정면으로 맞서 서사적 모험을 감행하는 신진 작가들의 어깨에 우리 소설의 한 축이 짐지워져 있다는 사실 또한 인정해야 할 것이다.

제3부
자연과 삶에 공명하는 서정

눈물과 상징의 이중주 ──최종천론

자연과 삶에 공명하는 서정의 언어
　　　　　　　　　　　　──이은봉의 시세계

시 혹은 '눈물겹도록 곧은 곡선'
　　　　──김재석의 『샤롯데 모텔에서 달과 자고 싶다』

성찰과 모색의 공명──송종찬·정우영의 시세계

서정, 그 절망과 희망의 이중주
　　　　　　　──박영근 시집 『저 꽃이 불편하다』와
　　　　　　　　전동균 시집 『함허동천에서 서성이다』

몸과 시, 불일이불이의 미학

눈물과 상징의 이중주
―최종천론

1. 눈물은 푸르다

『눈물은 푸르다』의 표지를 뒤덮고 있는 푸른색을, 설익은 구호로서의 희망이나 초월적 실존의 이미지를 거부하고, 온몸으로 '절망 혹은 희망'을 노래하는 노동자 시인의 정직하고도 고집스러운 침묵의 상징으로 보면 어떨까. 최종천의 시를 이 침묵의 전언인 "눈물은 푸르다"에 대한 주석으로 읽을 수는 없을까. 시인은 '눈물'에 함축된 일상과 노동의 중압감을, '푸르다'에 비껴 있는 '恨 혹은 동경'의 신비스러운 실루엣에 포개어 놓음으로써 강렬한 정서적 감응력을 장착한 서정을 창출한다. 이에 최종천의 시는 "쾌락"과 "입맞춤"의 시대인 "문화의 시대"에 '멍'과 '눈물'을 용접해 만든 푸른 배를 타고, 측량할 수 없는 어둠 속에서 부재하는 희망을 연주하는 悲歌라 할 수 있다.

눈물은 푸른색을 띠고 있다

> 멍을 우러낸 것이기 때문이다
> 열린 눈의 막막함
> 약속의 허망함
> 우리는 지난 세월을 憎惡에 投資했다
> 거기서 나온 이익으로
> 쾌락을 늘리고
> 문득 혐오 속에서 누군가를 기억한다
>
> 너의 눈은 검고 깊었다. 그러나
> 그는 입맞춤으로 너의 눈을 파낸다
> 너는 다시는 달을 볼 수가 없을 것이다
>
> —「눈물은 푸르다」

"憎惡에 投資"한 지난 세월이 낳은 쾌락의 입맞춤은 "검고 깊"은 눈을 파내고 다시는 달을 볼 수 없게 한다. 이러한 절망의 시대를 시인은 '푸른빛 눈물'이라는 상징을 가지고 헤쳐가려 한다. 최종천의 시는 지난 시대의 유산인 "열린 눈의 막막함"이나 "약속의 허망함"보다는, "거기서 나온 이익으로／쾌락을 늘"인 현재에 대한 성찰의 기록이다. 이러한 기록이 일상적인 삶에 대한 집요한 탐색에서 비롯되고 있다는 점에서 그는 현실주의자이다. 노동자들의 멍든 일상과 '눈물'에 대한 시인의 "물에 젖은 인상화"를 조금 더 엿보기로 하자.

> 바람이 부드러운 손길로 가볍게
> 작업장으로 들어가는 동료들의 등을 다독여 주고 있었다.
> 잠시 후 우리들이 세워 놓은
> 철판 쪼가리 사이로 스며들었다

시작 종은 벌써 울렸다.
시계는 여덟 시 오십 분을 가리키고 있었다
야간 작업을 끝내고 올라온 몇은
그을린 그믐달 같은 얼굴을 소파의 먼지에 묻은 채
여기 저기서 빈 봉투처럼 기침을 하고 있었다
온몸을 흔들어 봐도 산다는 것이
쓰레기통에서 먹을 것을 뒤지는 개의
흐느적거림에 지나지 않을 때
출근 카드의 빈칸이 차 가는 만큼 조용히
그리운 것들의 이름이 지워져 갔다
땀과 기름 먼지가 배어들어 축축한
작업복을 입으면 어깨 위에
살아 내야만 하는 세월이 쌓이고
몸도 마음처럼 물에 젖은 인상화가 되었다
일분에 OK
컵라면 자동판매기에
한 줌의 피땀을 넣으면 던져 주는
쓰디쓴 환약 같은 라면을 먹으며 나는
조용히 태양을 응시했다
응, 그러겠노라고
고개를 끄덕거렸다

─「출근-지각」

"야간 작업을 끝내고 올라"와서 "그을린 그믐달 같은 얼굴을 소파의 먼지에 묻은 채" "빈 봉투처럼 기침"하는 노동자들의 삶. "온몸을 흔들어 봐도 산다는 것이/쓰레기통에서 먹을 것을 뒤지는 개의/흐느적거림"일 뿐이고, "출근 카드의 빈칸이 차 가는 만큼 조용히/그리운 것들의 이름이 지워져" 간다. 이러한 눈물의 삶 속에서 시인은 "조용히 태양을 응시"하며 "응, 그러겠노라고/고개를 끄덕거"린다.

최종천의 시에는 현재의 일상적 삶, 즉 늘 "지각"인 삶에 대한 따스한 긍정과 연민의 시선이 담겨 있다. 그는 결코 지옥 같은 노동의 삶을 거부하거나 부정하지 않는다. 삶을 묵묵히 수락하는 이 긍정 속에 최종천 시의 강렬한 흡인력이 있다. 위의 시에서 드러나듯, 노동자들의 일상적 삶을 디테일한 언어로 스케치하는 산문적 묘사와 현실을 긍정하고 수락하는 태도 사이에는 그 어떤 인과적 연결 고리도 없다. 최종천 시의 사실적 측면만을 주목하고 방심한 상태에서 그의 시를 읽어 가노라면 이 비약 앞에서 망연자실하기 쉽다. 그러나 이러한 비약 뒤에는 시인 특유의 복합적이고 날카로운 현실 인식이 가로 놓여 있다. 그의 시는 보다 가혹하고 유연해진 현실에 '겹의 시선'으로 응전함으로써 단성적인 목소리 일색이었던 기존의 노동시를 해체·갱신하려 한다.

시인이 현재를 수락하고 긍정해야만 하는 이유는 시대가 변하고 세월이 흘러도 노동자들의 삶은 변함없이 지속되고 있다는 사실 때문이다. 노동자에겐 변화된 현실을 부정하거나 거부할 이유가 없다. 급격한 변화의 소용돌이에 휩싸여 있는 듯하지만, 실제로 변한 것은 아무 것도 없기 때문이다. 이러한 깨달음이 그의 시선을 노동자들의 일상적 삶에 대한 성찰로 이끈다.

문제는 노동자들의 일상적 삶을 '어떠한 방식'으로 표현할 것인가에 달려 있다. 노동시의 새로운 현실 대응력이 필요한 시기인 것이다. 시인은 체험과 상징을 겹쳐 놓음으로써 노동시에 내면 풍경을 그려 넣는다. 여기에서 체험적이면서 동시에 고도의 상징적 의미를 전달하는, 진솔하면서도 시적 긴장감을 잃지 않고 있는 최종천 시의 독특한 매력이 발산된다. 최종천의 시는 리얼리즘적 현실 비판 의식(노동자)을 한 축으로, 그리고 이러한 현실을 팽팽히 당겨진 활시위와 같은 의식의 긴장으로 끌어올리려는 욕망(시인)을 다른 한 축으로 하는, 즉 체험과 상징을 교직시킴으로써 우리 시대 노동시의 새롭고도 독특한 지형도를 그려 보인다. 이 수평적 축과 수직적 축, 체험과 상징, 그리고 눈물의 삶과 이에 대한 긍정/초극이 만나고 갈라지는 지점에서 '푸른빛'이 명징한 광채를 드러내고 있다. 최종천의 글쓰기는 이 '푸른빛'의 부름에 대한 응답인 셈이다. 필자는 이 '푸른빛'을 비극적 현실의 절망과 결핍의 표지가 아니라, 이 표상들 너머에 존재해서 영원히 도달하지 못하지만 그렇다고 결코 외면할 수 없는 '그 무엇'에 대한 겸허한 모색으로 읽었다. 아니 읽고 싶다. 이러한 '푸른빛'은 "꽃이 진 발자국"에 남아 있는 "별", "어깨 위에 떨어진 꽃잎" 등의 이미지로 변주되면서 아스라한 파문을 일으킨다.

　모래 위에 떨어진 물방울이
　모래를 물고 놓아주지 않았다

　꽃이 진 발자국마다
　아직 별이 남아 있어
　나는 보고 있었다

　낯선 시간이 다가와 물었다
　그 때를 기억하느냐고

　바람이 불기에
　나는 고개를 저었을 뿐이다

어깨 위에 떨어진 꽃잎의

무게를 느끼지 않았다면

나는 울었으리라

―「모래 위에 떨어진 시선」

"낯선 시간"이 다가와 시인에게 "그 때"를 기억하느냐고 묻는다. 시인은 고개를 젓는다. 증오에 투자한 지난 시대에 대한 부채감이 없기에, 아니 노동자에겐 과거와 현재 사이에 그 어떠한 심연도 존재하지 않기에, 노동자 시인은 현재를 묵묵히 수락하고 "꽃이 진 발자국마다" 아직 남아 있는 "별"을 조용히 응시한다. 시인은 "멍을 우러낸 삶 속"에서 반짝이는 순간을, "어깨 위에 떨어진 꽃잎의 무게"를 감지하고 그 속으로 자맥질해 들어간다. 이 자맥질이 시인의 가슴에 내밀한 파문을 일으키며 일상적 삶의 고단함에서 오는 울음을 삭이게 한다.

나는 왜 고집스럽게 집으로 가야 하는가?

많은 사람들이 집을 가지려 등이 휘고

그 능선에서 해가 뜨고 진다

집안의 장롱이나 책상에 사람들은

저마다의 의미를 가두어 놓고 있을 것이다

나는 거리를 헤매면서 알았다

이토록 많은 사람들 사이에서 마저

빛나는 언어를 얻을 수 없는 까닭은

우리가 의미를 낭비하고 있기 때문이라는 것을

행복이라는 상징은 얼마나 춥고 배가 고픈가

나는 오늘도 많은 의미를 소비했다

가엾은 예수와 노자에게

다시는 언어를 구걸하지 않으리라고 생각하지만
사실 그들에게는 집이 없었다고 한다
눈사람의 집은 그의 몸이다
그의 몸은 그의 全集이다
나도 눈사람처럼 집 없이 살고 싶다

—「집」

'푸른빛'으로의 자맥질은 노동자들의 일상적 삶에서 "빛나는 언어"를 일구어 내려는 의지로 표출된다. "몸"이 "全集"이 되는 "눈사람"의 "집"에 비유할 수 있는 이 응결의 시학은 욕망의 과잉으로 대표되는 소비사회의 모습과 대비되면서 "의미"를 "낭비"하며 살아온 시인의 삶을 꾸짖는다.

최종천의 시는 과거(역사)로 뒷걸음치지도, 그렇다고 미래를 향해 전진하지도 않는다. 그의 시는 오직 '현재'(일상)에 머물러 있다. 이 '현재'를 응시하는 "모래 위에 떨어진 시선"이 과거와 미래를 응축시킨, 퇴각과 진행이 하나로 어우러지는, "눈사람"의 시학으로 심화된다. 이 응축의 시학은 최종천 시의 독특한 매력이라 할 수 있는데, 일상적인 삶을 산문적인 운율로 서술하는 시상의 전개에서 갑작스러운 비약을 통해 순간적으로 표출된다. 이 지점에서 최종천 시의 정치·사회적이고 상황적인 외피는 존재론적 깊이를 부여받는다. 이러한 변모는 「문화의 시대」에서 노동의 시를 되찾기 위한 몸짓으로 음각됨과 동시에 자본주의적 질서에 대한 제동장치로 기능하며 노동의 원초적 순결성을 환기한다.

음악도 미술도 문학도 빼앗기고
스포츠와 무용마저도 빼앗겨 골절상을 입은

勞動이 걸어간다

야구장에서 야구를 보고 그림을 보고

침을 흘리고 있다. 노동의 기억은 희미하게

켜져 있다. 노동의 도수 높은 안경 너머로

도면에 기입된 숫자들이 꾸물거린다

문학이 그에게 말한다, 너는 너고 나는 나다

노동아 쉬어 가면서 하라, 음악이 지성미를 자랑한다

기가 죽은 노동에게 미술이 화장품을 팔고 간다

예술들이 노동을 비웃는 소리는 음악이다

그 광경이 미술이다

오고가는 말들이 문학이다

노동이 한마디 하면 스포츠가 한방 먹인다

노동은 툭툭 털며 일어선다

아직도 촌놈인 노동

참 멍청한 노동

머리가 안 돌아가면 손발이 고생하기 마련이다

그것이 노동이다

노동, 그것이 없으면 문학도 미술도 음악도 스포츠도

심심해한다

예술들이 모여 노동을 찾는다

노동은 그들의 놀림감이다

바야흐로 문화의 시대

매일 공연이 벌어진다

―「문화의 시대」

시인이 보기에 오늘날의 문화는 자신의 기원이자 뿌리인 '노동'을 일종의 대리물이자 은폐된 타자로 역전시킴으로써 스스로의 정체성을 획득하고 있다. 문화의 시대 노동은 스스로를 소외시킴으로써 하나의 이미지가 되어 버렸다. 이미지화된 노동은 노동 그 자체를 표상하는 것이 아니라, 문학·미술·음악·스포츠·무용 등을 위하여 스스로를 공연하는 모조품이 되기에 이른다. 문제는 이 시뮬라크르된 노동이 스스로의 허구적 이미지를 표상하는 데 머무는 것이 아니라, 자신을 표상하고 있는 현실도 창조한다는 점이다. 이미지의 범람 속에서 노동은 침묵하는 존재가 된다. 최종천의 시는 "문화의 시대"가 노동 위에 던진 이러한 허구적 투영도를 폭로하는 작업이고, 노동을 지배하기 위한 문화의 의지 표명을 뒤집는 고단한 몸부림이다. 최종천은 "문화의 시대"를 낮은 포복으로 전진한다. 이러한 행보는 비록 느리지만, 우리를 노동의 의미를 되새기는 작업에, 나아가 노동시의 미래를 일구는 텃밭에 초대한다는 점에서 소중하다.

2. 상징은 배고프다

최종천의 시에는 윤리적 화자가 자주 등장한다. 그의 시가 지나치게 체험 서술적이며 교훈적으로 읽히는 것도 이와 무관하지 않다. 도덕적 자아·비판적 자아의 모습이 보기 드문 오늘날 최종천의 시는 이러한 이유 때문에 역설적으로 낯설다. 이는 '노동자 시인'이라는 그의 출신 성분과 무관하지 않을 터인데, 주지하듯 최종천 시의 진정성은 '노동자'와 '시인' 사이의 팽팽한 긴장에서 담보된다. 자본의 논리가 일상 구석구석까지 침투한 소비의 시대지만, 여전히 노동자는 우리 사회를 지탱하는 생산의 주역이다. 이러한 노동자로서의 윤리적 자아는 시인으로서의 자아와 길항작용함으로써 독특한 무늬를 빚어내는데, 이는 원심력과 구심력, 외적 팽창과 내적 심화의 교직이 발산하는 팽팽한 긴장감으로 표출된다. 최근 발표된 작품들에서는 노동자로서의 자화상이 작품의 배면으로 가라앉고, 시인으로서의 자의식이 두드러지게 표출된다.

> 삼풍백화점이 주저앉았을 때
> 어떤 사람하나는
> 종이를 먹으며 배고픔을 견디었다고 했다.
> 만에 하나 그가
> 예술에 매혹되어 있었다면
> 그리고 그에게 한 권의 시집이 있었다면
> 그는 죽었을 것이다.
> 그는 끝까지 시집의 종이를 먹지 않았을 것이다
> 시의 의미를 되새김질하면서
> 서서히 미라가 되었을 것이다
> 그 자신 하나의 상징물이 되었을 것이다
> ―「상징은 배고프다」

위의 작품은 은유와 상징의 세계가 사라져 가고 있는 현대 사회에 대한 우화적 풍자시이다. 시집을 종이(물질)로 받아들인다면 살아남고, 그것을 예술이나 상징으로 수용하여 이를 거부한다면 죽음에 이른다는 전언을 통해 시인은 물질적·현실적 세계관에 대항하는 은유적 세계관(상징)이 지닌 소중함을 역설적으로 강조하고 있다. 상징은 진정한 시를 볼 수 있는 눈에 의해 발견될 수 있다. 그것은 오늘날 쉽게 발견할 수 있는 것이 아니라는 점에서 항상 배고픈 것, 결핍된 것이다. 시의 의미를 되새김질하는 사람은 "서서히 미라"가 되어 간다.

이러한 '상징의 배고픔'은 그 동안 시인이 지속적으로 추구해온 노동자의 일상적 삶의 결핍과 겹쳐지면서 더욱 밀도 높은 긴장감을 자아낸다. 현실을 고도로 추상화하거나 전복시킴으로써 얻어진 것이기 때문이다. 특히, 이와 같은 '상징의 결핍'이 상징의 생산보다는 물질의 생산에 중요한 의미를 부여해온 노동시에서 발현되었다는 사실은 우리 시에서 흔치 않은 사유의 결정물이라는 점을 차치하고라도 시사하는 바가 크다.

> 나는 무골 호인이 아니다
> 나를 거스르지 말라
> 나를 거역하는 자에겐
> 가차없이 대적하리라
> 나는 먹을수록
> 배가 고픈 자궁이다
> 나를 범하는 자는
> 그 목숨을 물에 말아먹고 말리라
> 누구든 내 앞에서는
> 뼈를 세우지 말라
> 목에 힘주지 말라
> 흐름에 맡기고
> 송장헤엄을 쳐라
> 나는 삼키는 자궁이다
> 나는 찌꺼기를 낳는다
>
> ―「소용돌이」

최종천은 노동 현장에서 시 쓰기를 시작하였지만 시적 경향이나 표현 방식은 상당히 관념적이다. 물론 주제적인 측면에서는 현실 비판적이다. 위의 시에는 자본의 욕망이 '소용돌이'에 비유되어 있다. 자본주의의 욕망과 그 무한함은 이상·평등·사랑 등 비물질적인 것조차 삼키는 소용돌이(블랙홀)와 같은 모습으로 그려진다. 이 소용돌이에 역류하려는 몸짓은 소용없는 짓이다. 흐름에 거역하지 말고 "송장헤엄"을 치며 죽은 듯이 따라가는 것이 이 시대에서 살아갈 수 있는 방법일지도 모른다. "삼키는 자궁"으로 대변되는 무한증식하는 자본의 욕망은 이미 생산의 자궁이 아니라 소멸과 죽음의 상징일 뿐이다. 알맹이는 모두 삼키고 수면 위에 둥둥 뜨는 가벼운 찌꺼기만이 부유하는 공간이다. 그렇다면 이러한 시대를 어떻게 살아낼 것인가?

    나뭇잎들이 흔들리며 반짝이는 것이
    사람으로 치자면 말을 하는 것일까?
    이 그늘 아래서라면 나는 입을 다물고
    나무들이 읽어주는 경전을 들어보리라
    해마다 수천권의 책이 출판되고
    영화와 연극이 공연되는 대명천지에
    지금은 헤어진 그녀도 나더러
    주둥이 하나로 먹고 살 생각을 하라고
    이제 노동을 그만 하라고 넌지시 충고하는
    눈부신 지식산업과 문화의 세기에
    나무들은 부는 바람에 춤을 추는구나
    일을 하는구나 일을 하는구나. 땅을
    깊고 넓게 일구고 있구나
    말이야말로 기술적으로 해야 하는 것이다.
    최소한 여호와에게 변명을 하기 위해 맨 처음

입을 열어 핑계를 댄 아담 정도는
되어야 말을 하는 것이다.
나의 말을 훔쳐간 한권의 시집을
지금 누군가가 읽고 있으리라
내가 생산한 의미를
누군가가 써먹고 있을 것이다.
나무그늘 아래서 나무가 쓴 경전을 읽어본다
나무의 언어는 나무 자체이다
나무의 언어는 나무로 實在하고 있다.
나무의 언어는 그 자체가 목적이다.
인간의 언어는 사물의 언어를 듣기 위한 언어이다.
노동은 본래 그런 침묵의 언어였다.
나는 人權대신 物權을 주장하리라.
사물이 나에게 증여한 이 언어로

―「침묵의 언어」

인용시는 노동의 소중함과 말의 경박함을 대비시키고 있는 작품이다. 나무와 인간, 나무의 언어와 인간의 말(시집), 물권과 인권의 대비를 통해 노동·침묵의 언어로 대변되는, 그 자체가 목적인 있는 그대로의 모습이, 사물의 언어를 듣기 위한 수단에 불과한 시의 언어보다 소중하다는 깨달음을 전하고 있다. 그래서 시인은 "나는 人權 대신 物權을 주장하리라/사물이 나에게 증여한 이 언어로"라고 고백하고 있는 것이다.

말이 노동이 되는 시를 위해 시인은 "목발"에 의지하는 삶을 수락한다.

나는 목발에 의지해 걷고 있다
퇴화할 수 있는 좋은 기회다.
이 문명의 廢倫으로부터
진보의 환상으로부터 물신주의로부터
도망가면서 나는 짖는다.
나의 욕망은 진화중이다.
나는 퇴화중이다.

—「목발」

　인용시에서 시인은 "진보의 환상"과 "물신주의"로부터 "도망가면서" 짖는다. 이 시는 문명의 발전이 비인간적으로 되어 가는, 발전적·진보적인 역사관의 허상을 비판하고 있는 작품이다. 이는 물신주의·자본주의에 대한 환멸과 동궤에 놓이는데, 멀쩡함(두 다리)에 대한 거부감으로 드러난다. 시인은 퇴화(네 다리)가 오히려 순수하다고 생각하면서 개의 본능과 본성에 다가가려는 의지를 드러내고 있다. 여기에는 "문명의 廢倫"에 대한 비판과 거부감이 함축되어 있다.

목발을 짚고 걷다가 내려놓고 걸어본다
좌우로 앞뒤로 이동하는 중심을 다스려 본다
얼씨구—? 이건,
지금까지 보지 못한 춤이 추어진다
목발을 쥐던 두 손은 허공을 헤집고
얼굴이 들렸다 수그려 졌다 한다
궁둥이가 제일 바빠진다
다리가 불구가 되면 걸음이 춤이 된다니!
춤을 위해서는 다리 하나만 자르면 되는 것이다

> 발레리가 말하기를 걸음은 수단이지만
> 춤은 그 자체가 목적이라
> 수단인 걸음을 배우기 위해
> 아기가 걸음마를 하고 있다 춤을 추고 있다
> 걸음을 배우며 아기는 춤을 잃어 가리라
> 곧게 서서 죽음을 향하여 직선으로 걸어 갈 것이다
> 나는 잃어버린 춤을 되찾았다
> 춤은 不具의 것이다 춤을 추는 것은
> 죽음으로 곧장 가기를 망설이며
> 말을 버리고 말하는 고장난 몸짓이다
> 온통 不具인 삶을 보여주는 것이리라
>
> ―「춤을 위하여」

위의 시는 목발의 사용을 통해 걸음이 춤이 될 수 있음을 발견한 일상의 관찰이 돋보이는 작품이다. 시인은 걸음(수단/죽음으로 가는 것)과 춤(목적/불구의 것/고장난 몸짓)의 대비를 통해 우리 시대의 모순을 질타하고 있는 것이다.

이제 시인에게 '잃어버린 춤을 어떻게 되찾을 것인가'에 대한 방법론적 질문을 던져야 할 때이다. 이는 '잃어버린 춤을 되찾아야 한다'라는 당위적 명제에서 한 걸음 더 나아가 호소력 있는 정서와 정제된 이미지의 조형을 통해 "말을 버리고 말하는 고장난 몸짓"(춤/노동) '그 자체'를 형상화하는 작업에서 비롯되지 않을까.

자연과 삶에 공명(共鳴)하는 서정의 언어
―이은봉의 시세계

1.

파스칼에 따르면, 이성의 마지막 진보는 이성을 초월하는 것이 무수하게 존재한다는 사실을 인정하는 데에서 이루어진다. 만약 그것을 인정하는 데까지 도달할 수 없다면, 이성은 빈약한 것에 지나지 않게 된다. 이성이 최후의 일보를 내딛기 위해서는 스스로를 부정해야 하는 아포리아를 견뎌야 한다. 이러한 딜레마를 감내하기보다는 빈약한 이성의 집을 포기해 버리는 것이 손쉬운 삶의 태도일 수 있다. 이를테면, 지난 시대 민족·민중문학은 이성을 초월하여 존재하는 것을 애써 외면함으로써 이성의 한계를 겸허하게 수용하지 못했다. 이에 대한 반성의 문학 또한 포스트모더니즘적 사유와 몸을 섞고 너무나 쉽게 이성과 결별하고 말았다.

이은봉의 시는 이성의 신화에 대한 굳건한 믿음과 절망의 과잉 사이에 보금자리를 틀고, 이성과 그것을 초월하여 존재하는 것을 동시에 불러들인다. 이성의 빛만으로는 포착되지 않는, 현실과 자연의 미세한 기미가 그의 시적 관심의 대상이 되고 있으며, 그는 이를 이성의 언어로 드러내기 위해 노력한다. 그의 시는 마치 불연속성에 기초하지만 고도의 자기 동일성을 유지하는 프랙탈(fractal) 방정식과 같이, 이성과 이를 초월하는 이질적 이미지의 중첩을 통해 현실의 정황을 압축, 재현함으로써 양자의 현재적 의미를 추출하고 있다.

이러한 이성과 그 너머의 긴장은 그의 신작시에서 인간과 자연, 과거와 현재의 그것으로 변주되어 표출된다.

이은봉의 시는 인간과 자연, 자연과 자연 사이의 은밀한 교감을 극대화한 영상 화면을 연상시킨다. 이 영상 화면에는 언어로 세계(자연)를 범하고자 하는 시인의 내밀한 욕망이 꿈틀거리는 듯하다. 그의 시에 등장하는 자연은 물질 문명에 찌든 인간에게 위안과 평안을 주는 대상도 아니고, 개척과 노동의 대상인 근대적 의미의 자연도 아니다. 그의 자연은 이들을 감싸면서 넘어서는 지점에 둥지를 마련한다. 그의 시에서 자연은 자족적으로 존재하면서도 인간과 소통하고 나아가 그 호환을 통해 새로운 생명을 창조한다. 이러한 자연의 메시지와 교합하는 시인의 언어는 이성과 그 너머의 공간을 맴돈다. 이성을 초월해서 존재하는 자연을, 시인은 이성의 집인 언어를 통해 포착할 수밖에 없기 때문이다.

한편, 이은봉 시세계의 원형질을 이루고 있는 '1980년대'라는 타자는 희미한 이성의 실루엣을 드리우고 그의 시 도처에서 살아 숨쉬고 있다. 이러한 이성의 그림자는 그의 시에 '진정성'이라는 '역설적 낯설음'의 이미지를 덧씌운다. 최근 발표한 작품들에서 과거의 그림자가 끈질기게 시인의 발목을 잡고 있는 모습은 이를 잘 보여주는 예이다. 그의 시에는 이성의 실루엣과 고투하는 내밀한 욕망의 지형도가 주조(鑄造)되어 있는데, 이는 고통스런 과거를 현재화, 자기화하려는 의지의 발현이다.

 이렇듯, 이은봉의 시는 인간과 자연, 과거와 현재 그리고 이성과 그 너머의 틈새에서 스스로의 정체성을 심문한다. 삶의 심연 깊숙이 자맥질해 들어감으로써 열리는 이 틈새의 공간에, 시인은 시의 모순적 운명이 빚어내는 섬세한 무늬를 음각한다. 시대의 어둠을 꿰뚫는 재기발랄한 빛의 언어로 조탁한 이 서정적 음화(陰畵)는 서정과 현실의 경계에서 암중모색하는 시인의 초상과 포개지면서 미묘한 환기력을 발산한다.

2.

 한 비평가는 이은봉 시인의 최근 시집 『내 몸에는 달이 살고 있다』(2002)를 해설하면서 이 시집을 관류하는 하나의 플롯을 발견하여 제시하고 있다. '사물들의 주체적 활력—생명의 기원 탐색—사물들의 내적 연관성—중년의 생에 대한 성찰'이 그것인데, 이러한 플롯은 무생명에서 생명으로, 독립된 개체성에서 내적인 연관성으로, 외재적 자연에서 내재적 일상으로 삶의 무게가 옮겨지면서도 시인의 생태적 사유가 매우 폭넓게 그것들에 두루 걸쳐 있다는 것을 하나의 구성 원리로 보여주고 있다. 최근 시집의 이러한 성찰은 역사에 대한 부채의식과 지나온 생활의 무게에서 자유로워지려는 자유와 치유의 언어를 행간에 활력 있고 환하고 고통스럽게 저며 넣고 있는 데서 잘 드러난다는 것이다. 그는 이은봉의 시가 자아의 확충과 뭇 대상들을 향한 우주적 연민으로 나아갈 것이라고 진단하면서, 이러한 스케일의 확충이 인위적 관념으로 추구되기보다는, 지속적인 심미적 형상의 결을 얻어, 생의 리듬을 구체적으로 체현하면서, 낱낱 사물들의 존재 형식을 암시하는 장인정신을 통해 완성되기를 기대하고 있다.

  필자는 이은봉의 신작시를 검토하면서, 위의 평론가가 언급한 '지속적인 심미적 형상의 결을 얻어, 생의 리듬을 구체적으로 체현하'는 작품들을 만나는 즐거움을 누렸다. 물론 이번에 발표한 모든 작품들이 그렇다는 것은 아니다. 이를테면, 섬세한 텍스트의 결을 거스르는 지나치게 직설적인 제목들이나 "봄, 가을 태어나고 죽는 저 늙어빠진 설움덩어리"(「지구 밖에서」) 같이 심미적 형상화가 부족한 표현들, 그리고 「종이 호랑이를 타고」「착지」「해바라기 꽃판」 등에서 드러나는 추상적이고 감상적인 현실 인식 등은 시적 긴장을 느슨하게 함으로써 정서적 감응의 밀도를 떨어뜨리기도 한다.

  그럼에도 불구하고, 이번에 발표한 신작시들은 자아와 세계(자연) 사이의 소통과 교감이 심화·확충되고 있는 면모를 보여준다. 그의 시는 전통 서정의 맥락을 넘어서는 지점으로 나아가고 있다. 세계의 자아화를 통하여 대상과 하나됨을 추구하는 전통 서정의 세계에는 자연의 순수하고 영원한 모습과 화통하려는 인간의 욕망이 매개되어 있다. 전통 서정시는 자연을 노래함으로써 그것의 속성을 획득하려는 인간의 근원적 욕망이 낳은 산물이다. 이에 전통 서정의 세계는 인간이 중심이 되어 자연에 다가가려는 의지를 표출하고 있는 셈이다. 이러한 전통 서정의 논리를 넘어서기 위해서는 자연과 인간 사이의 새로운 관계가 설정되어야 한다. 이를 위해 이은봉은 서정적 자아의 주관을 철저히 배제하고 스스로 목소리를 내는 역동적인 자연의 모습을 형상화하는 것이다. 이를 통해 시인은 자연의 깊은 속내를 들여다보며, 이 속내와 통정하는 내밀한 언어를 꿈꾼다.

  헉헉대는 숨소리 너무 거칠군요
  來蘇寺에서부터 허겁지겁 단숨에 달려왔군요

오리나 되는 먼 산길을······

아무것도 보이지 않는다고요

당연하지요 헉헉대는 사람에겐

아무 것도 보여주지 않지요

〔···중략···〕

이젠 내 가슴 속 발 담그고 좀 앉아 쉬세요

너무 바쁘고 분주하군요

눈감고 귀 기울여 들어보세요

물소리, 새소리, 바람소리 가슴 뻥, 뚫리잖아요

아직도 숨소리 거칠군요

잠시도 쉬지 않고 달려왔고요

그래요 늘 종종대는 것이 세상이잖아요

어쩌겠어요 그냥 편히

시간의 수레를 타고 가는 수밖에요

그래요 그건 그렇고 이번엔

내가 좀 당신의 무릎 위에 앉아 볼까요

친절이며 정성도 서로 나눌 때 빛나지요

자자, 이쪽으로 무릎을 돌려보세요

으스러지게 나를 한번 좀 안아보세요.

—「직소폭포한테 듣는 말」

이 작품은 자연이 인간에게 교훈이나 삶의 의미를 깨닫게 하는 단계에서 한 걸음 더 나아가고 있다. 속도의 시대에 삶의 여유를 가지라는 폭포의 충고는 어찌 보면 진부할 수 있는 자연의 전언이다. 이 시에서 주목되는 부분은 "내가 좀 당신의 무릎 위에 앉아 볼까요"라는 직소폭포의 말이다. 이러한 폭포의 목소리는 자연에게 다가가는 인간의 모습을 보여주었던 전통 서정의 세계와는 달리 인간에게 능동적으로 다가서는 자연의 모습을 보여준다. 이러한 과정을 통해 자아와 세계(자연)는 공명(共鳴)하며 서로의 경계를 확장시키는 계기를 마련한다.

여우비 속 우두커니 서 있는 오동나무, 떨어지는 잎새의 촉촉한 숨결이, 훅하니 내 뺨을 어루만진다.

손이 따뜻한 그녀, 이내 제 코를 내 코에 대고 마구 문지른다

땅속으로부터 꽃향기, 후끈 솟구쳐 오른다 하늘이 내뱉는 젖은 숨결들, 우르르 몰려와 그윽하게 오동나무의 몸 적신다

젖은 몸 위로 젖은 마음이, 스멀스멀 시고 떫고 끈적한 열매들을 키워낸다.

―「오동나무」

인용시는 화자와 오동나무의 소통을 보여주는 아름다운 작품이다. 특히, "촉촉한 숨결", "손이 따뜻한 그녀", "제 코를 내 코에 대고 마구 문지른다" 등에서 드러나는 촉각적, 후각적 이미지는 화자와 오동나무 사이의 교감에 친밀감을 부여해 준다. 이와 더불어 후끈 솟구쳐 오르는 "땅속으로부터의 꽃향기"나 오동나무의 몸을 적시는 "하늘이 내뱉는 젖은 숨결들"이라는 표현은 이들 사이의 소통의 깊이를 암시하고 있다. 땅속으로부터 솟구쳐 오르는 꽃향기나 하늘이 뱉는 젖은 숨결은 오동나무의 본질적 모습을 함축한다. '땅'이나 '하늘'은 자연에 생명을 부여하는 근원이자 뿌리이기 때문이다. 이러한 존재의 기원과 매개된 소통은, 시인의 대상과의 교감이 얼마나 머나먼 의식의 심층에서부터

발원하고 있는지를 짐작하게 해준다. 이러한 대상과 자연의 긴밀한 소통에 바탕한 "젖은 몸 위로 젖은 마음"이, "스멀스멀 시고 떫고 끈적한 열매"들을 키워낸다. 비록 시고 떫고 끈적한 열매지만 화자와 오동나무가 겹쳐지고 포개져 함께 만들어낸 이 생명은 더없이 진실하고 소중하며 성성하다.

「오동나무」가 화자와 자연 사이의 교감과 소통을 보여주었다면, 다음의 작품은 화자가 뒤로 물러나고 대상과 대상 사이의 밀애가 전경화되고 있는 진풍경을 보여준다.

먹구름들 그만 찔끔 쌌나 보다
물비린내 허공 가득 번진다

제석산 입구, 무너진 집터 아래
빗방울들 투덕투덕 걸어가고 있다

훅하니, 후박나무 젖은 잎사귀들
빗방울들의 귓밥 물어뜯는다

두근대는 후박나무의 숨소리
찬찬히 빗방울들의 몸 휘감는다

후두둑, 솟구쳐 오르는 물비린내
의 설레는 가슴, 석류알처럼 떫다

슬픔들 동그랗게 제 몸 말아
흐르는 도랑물 속으로 굴러떨어진다

제석산 입구, 무너진 집터 아래
빗방울들 후다닥, 발걸음 치켜들고 있다.

―「빗방울들!」

　위의 작품은 먹구름들의 방사(放射)로 떨어진 빗방울들과 후박나무 잎사귀들의 사랑(교감)을 포착하고 있다. 이은봉의 시에서 자연현상이나 삶의 일상은 종종 성행위로 비유되어 묘사되곤 한다. 섹스야말로 대상간의 가장 친밀한 소통 수단의 하나이기 때문이다. "훅하니", 물비린내를 풍기는 빗방울들의 귓밥을 물어뜯고, 두근대는 숨소리로 찬찬히 그들의 몸을 휘감는 "후박나무 젖은 잎사귀들"의 모습은 빗방울과 잎사귀의 친밀하고 역동적인 사랑을 보여준다. 뒤이어 "석류알처럼 떫"은, "후두둑, 솟구쳐 오르는 물비린내/의 설레는 가슴"은 이들 사랑의 결실에 생명력을 불어넣고 있는 표현이다. 이러한 사랑의 결실을 "동그랗게 제 몸을" 마는 "슬픔들"로 치환한 시적 상상력은 절묘하다. 하나됨의 순간이 주는 찰나의 섬광은 그것을 오래 지속시킬 수 없다는 사실 때문에 비극적 아우라를 발산한다. 시인은 이 슬픔을 감내해야 한다. 서정적인 것의 본질이 물리적 시간을 초월하여 순간을 영원으로 치환하는 욕망의 연금술이라는 점을 수용한다면, 소멸하는 것의 아름다움을 위해 기나긴 일상의 시간을 견뎌야 하는 것 또한 시인이 수락해야 할 운명이다. 이러한 시인의 운명은 "흐르는 도랑물 속으로" "슬픔들(사랑)"을 떠나 보내고 "무너진 집터 아래"에서 "후다닥, 발걸음 치켜드는" 빗방울을 응시하는 모습에 투영되어 있다.

　자연과의 소통이 빚어내는 투명하고 아름다운 서정적 비애의 장면들과 마주치는 즐거움과 더불어, "스멀스멀"(「오동나무」)이라는 부사어가 주는 언어의 감옥을 넘어서는 역동적 이미지, "후다닥, 발걸음을 치켜

들고 있"는 빗방울들의 모습을 "빗방울들!"에서처럼 감탄 부호로 이미 지화하고 있는 모습, "찔끔" "훅하니" "투덕투덕" "후두둑" "후다닥" 등의 상징어가 주는 발랄하고 생동감 넘치는 리듬, 쉼표의 효과적인 사용으로 긴장과 이완을 조절하는 묘미 등은 우리말의 섬세하고도 힘찬 약동을 극대화한 이은봉 시가 주는 감칠맛 나는 보너스다.

3.

이번에 선보인 신작시의 또 하나의 주된 흐름은 일상적인 삶에 대한 진지한 성찰의 시선을 보여주는 작품들이다. 신작시의 이러한 성찰은 '역사에 대한 부채의식과 지나온 생활의 무게에서 자유로워지려는 자유와 치유의 언어'(유성호) 의식에서 발현된 것이라기보다는, 오히려 과거의 역사와 삶의 무게를 온전하게 감당하려는 의도의 소산으로 보인다.

> 강물은 왜 또다시 얼어붙고 있는 것인가
> 지난 겨울엔 어머니의 늙은 척추를 얼려
> 얼마나 마음 졸였던가 무슨 심술로
> 강물은 또다시 하얗게 얼어붙고 있는 것인가
> 차라리 내 아랫도리나 차갑게 얼려
> 고드름처럼 녹아버리게 하지 강물은
> 왜 또다시 자꾸 얼어붙고 있는 것인가
> 지난 겨울엔 아내의 젖가슴을 얼려
> 얼마나 오래 밤잠 못 이루었던가
> 무슨 억하심정으로 강물은 또다시

아픈 제 발목 푹푹 꺾고 있는 것인가
끝내는 아버지의 숨골마저 얼려
가슴 온통 슬픔으로 채우고 있는 것인가
넘쳐흐르던 풍년의 기억 죄 씻고
무슨 꼬라지로 강물은 이 밤 또다시
차가운 눈초리로 날 노려보고 있는 것인가
매서운 손톱 내려 깔고 있는 것인가.

―「다시 얼어붙는 강가에서」

'강물'은 일반적으로 역사나 현실 의식을 상징한다. 이에 과거 암울했던 시대의 시인들은 시대적 현실이나 역사 의식을 암유하는 표현으로 '강물'의 이미지를 즐겨 사용했다. 이은봉은 이러한 강물의 이미지를 다시 차용하면서, "강물은 왜 또다시 얼어붙고 있는 것인가"라는 절규 어린 질문으로 시를 열어 젖히고 있다. 그러나 이 시에서 얼어붙은 강물은 역사나 시대 현실의 동결을 의미하지는 않는다. 오히려 강물은 "제 발목 푹푹 꺾"어 가면서 "넘쳐흐르던 풍년의 기억 죄 씻고" "어머니의 척추"나 "아내의 젖가슴" 그리고 "아버지의 숨골"을 얼어붙게 만든다. 이 작품에서 얼어붙은 강물은 가정으로 대표되는 일상 곳곳에까지 침투한 은폐된 자본의 이데올로기를 상징한다고 볼 수 있다. 어느덧 시인은 이 얼어붙은 강물의 "차가운 눈초리"와 대면하고 있는 것이다. 여기에는 시대가 변했지만 여전히 작용하고 있는 억압적 이데올로기에 정직하게 응전하는 시인의 견고한 내면이 가로놓여 있다.

어린 시절의 꿈이 함부로 나를 끌고 다닌다
인사동 옛길, 친구의 오랜 설움에 붙잡혀

한 잔 또 한 잔, 진창에서 빠져 나오려고
내딛는 발걸음, 여기저기 푹푹 빠진다
〔…중략…〕
소줏잔이 뾰족한 송곳니로, 온몸에
구멍 숭숭 뚫는다 어쩌랴 오랜 추억이 만드는
설움 다 떨치고 휘적휘적 집으로 돌아오며
새벽 댓바람에 묻는다 무엇 하나 제대로
맺고 끊지 못하는 마음, 기울 수도 꿰맬 수도 없는
이 어긋난 유전자 구조의 미래
살아온 생이 살아갈 생을 그물로 덧씌워
마구 끌어당긴다 아직도 버리지 못하는
늙어빠진 지난 시절의 꿈이 친구의 오랜 설움
이리저리 헤집으며 심장, 꽉꽉 파묻는다

─「진창길」

　인용시에서 시인의 일상은 "진창길"로 표현되어 있다. 진창길은 "살아온 생이 살아갈 생을 그물로 덧씌워 마구 끌어당"기는 형국이다. 이러한 진창길은 과거와 미래가 중첩된 공간이다. 시인은 '과거 현재 미래'의 선형적 시간성을 구부리면서, 현재의 공간에 과거와 미래를 덧씌운다. 이러한 현재의 공간은 내딛는 발걸음마다 "여기저기 푹푹 빠지는" 설움의 진창길이다. "무엇 하나 제대로/맺고 끊지 못하는" 시인의 마음에 과거는 여전히 매달려 있고, 미래는 "기울 수도 꿰맬 수도 없는" 어긋난 시인의 "유전자 구조"에 각인되어 있다. 이 "심장, 꽉꽉" 헤집는 진창길은 물러설 수(과거)도, 그렇다고 앞으로 나아갈 수(미래)도 없는 아포리아에 직면한 시인의 자화상을 보여준다. 이러한 진창길(현재성)의 무게를 온전하게 짊어지고 견디는 모습이야말로 행간에 드리워진 시인의 고독한 음영이라 할 수 있다.

> 새해가 묵은해를 도르래로 줄로 묶어, 급하게 끌어올린다 쪼르르
> 딸려 올라가는 묵은해가, 반 두레박의 물로 남아 찔끔거린다
>
> 방울방울 똠방거리며 떨어지는 시간들……
>
> 생각하면 더럭 겁부터 난다
>
> 눈감으면 시간이 방망이를 들고, 심장 두드리는 소리, 쿵쿵쿵 들린
> 다
>
> 심장은 시간의 난타를 이기지 못하고, 뚜벅뚜벅 도둑놈의 발자국
> 으로 제 마음 어지럽힌다
>
> 새해가 묵은해를 휴지조각처럼 구겨, 자꾸 쓰레기통에 집어던진다
>
> 아무 데나 함부로 버려지는 묵은해를, 한 곳에 모아 불태울 젊음
> 들, 저기 성큼성큼 걸어오고 있다
>
> 시간을 생각하면 가슴 위로, 울컥 벼랑이 솟는다 반 두레박의 물,
> 이미 파도로 출렁이고 있거늘.
>
> ―「시간의 무게」

"새해(미래)"가 "묵은해(과거)"를 "휴지조각처럼 구겨, 자꾸 쓰레기통"에 버려도, "묵은해"는 "방울방울 똠방거리며 떨어지"는 "반 두레박

의" 시간으로 남아 현재로 스며든다. 이렇게 스며든 "반 두레박의 물"은 "파도로 출렁이"면서, "성큼성큼 걸어"와서 "묵은해"를 "한 곳에 모아 불태울 젊음들(미래)"을 맞이한다. "묵은해"는 "방망이를 들고" 시인의 심장을 쿵쿵 두드린다. "묵은해"의 울렁임은 시인의 가슴 위로 "울컥 벼랑이 솟"게 한다.

이렇게 시인의 언어는 뒷덜미를 움켜잡는 과거와, "묵은해"를 "급하게 끌어올"리는 미래 사이에서 "시간의 무게"가 주는 중압감에 눌려 애처롭게 흔들리기도 한다. "묵은해"와 "새해" 사이에서 출렁이던 언어의 떨림은 '과거/현재/미래'의 선조적 시간성을 현재의 중첩된 공간성으로 치환함으로써 안정감을 회복한다.

生의 껍질이 깨지면 거기 토실한
알이 나오지 알에는 바퀴가
달려 있지 바퀴의 축에는 굵은 글씨가
새겨져 있지 '떠돌이……'
더러는 '나그네' '낙타' 따위의 글씨도 보이지
'어머니……' 혹은 '고향……'
따위의 글씨는 이미 없지 그렇지
生의 알에는 바퀴가 달려 있지
한번 구르기 시작하면 글씨는
이내 사라지지 달리는 生의 알은
하나의 까만 점, 멈출 줄 모르지
멈추면 흙 속으로 고향 속으로
아름답게 미끄러지는 거지 어머니의
자궁 속에서 딱딱한 껍질 뒤집어쓰는 거지
조용히 쉬는 거지 또 다시

껍질을 깨고 밖으로 튀어나올 때까진
　　그렇지 生의 알은 끝내 밖으로 튀어나오지.

　　　　　　　　　　　　　　　　―「生의 알」

　인용시에서 보듯, 과거와 미래를 동시적으로 포용하면서 넘어서려는 시인의 욕망은 결국 '멈춤'과 '달림'의 긴장으로 일단락된다. "生의 껍질"을 깨고 나오는 알에는 "바퀴"가 달려 있다. 이 바퀴는 시간의 운명적 흐름을 상징한다. 시간은 선형적으로 흐르지 않는다. 사람들이 편의상 선형적으로 인식하고 표현한 것일 뿐이다. 이은봉은 근대의 선형적 시간성을 '멈춤'과 '달림'의 반복으로 치환함으로써 구부린다. "어머니" "고향" 등으로 대변되는 따스하고 안락한 "자궁" 속으로 "아름답게 미끄러지는" 멈춤(과거)은 역설적으로 "딱딱한 껍질"을 뒤집어쓰게 한다. 이 껍질이 깨지면 다시 바퀴가 달린 "토실한/알"이 나와 "멈출지 모르"고 미래를 향해 달린다. 따라서 시인에게 현재는 멈춤(휴식/과거)과 달림(갱신/미래)의 반복으로 재구성된다. 이 연쇄야말로 자아와 세계에 대한 부단한 성찰을 통해 스스로를 갱신해 온 이은봉의 시가 다다른 자리이다. 시인은 이러한 쓰기와 지우기, 건축과 해체의 몸바꾸기를 통해 과거와 현재, 인간과 자연을 대화적으로 연결하려는 고단한 길떠남을 계속하고 있다.

4.

　이은봉의 시는 우리가 편의상 구분하는 리얼리즘시, 모더니즘시, 생태시, 전통 서정시 등의 다양한 외연으로 확장되는 원심력을 지니면서도, 어느 한 경향의 흐름에 귀속되지 않는 복합적 의미망을 구축하고 있다. 그는 지난 시대와의 대면을 회피하지 않고 오히려 그것을 응시함으로써 시작(詩作)의 동력을 얻고 있으며(리얼리즘), 과거와 미래, 주체와 객체 그리고 자연과 인간의 삶을 전도하거나 포개는 기법으로 경쾌하고 발랄한 시적 리듬을 확보하고 있으며(모더니즘), 자연과의 교감을 통해 상생(相生)의 원리를 지향하고 있다(생태시, 전통 서정시). 이러한 다양한 시적 외연은 서로 대화적 관계에 놓임으로써 그의 시에 역동적 의미를 부여한다.

메를로 퐁티의 '나란한 보편(lateral universal)'이라는 개념은 이러한 다양한 시적 외연 사이의 대화적 맥락을 이해하는 데 의미 있는 시사점을 준다. 나란한 보편은 객관적 학문을 추구하는 '지배적 보편(ovfrarching universal)'과 대조되는 것으로 타자를 통한 자아의 성찰과 자아를 통한 타자의 끊임없는 검토를 통해 얻어지는 것이다. 이것은 '우리 자신의 것을 남의 것으로 보고, 남의 것을 우리의 것으로 보는' 방법이다. 그것은 또한 남과 나를 '구분하면서 연결해 주는' 역할을 한다. '구분하면서 연결한다'는 것은 타자를 나 자신과 관련된 단순한 연장체로서 간주하지 않으며, 자아와 타자의 차이를 식별한 상태에서 연결짓는 것을 말한다. 말하자면 변형하는 행위와 변형되는 행위는 같은 과정의 두 측면이며, 상호 전환되는 과정인 것이다.

이은봉의 시는 과거와 현재, 인간과 자연이 서로 소통함으로써 공존하는 '나란한 보편'의 모습을 보여준다. 이는 과거/현재/미래, 인간/자연, 이성/그 너머(초월하는 것), 동일성/타자성을 포개고 겹침으로써 경계선을 무화시키는 방법을 통해 가능해진다. 과거와 현재, 인간과 자연을 구분해 온 선형적 시간성을 중첩된 현재의 공간성으로 전환시키는 이러한 성찰은 일종의 혼성성(hybridity)의 미학이라 할 수 있다. 시인이 『내 몸에는 달이 살고 있다』의 후기에서 고백하고 있듯이, '순수한 서정' 속에선 물고기가 살지 못한다. 모든 물고기는 잡종인 것이다.

동일성에 대한 갈망은 타자를 수용해야만 하는 현실과 타협해야 한다. 동일성과 타자성은 상호 충돌하면서 재해석되거나 덧칠해짐으로써 서로의 경계를 넘나든다. 시는 이 혼적들 위해 다시 새겨지는 혼혈적인 것이다. 서로의 속성을 유지하면서 동시에 서로의 경계를 가로지르는 혼성성의 미학은 양자가 상생(相生)의 에너지로 거듭날 수 있는 가능성을 시사한다. 이는 정사(sex) 장면을 연상시킨다. 섹스는 대상이 만나고 갈라지는 지점에서 발생하는 소통이다. 이러한 결절점(結節點)의 소통은 서로의 정체성을 확장시키는 즐거움과 생명 탄생의 신비감을 동반한다. 이러한 소통이 만들어낸, "물비린내"(「빗방울들!」) 물씬 풍기는, "시고 떫고 끈적한 열매"(「오동나무」)들이 언어의 텃밭에서 성장하는 과정을 기대해 본다.

시 혹은 '눈물겹도록 곧은 곡선'

—김재석의 『샤롯데 모텔에서 달과 자고 싶다』

1.

김재석의 시는 문명과 자연, 세속과 신성의 틈새를 산다. 이 틈새에 언어의 집을 지으려는 시인의 내밀한 욕망은 가벼움과 무거움, 경박함과 초월적 비상 사이에서 아슬아슬한 곡예의 궤적을 그린다. 이 줄타기의 떨림에 의해 주조(鑄造)된 김재석의 시는 은폐된 자본의 이데올로기가 회심의 미소를 머금고 조작·유포한 '자연'이나 '초월'의 꼬리표를 힘겹게 떼어내고, '눈물겹도록 곧은 곡선'으로 문명의 심해를 탐사하며 스스로를 갱신한다. 이러한 자기 갱신이 '힘겹게' 느껴지는 것은 문명과 자연, 세속과 신성의 어울림이 때로는 느슨한 비유로, 때로는 거친 서술투로 직조됨으로써 정서적 울림이나 시적 완결성이 떨어지기도 하기 때문이다.

그의 시가 탄생하는 과정을 엿보기로 하자.

한 뙈기 내 영혼의 텃밭에
분재를 마음먹었다
봉선화 꽃물 든 고향을 떠나
가로수의 나뭇잎마저 날 비웃는
세상을 살다, 뒤늦게 얻은 생각이었다
우선 굳게 입다문 분노를 비롯한
슬픔이나 그리움 같은
때론 싸리꽃만치나 고운 꿈 같은
작업도구를 마련하고
절망보다 넉넉한 어둠과 맞섰다
더욱 남들이 가까이 할 수 없는
언어의 꽃가루를 잔뜩 마시려
파닥거리는 날개깃 잠재우고
몇 날이고 푹 썩어 문드러졌다
볼품없이 하늘로 치솟은
웃자란 생각들을 잘라내고
모양을 내어, 연꽃무늬 담긴
붉엉물 이는 번뇌로 빚은
값진 생명 하나 하나,
누군가의 유희로 인하여
버림받지 않도록 기도하고 보살폈다
그러던 어느 날 밤 꿈속에서
나를 닮은 자그마한 사내 하나
하느님의 고운 질그릇에
분재되어 있는 것을 보았다

—「序詩」

김재석의 처녀 시집 『까마귀』의 서시이다. 이 작품에는 김재석 시세계의 원형적 실루엣이 드리워져 있다. 그에게 시란 스스로의 분신이자 자식의 다른 이름이다. 그에게 시 쓰기란 '웃자란 생각들을 잘라내고' '연꽃무늬 담긴 붉엉물 이는 번뇌'로 '값진 생명'을 빚는 행위이며, '누군가의 유희로 인하여 버림받지 않도록' '기도하고 보살'펴 자신을 '닮은 자그마한 사내 하나'를 솎아내는 작업이다.

김재석은 이러한 자신의 시작 과정을 분재 행위에 비유한다. 분재는 작은 화분 속에 커다란 나무를 축소시켜 키우는 고난도의 화훼 기술로, 작은 공간 속에 생명을 응축시키는 지난한 작업 과정을 포함한다. '언어의 꽃가루를 잔뜩 마시'고 '영혼의 텃밭에/분재를 마음먹'은 시인이 '몇 날이고 푹 썩어 문드러'지는 부패와 소멸의 시간을 견뎌야 하는 이유도 여기에 있다. 이러한 인고의 시간 속에서 비로소 한 편의 시, 즉 새로운 생명이 자리잡는 것이다.

김재석의 두 번째 시집 『샤롯데 모텔에서 달과 자고 싶다』는 「序詩」의 화두인 한 편의 시가 탄생하기까지의 여정을 자연과 문명, 신성과 세속이라는 이미지의 변주를 통해 암유적으로 보여주고 있다.

2.

김재석은 진정한 소통이 불가능해진 현대 문명 속에서 자연과 교감하는 주술사이다. 그에게 자연은 친구이자 연인이며 어머니이기도 하다. 그는 자연에 대한 세심한 관찰을 통해 인생의 모습을 유추한다. 나아가 모든 만물의 생성은 홀로 이루어지지 않으며, 자연과 인간의 상호 작용을 통해 이루어지는 것이라는 깨달음에 이른다.

검은 장막이 침대이고
윽박지르는 천둥, 번개가
呻吟인 것을

우리의 가슴을
적셔 주는 비가
오르가즘인 것을

아무 일 없는 듯,
하늘 방을 별들로 도배하고
얼굴 내밀며
시치미떼는 것을

—「달의 不倫」

    그는 자연 현상에 세속적 삶의 모습을 투영함으로써 자연 현상을 마치 인간사와 같이 느끼고 호흡한다. '검은 장막(어둠)/침대', '천둥, 번개/呻吟', '비/오르가즘', '하늘/방', '별/도배' 등의 대비는 자연 현상의 밑면에 인간의 삶이 드리워져 있는 모습을 보여준다. 이렇듯, 자연 현상과 세속적 삶이 겹쳐지(관찰)는 순간에 그는 자연의 전언을 듣고 자연의 이치를 발견한다. 이러한 자연관은 근대 이전의 인류가 지녔던 숭엄과 경외의 대상으로서의 자연관도 아니고, 근대인들이 지녔던 개척과 노동의 대상으로서의 자연관도 아니다. 오히려 그는 이 둘을 감싸면서 넘어서고 있다. 자연을 사람의 이웃으로 보는 관점, 즉 자연이 사람 곁에 존재하고 있다는 사실 자체로 빛나는 것이라는 자연관이다.

    이러한 자연과의 교감(호흡)은 구체적인 사랑의 행위로 표출되기도 한다. 이는 관찰(관조/이웃)에서 참여(행위/연인)로의 확장이라 할 수 있으며 자연을 보다 가까이 호흡하고 느끼려는 의지의 발로이다.

  나를 몸살나게 하는
  저 달의 마음을 사
  샤롯데 모텔에서 자고 싶다,
  별들에게 몰매 맞을지라도
            ―「샤롯데 모텔에서 달과 자고 싶다」

 시인은 자신을 '몸살나게 하는' 달과 사랑을 나누고 싶어한다. 그는 '별들에게 몰매 맞을지라도' 달을 침대에 눕히고 달의 비밀을 파헤치려 한다. 자연과 교합하려는 보편적 욕망은 사랑의 행위를 매개로 구체적인 생동감을 획득한다. 이러한 자연과의 연애는 자연과의 직접적인 대화로 변주되기도 한다.

  발신인 없는 편지를 받고
  설레는 가슴으로 들판에 나갔더니
  고개를 막 내민 달래, 냉이, 씀바귀가
  꽃샘바람 부는 이유를 아느냐고 내게 묻네
  꽃이 피는 걸 시샘하는 거라고 대답했더니
  새 가지 돋아나라 묵은 가지 떨구어
  더불어 까치가 집 짓는 걸 도와주려는 거라네
  쑥스러워 그만 돌아서는데
  겨우내 강물이 어는 이유를 아느냐고 다시 묻네
  시치밀 뚝 떼고, 그걸 내가 어떻게 아느냐고
  그렇다면 너희들은 아느냐고 되물었더니
  강물이 한꺼번에 흘러가지 못하도록

잠시 발목을 묶어두려는 거라네

　　　　　　　　　　　　　　―「봄, 들판에서」

　시인은 '달래', '냉이', '씀바귀' 등과의 대화를 통해 봄이 오는 계절의 변화 속에도 서로를 감싸주고 보듬어 주는 자연의 따스한 숨결이 내재되어 있음을 깨닫게 된다. 이러한 자연과의 연애/대화의 경쾌함은 생명 탄생의 순간과 만나 비장한 장면을 연출한다.

　　세존도 너머
　　진흙소 낳으려
　　아랫도리에 힘을 주는
　　바다

　　몸을 둥글게 오므려
　　쇠뿔과 꼬리,
　　다리를 숨기는
　　진흙소

　　산고의 바다
　　밤잠을 설치며
　　진흙소를 기다리는
　　관음전 동백꽃들

　　물방울 하나
　　묻히지 않고
　　자궁을 벗어나는

진흙소

날개 없는 진흙소
벌떡 일어나
허공에 몸을 띄우니
합장하는 보리암

진흙소 낳느라
진이 빠진 바다
기운을 북돋아 주는
관음보살

―「향일암 해돋이」

　인용시는 해돋이를 생명의 탄생에 비유함으로써 자연이 지닌 생명력을 극대화한 작품이다. 시인은 해돋이를 보면서 '깨달음의 순간'(진흙소의 탄생)을 형상화하고 있다. 이 순간의 전율 속에는 산고의 고통이 내재되어 있다. 시인은 깨달음 자체에 의미를 부여하기보다는 깨달음의 과정(주변), 즉 그 순간을 감싸고 있는 '아우라'에 주목한다.
　바다에서 해가 뜨는 모습을 형상화한 위의 시는 "몸을 둥글게 오므려/쇠뿔과 꼬리,/다리를 숨기는 진흙소"라는 이미지의 교직을 통해 '진흙소'와 둥근 해의 모습을 포갬으로써 생명 탄생의 순간과 깨달음에 이르는 과정이 동궤에 놓인다는 점을 보여준다.
　불교에서 깨달음에 이르는 지난한 과정을 상징하는 진흙소는 위의 시에서 세속과 신성의 이미지를 동시에 지닌다. 진흙소는 자연의 품에서 태어나지만, "물방울 하나/묻히지 않고/자궁을 벗어"난다는 점에서 바다의 품을 벗어나는 존재이다. 이러한 생명의 탄생은 음과 양, 물과 불, 바다와 태양이 모순된 속성을 지니지만, 사실은 하나라는 전언을 담고 있다.

생명의 탄생은 깨달음을 향한 새로운 삶의 여정을 예비한다. 이는 생명 탄생의 장엄함을 '기다리는' '관음전 동백꽃', '합장하는' '보리암', '진이 빠진 바다/기운을 북돋아 주는' '관음보살' 등의 모습에서 드러난다. 깨달음을 연상시키는 용어인 '관음전', '보리암', '관음보살' 등은 생명 탄생의 순간에 직접적으로 개입하기보다는 일정한 거리를 유지하며 격려하는 태도를 유지하고 있다. 이는 탄생과 깨달음 사이의 지난한 틈(여백)에 대한 은유이다.

꿈자리가
사나운지

나뭇잎
침대에서

우주가
바스락거린다

―「벌레」

시인은 자연을 친구이자 연인이며 어머니로 인식한다. 이러한 인식은 시인을 자연과의 교합을 통한 새로운 생명 탄생의 순간으로 이끈다. 이제 김재석의 시적 관심은 탄생과 깨달음 사이에 무한히 열려 있는 가능성의 공간으로 이동한다. '나뭇잎/침대에서//우주가/바스락거린다'는, '벌레'와 '우주'를 찰나적으로 합일하는 상상력의 비약은 이들 사이의 여백에 대한 탐색을 예비한다.

김재석의 『샤롯데 모텔에서 달과 자고 싶다』는 자연에 대한 세심한 관찰을 바탕으로 자연이 주는 전언에 귀를 기울이고, 이러한 자연의 메시지와 소통·교합함으로써 생명 탄생의 엄숙한 순간과 조우한다. 이러한 과정에는 자연과의 교감을 통해 생성의 삶을 살고 싶다는 시인의 내밀한 욕망이 가로놓여 있다. 시인은 자연의 물결에 스스로의 삶을 투영하기도 하며, 자연의 메시지를 내면화하여 자신의 삶을 성찰하기도 한다. 이는 자연의 세계와 인간의 세계를 대화적으로 연결하려는 의지의 표출이며, 여기에는 주체의 자기 긍정을 향한 치열한 고투의 과정이 녹아 있다.

3.

　자연과의 교감은 생명 탄생의 엄숙한 순간과의 만남을 가능하게 했지만, 새로운 생명과 깨달음 사이의 긴 여정, 이를테면 '벌레'와 '우주' 사이에 놓인 상상력의 여백(비약)을 낳았다. 김재석의 시가 구도의 과정을 노래할 수밖에 없는 이유도 여기에 있다. 자연에 대한 성찰과 탐색의 궁극적인 지향점은 시인의 내면일 수밖에 없다. 시인은 유한성과 허무주의의 한가운데에 있는 자신의 모습을 자연에 투영함으로써 자기 지양에서 비롯되는 자기 긍정의 모습에 이르기를 갈구한다. 구도의 과정을 보여주는 김재석의 시는 깨우침 자체에 의미를 부여하기보다는 그것에 이르기까지의 과정에 주목한다. 과정에 주목하기에 그의 시는 세속과 신성 사이에서 진자운동을 한다. 그의 시가 세속적 욕망의 나락으로 추락하지도, 그렇다고 초월적 신비의 세계로 비약하지도 않는 이유가 여기에 있다.

　김재석은 세속적 일상 속에서 초월적 삶의 진리를 포착하려는 수도

승이다. 자연과 교감하는 주술사는 어느덧 깨달음을 향해 정진하는 수도승의 모습으로 몸을 바꾼다. 그의 시가 긴장감과 밀도가 떨어지는 평이한 작품으로 보이는 이유도 깨달음에 이르기까지의 과정에 주목하기 때문이다. 김재석 시의 평범함은 세련된 기교나 절제된 언어 사용법과 일정한 거리를 유지하면서, 거칠고 투박한 맛을 낸다. 이러한 진솔함은 '모두다 길을 비켜라' '비키지 않으면 다친다'고 외치며 '눈부신 세상을 향하여 전신으로 걷는' '갈색 꿈', 즉 직선(속도)의 선형성을 구부리는 '눈물겹도록 곧은 곡선'(「곧은 곡선 하나가―자벌레」)에 비유할 수 있다. 이 눈물겹도록 곧은 곡선은 느리지만 빠른 속도로 세속과 신성을 가로지른다.

바람에 제 몸을
가누기도 어려운
어린 시절,
출가하였다

애기나무 때부터
큰나무들
법문에
귀 기울였다

몇 년 안 가서
대웅보전
본존불에게
화두 받았다

적막을
　　두려워하지 않는 것은
　　비로자나불
　　부처님께 배웠다

　　화두를
　　깨우치느라
　　힘이 빠져서인지,
　　작은 열매를 달고 있다

　　　　　　　　　　　　　　　―「보림사 산감나무」

　출가하여 화두를 받고, 적막을 두려워하지 않는 정진으로 힘겹게 얻은 '작은 열매'는 고통을 견디며 구도하는 수도승에 대한 은유이다. 이러한 수도승의 모습이 자연과의 교감을 통해 우주를 품는 비약의 여백을 채운다.

　　삼짇날
　　성천에 물 마시러 온 여인들 단내에
　　흔들리는 마음 바로 잡으려
　　이정표만 믿고 문산재 찾아갑니다
　　〔…중략…〕
　　아무리 귀 기울여도
　　물이 속삭이는 소리 들을 수 없는 것은
　　아직 갈 길이 많이 남았다는 뜻입니다,
　　주저앉고 싶어도

　　　　　　　　　　　　　　　―「文山齋 가는 길」

위의 시는 시인의 시 쓰기가 구도의 과정, 즉 길찾기의 연장이라는 사실을 보여준다.

이러한 길찾기의 과정은 인간사에 참여하는 자연의 모습, 자연 속에 함께 하는 인간의 삶으로 귀결된다.

대낮,
望山의 가슴 아래께가
움찔하더니

金氏네
訃音

망연자실한 낮달

임종을 못해
울먹이는
바다

모든 길들이
문상 온
喪家

일찍 달아오른
윷판

기웃거리는

시 혹은 '눈물겹도록 곧은 곡선' 259

햇살

—「仙亭」

  깨달음을 향해 정진하는 수도승이 얻은 정신적 경지의 한순간을 포착한 위의 시는 자연과 인간의 소통이 빚어내는 비장미 넘치는 아름다운 장면을 보여준다. 이번 시집이 탄생의 장면에 주목했다는 점을 상기한다면, 위의 시는 김재석 시의 새로운 방향을 시사하고 있는 징후로 해석할 수 있다. 죽음은 새로운 탄생을 예비한다. 생명과 함께 한 자연과의 교감이 어느덧 죽음으로 몸을 바꾸었다는 사실은 김재석 시의 갱신을 기대해 보게 하는 부분이다. 이제 탄생과 죽음이 연주하는 이중주를 감상할 차례이다.

성찰과 모색의 공명
—송종찬·정우영의 시세계

1.

송종찬과 정우영의 시는 1990년대를 힘겹게 건너온 시인의 초상을 담고 있다. 이 두 시인의 시세계는 겉으로 보기에 상당히 이질적이다. 송종찬의 작품에 '망설임', '비애', '그리움' 등의 무늬가 촘촘히 박혀 있다면, 정우영의 시에는 '분노', '저항', '울분' 등의 강렬한 이미지가 각인되어 있다. 그러나 1990년대 현실과 연관하여 좀더 주의 깊게 살펴본다면 이러한 차이점 이면에 비낀 공통의 흐름을 감지할 수 있다.

1993년 『시문학』에 시를 발표하며 작품 활동을 시작한 송종찬은 1999년 『그리운 막차』(실천문학사)를 출간했다. 정우영은 1989년 『민중시』를 통해 데뷔하여 1998년 첫 시집 『마른 것들은 제 속으로 젖는다』(문학동네)를 선보였다. 이렇듯 시력은 약간의 편차를 지니지만, 1990년대 현실이 작품 창작의 주요 무대라는 사실(물론, 이 무대의 아련한 밑그림은 1980년대의 삶이다)과 1990년대 후반에 시작 활동의 결실을 일단락했다는 점에서 이들을 '1990년대 시인'이라 지칭해도 별 무리가 없을 듯하다.

동시에 대표적인 민중 시인의 한 사람이 이들의 시집 해설을 나란히 썼다는 사실은 개인적인 친분 관계를 넘어 이들 시세계의 저류에 흐르는 공통점을 시사하는 예사롭지 않은 대목이다. 그리고 내면으로의 '길떠남'을 통해 90년대 현실을 섬세하게 그려온 송종찬의 시가 '민중성'을 대변하는 '실천문학사'에서 간행되고, 90년대 들어서도 민중적인 목소리를 남성적인 호방함으로 표출하고 있는 정우영의 작품이 '문학성'을 강조하며 창간된 『문학동네』 그룹에서 출간된 사실은 '서정'과 '이념'이 혼종되었던 90년대 현실의 한 단면을 보여준다는 점을 차치하고라도, 자아와 세계, 내면과 현실의 이분법으로 재단되던 80년대 문학의 틀을 넘어, 이 둘의 길항 작용을 통해 90년대 현실을 헤쳐온 시인들의 시세계를 문단에서 인정한 표지의 하나라고 할 수 있다.

송종찬이 내면으로의 침잠을 통해 자아의식을 심화시키는 방향으로 시 쓰기를 전개해 왔다면, 정우영은 현실 인식의 동심원을 넓혀 가면서 자신의 시세계를 확장해 왔다. 소외된 존재에 대한 따스한 연민의 시선으로 부정한 시대 현실을 감싸고 넘어서려는 지향이 이 두 시인의 이질적인 시세계를 잇는 가교(架橋)의 역할을 하고 있다. 이들이 연주하는 성찰과 모색의 공명음을 차례로 감상해 보자.

2.

송종찬의 『그리운 막차』에는 '떠남'의 이미지가 가득하다. 그의 작품에는 "기차", "간이역", "레일", "길", "밤차", "종점", "등대" 등 여행의 이미지를 환기하는 단어들이 수시로 출몰한다. 이 '길떠남'의 의미를 살펴보는 데서부터 송종찬 시로의 여행을 시작해 보자.

지상의 레일을 벗어나 기차가 달리네. 푸른 소나무 한 그루 손 흔들던 종착역 지나 지린내 풍기는 침목도 없는 강가에 닳은 구두 한 켤레 벗어놓고 내려 탄 투명한 기차 등 등마다 빨간 불을 켜고 물방울을 굴리며 가네. 빚에 쫓겨온 티켓다방 김양 뒤에는 중소기업 사장이 그 뒤에는 자식 잃은 아버지가 꼬리에 꼬리를 물고 눈물같이 밝은 터널을 지나네. 하얀 기적을 울리며 기차가 지날 때마다 흔들리는 연꽃 그 꽃대궁을 타고 내려가면 보일까 낙서처럼 따스했던 지상의 간이역.
―「어느 비오는 날」

위의 시에서 "지상의 레일"을 벗어난 "기차"는 "등마다 빨간 불을 켜고" "눈물같이 밝은 터널"을 지나 어디론가 달려간다. 시인은 기차가 지날 때마다 흔들리는 "연꽃 그 꽃대궁"을 타고 내려와 "낙서처럼 따스했던 지상의 간이역"에 다다르기를 소망한다. 이 시에서 '기차의 여행'은 '지상―하늘―지상'의 여정을 따른다. 이는 '현실―초월―현실'의 구조로 읽을 수 있다. '기차의 여행'은 초월적 실존이나 현실 도피의 이미지를 연상시키기도 하지만, 지상의 눈물인 "빚에 쫓겨온 티켓다방 김양", "중소기업 사장", "자식 잃은 아버지" 등을 꼬리에 물고, 이들의 恨을 위무(慰撫)하며 진행된다는 점에서 그리고 다시 지상의 간이역에 닿기를 염원한다는 점에서, 시인이 발 디디고 있는 현실과 "하얀 기적"만큼의 투명한 끈으로 연결되어 있다.

이러한 기차의 여행은 '이념'과 '서정', '가는 길'과 '가지 않는 길' 등의 긴장으로 변주되면서 구체적인 형상을 부여받는다.

① 난 오랫동안 理念에 갇혀

떠나는 뱃고동 소리를 듣지 못했고
다시 抒情에 갇혀
울부짖는 그대 목소리를 보지 못했네

—「가지 않는 날들을 위해 6—파도」

② 길을 걸을수록
가지 않는 길이 그리워진다면
그대는
불가사리 같은 두 발을 어디에 두시겠습니까

—「가지 않는 날들을 위해 7—꿈」

　①에서 시인은 "理念에 갇혀" "떠나는 뱃고동 소리"(서정/초월)를 듣지 못했으며, "다시 抒情에 갇혀" "울부짖는 그대 목소리"(이념/현실)를 듣지 못했음을 고백한다. 따라서 시인의 길떠남은 '이념'과 '서정' 사이를 왕래하며 진자 운동하는 것에 다름 아니다. ②에서 시인은 '가는 길'과 '가지 않는 길' 사이에 "불가사리 같은 두 발"을 담그고 있다.
　이러한 시인의 여행은, 가깝게는 1980년대 현실과 1990년대 현실 사이의 긴장, 멀게는 '현실 속에서 현실 너머를 꿈꾸는 시(문학)'의 운명과 매개되어 강렬한 정서적 울림을 동반한다. 시인이 자신의 삶을 '간이역'에 비유한 이유도 이와 무관하지 않다. 영원한 안식이나 정착의 장소가 아니라 여행자가 잠시 머무르는 곳이며 "수백 개의 갈림길"(「가지 않는 날들을 위해 1—종점」) 앞에 선 길떠남의 교차로인 간이역, 시인은 이 간이역에 자신의 둥지를 튼다.
　그렇다면 시인은 실제로 길을 떠나지 않고 있는 셈이다. 시인이 "나는 무엇을 위해 밤새 달려왔던가. 나는 너무 쉽게 시작을 생각하고 지나쳐온 산과 들이 그리워졌네"(「땅끝마을」)라고 고백하는 이유도 여기에 있다. 오히려 시인은 "하늘과 땅 너와 나 사이에/새들이 맘놓고 뛰 놀/비무장지대"(「중간은 없다」)를 은밀하게 꿈꾸고 있는 것이다. 이에 송종찬의 길떠남은 흔들리는 내면으로의 자맥질이라 할 수 있다. 시인의 꿈꾸기는 길떠난 자들을 위로하는, 즉 "바다를 건너온 겨울 철새들의 소금기를 말려주는 간이역"(「꿈꾸는 마을」)의 소망으로 몸을 바꾼다.

너른 엄니 품을 떠나 염전에 갇힌 바닷물처럼 사람도 사랑도 이 땅을 벗어날 수 없으니 가슴 태운 소금꽃이라도 되어야 하지 않겠는가
〔…중략…〕
수차가 돌아가지 않는 지상의 염전에는
갈대만 무성하고,
돌고래 울음이 조각달을 파먹는 곰소항
근처, 우리 눈물에
젖는 소금꽃으로 다시 피어
바다로 돌아가야 하지 않겠는가

―「곰소항 근처」

시인의 '길떠남'은 "염전에 갇힌 바닷물"과 같은 처지에 놓인다. 현실을 벗어날 수 없으니 시인은 "가슴 태운 소금꽃"이 되자고 한다. 이 "눈물에/젖는 소금꽃"이야말로 "바다"로 돌아가는 길이 아니겠는가. "간이역"은 "염전"으로 변주되면서 시인이 발 디디고 있는 현실의 삶을 환기한다. 시인은 바다로 가는 길이 막혀 버린 절망적인 현실에서, 恨과 눈물을 태워 응결시킨 "소금꽃"으로 피어나 다시 기차를 탄다.

기차를 탄다. 키 큰 미루나무 사이로 반짝이는 강 강물도 고단한 몸을 뉘일 집을 찾아 어디론가 흐르고 텅 빈 곳을 찾다 농약병 속에서 죽은 벌레들

의 유해. 떠나면 떠날수록 더 가깝게 다가오는 집 내 방은 별과 바람이 지나는 세상의 가장 바깥.

─「거리의 집」

"세상의 가장 바깥"을 향해 "떠나면 떠날수록" 시인은 "집 내방"에 가까워짐을 깨닫는다. 이는 이미 「어느 비오는 날」에서 "지상의 간이역"에 도달하기를 욕망할 때부터 예견되었던 것이다. 이번에 발표된 신작시들이 일상과 자연에 대한 섬세한 관찰과 응시를 통해 삶의 진실을 길어 올리려는 의도를 보여주고 있다는 점 또한 이와 무관하지 않다. 시인은 스스로가 '간이역'이 되어 자연과 일상 속에서 길을 떠나는 존재들을 불러들인다.

송종찬의 시는 자연 현상에 대한 미세한 관찰을 바탕으로 삶의 의미를 찾아내는 전통 서정의 흐름에 놓인다. 이 서정의 아름다운 무늬는 치열한 자기 모색의 과정을 거친 성찰의 언어로 빚어진다는 점에서 더욱 명징한 빛을 발한다.

칠년 만에 수문이 열리고
수몰지구의 물이 반쯤 빠지자
강 한가운데 한 그루 나무가 드러났다
한바탕 속절없이 눈물을 방류한 뒤
눈동자를 바라보면
기다리던 사람 보이기나 하는 것인가
아무리 커도 절망은
나무의 키를 넘지 못한다는 듯,
흐르는 물살에 못 이겨
마을이 사라지고 길의 지도가 지워진 뒤에도

쓰러지지 않고 서 있는 저 나무는
　　지나가던 물고기들의 집
　　기도를 올리던 사원이었을 것이다
　　꽃잎을 피울 수 없지만
　　스스로 그림자를 만들어내는 저 나무를
　　죽었다고 말할 수는 없으리
　　아무리 슬픔이 길어도
　　강의 길이를 넘지 못한다는 듯
　　해오라기 한 마리
　　선 채로 입적한 등신불 위에 앉아
　　강 끝을 바라보고 있다

　　　　　　　　　　　　　　—「물 속의 사원」

　물 빠진 수몰지구 속 풍경을 스케치한 위의 시에는, 모든 것이 사라진 폐허의 가운데 유유히 서 있는 나무의 존재가 전경화되어 있다. 나무는 땅 위에서나 물 속에서나 자신의 존재를 온몸으로 웅변한다. "흐르는 물살에 못 이겨/마을이 사라지고 길의 지도가 지워진 뒤에도/쓰러지지 않고 서 있는 저 나무는" 수몰지구의 물이 빠지자 "절망은/나무의 키를 넘지 못한다는 듯", 절망을 누르고 "스스로 그림자를 만들어낸다".

　시인은 이 "입적한 등신불" 위에 "해오라기 한 마리"를 올려놓는다. 해오라기는 "아무리 슬픔이 길어도" 인간사의 모든 것, 인간의 삶이란 것도 "강의 길이를 넘지 못한다는 듯" "강 끝을 바라보고 있다." 자연의 유구한 흐름 앞에서 인간의 절망과 슬픔은 얼마나 미약하고 보잘것 없는 것인가.

　시인의 자화상이라 할 수 있는 "해오라기"는 자연과 문명, 절망과 희망, 물과 땅, 현상과 본질, 소멸과 생성 등을 넘나드는 '중간지대'(간이역)에 보금자리를 마련하고, 시인의 고독한 길떠남을 내면화하고 있다. "눈물에/젖은 소금꽃"이 되어 바다로 돌아가고자 염원했던 시인의 목소리가 구체적 형상을 얻어 "입적한 등신불" 위에 우뚝 서 있는 모습이야말로 송종찬 시의 한 절정이라 하지 않을 수 없다.

이렇듯,「물 속의 사원」이 세속과 신성을 연결하는 '간이역'의 풍경을 고고한 화폭으로 그려내고 있다면,「진눈깨비」는 "하늘에서 몸을 받았다가/지상에 닿는 순간/스스로 이름을 지워버린 그 짧은 여백", 순간을 통해 일상적 삶에 비낀 영원성을 포획한다. 시인은 자연 현상의 일면인 순간을 포착하여 거기에 투영된 인간사의 모습을 이미지화하고 있다. "진눈깨비"의 "마지막" "짧은 여백"과 "평생 음지를 살다 간 사람들"의 恨이 포개지는 지점에 시인은 일상적 삶에 대한 따스한 긍정의 시선을 음각하고 있다. 자연의 이치를 다시 한 번 찬찬히 들여다보며 그 속에 삶의 진실을 부조하는 시인의 감식안이 돋보이는 작품이다.

뿌리에는
꽃이 피지 않는다
나무둥치
줄기에도
중심을 벗어나
더 이상 길을 갈 수 없는
막다른 삶의 벼랑
바람 불면 흔들리고
서리 내리면
무거워

허리가 끊어져 내릴 듯한
가지 끝에서
꽃은
이슬을 머금고
피어난다

—「끝」

인용시의 제목이 '꽃'이 아니라 '끝'이라는 점은 송종찬 시인이 지향하는 서정 세계의 본질을 함축한다. 시인이 응시하는 지점은 결과물(꽃)이 아니라 거기에 이르는 과정, 특히 그 과정의 마지막 장면이다. 이 마지막(끝)은 결절점(結節點)이라는 점에서 새로운 시작과 만나는 장소이다. 일상과 자연, 과거와 현재, 현실과 초월 사이의 경계에 주목함으로써 시인은 일상적 삶과 과거의 역사를 끌어안고 넘어서는 포용력을 획득한다. 꽃은 "더 이상 길을 갈 수 없는/막다른 삶의 벼랑"이나 "서리 내리면/무거워/허리가 끊어져 내릴 듯한/가지 끝에서" 핀다. 편안하고 안전한 위치에서 피는 것이 아니라 소멸과 생성의 에너지가 교차하고 집중되는 곳에서 개화한다. 시인에게 꽃은 시의 다른 이름이다. 송종찬 시인은 일상 생활 속에 공명(共鳴)하는 자연의 언어를 통해 일상(현실)과 시(꽃) 사이의 소통을 섬세한 무늬로 현상(現像)한다.

이름 모를 새들이
낮게 다가와 새벽잠을 깨운다
밤새 뱃속이 텅 비어
목소리 공명한 새들의 지지배배가
유리창을 뚫고 들어와 파문을 일으킨다
그 소리 너무 밝고 맑아

한동안 눈을 뜨지 못하고 있을 때
아파트 난관을 타고 내려오는
갓난아기 울음 소리 쌀알이 부딪히는 소리
이렇듯 하루는 공복으로 시작되어
배고픈 것들만이 울 수 있고
어둠을 베고 누운 것들을 흔들어 깨우니
나는 무엇을 울려 세상을 깨울 수 있을 것인지
밤새 먼 길을 달려온 자명종도
배가 고프다며 울기 시작한다
새벽 이슬에 목소리 더욱 청아해진
새들의 울음소리가 점점 멀어져 갈 때
나는 울지 않기 위해
식구들을 울리지 않기 위해
잠자리를 박차고 일어나 일터로 나간다

―「아침에 새소리들 듣다」

　인용시는 생활을 위해 시작하는 하루의 풍경을 노래한 작품이다. "밤새 뱃속이 텅 비어/목소리 공명한 새들의 지지배배"는 "유리창을 뚫고 들어와" 시인의 가슴에 "청아"한 "파문을 일으킨다". 이어지는 "갓난아기 울음 소리 쌀알이 부딪히는 소리". 이렇듯 하루는 공복으로 시작되고, "배고픈 것들만이 울 수 있"다. 배고픔이란 정직한 것이다. 시인은 이 정직한 목소리를 통해 "세상을 깨"우고 싶어한다. 그렇지만 오히려 "울지 않기 위해/식구들을 울리지 않기 위해" "일터로 나"가야 한다. 그는 생활인의 삶 또한 묵묵히 수락해야 하는 것이다. 이념과 서정의 구도는 어느덧 현실과 서정의 긴장으로 변주된다. 시인은 '배고픔/정직함'이라는 상징을 통해 현실과 서정 사이의 호환을 성공적으로 포착하고 있다. "돌탑"과 그 속에 담긴 기원·소망의 위태로움을 아내의 모습과 비교하여 형상화한 「돌탑」 또한 일상과 서정 사이의 긴장을 섬세하게 수놓은 작품이다.

송종찬은 보이는 현상을 통해 거기에 비낀 본질을 드러낼 줄 아는, 객관적 현실에 마음의 풍경을 포갤 줄 아는 탁월한 리얼리스트이다. 그의 시는 마음이 현실이 되고 현실이 마음이 되는 아름다운 장면을 연출한다. 시인은 세계가 주는 본령의 이미지를 포착하여 이를 매개로 자연과 일상을 노래하는, 세계를 단순한 풍경으로 보지 않고 인간적인 심성으로 보고 느끼고 해석하는 주술사이다.

송종찬 시인은 현대인의 고독한 내면의식을 절제된 언어의 그물망을 통해 서정적으로 길어 올린다. 그의 시에는 아련한 향수와 그리움의 정서가 짙게 배어 있다. 이러한 향수와 그리움이 그 자체에 머물지 않고, 잃어버린 서정을 회복하기 위한 비수(匕首)로 거듭난다면, 이 폐허의 시대 그와 함께 하는 '길떠남'이 적지 않은 위안과 행복을 선사할 것이다.

3.

정우영은 '남성적이고 호방한' 목소리로 1990년대를 꿋꿋하게 헤쳐 온 전형적인 민중시인의 한 사람이다. 먼저 그의 시세계의 일면을 드러낸 작품 한 편을 감상해 보자

아무도 섣불리 과거로 걸어들어가려 하지 않았다. 누군가 한 명쯤은 꺼이꺼이 목놓아 허공에 입김 뿌릴 만한데, 다들 입 봉한 채 구두코만 내려다봤다. 그늘진 눈길 애써 피하며 뜻없는 잇바디만 앙다물었다. 서로 돌아서서

헤어지는 등뒤로 올해도 봄은 그렇게 왔다가 가는 것인지…… 버팅기며 사는 것이 그저 눈물겹다고 한다.

—「빛 바랜 사진처럼—81학번」

그는 "아무도 섣불리 과거로 걸어들어가려 하지" 않고 "입 봉한 채 구두코만 내려다"보고 있을 때 스스로 "목놓아 입김 뿐"리며 외롭게 "버팅기며" 시를 써왔다. 정우영의 시는 "빛 바랜 사진처럼" 되어 버린 지난 현실을 생생한 육성으로 되살리는 데 바쳐졌다. 이러한 정우영의 시를 염두에 두고 한 시인은 "과격하고 급진적이라 불리웠던 민중시인들이 어떻게 그 90년대라는 욕망의 터널을 지나쳐 왔는지를 극명하게 보여주는 사례"(이영진)라고 평가하였다. 그는 누구보다 일관되고 꾸준한 작품 세계를 견지해 왔다. 그의 시에는 부정한 시대 현실에 저항하는 울분의 목소리를 주조음으로, 자연의 건강한 생명력을 환기하는 절제된 이미지, 민속적 풍속에 기반한 우화적 이야기의 음조, 날카로운 풍자와 해학의 정조 등이 교차되며 음각되어 있다. 사회주의권의 몰락과 함께 시작된 1990년대 이후 시인들은 저마다 몸바꾸기에 열중하였다. 그러나 정우영은 우직하게 자신의 자리를 지켜 왔다. 그는 '저항'이라는 코드를 가지고 90년대를 관통하면서 시 쓰기를 해왔으며, 시대적 상황이 요구하는 시의 임무와 역할에 충실하기 위해 노력했다.

정우영 시인이 이번에 발표한 작품들은 90년대 이래로 그가 지속해 온 작업의 연상선에서 적지 않은 일탈을 보여주고 있어 주목을 요한다. 물론 그의 작품 세계를 지탱해 주는 버팀목은 여전히 건재하다. 우선 눈에 띄는 현상은 산문적인 리듬에 바탕하여 시상을 전개하고 있다는 점이다.

1.

　길 위로도 길이 지나고 길 아래로도 길이 지난다. 이 평범한 사실을 깨달은 게 그리 오래지 않다. 사람도 웬만큼 나이를 먹으면 예지가 번득이는 모양이다. 어느 날 갑자기 길이 느껴졌다.

2.

　내 말이 믿기지 않거든, 내가 시키는 대로 한번 해 보라. 저녁 어스름 얕게 깔리는 시각, 오래된 느티나무에 등을 기대고 반드시 동남방을 향하여 오줌 줄기를 세울 것.(나무는 느티나무가 아니어도 상관없을지 모른다. 단지 오래되어 신령기가 느껴지는 나무라면.) 그리고 골고루 당신 주위에 뿌릴 것. 마치 비의를 집행하는 접신자처럼. 그리하면 틀림없이 당신의 발 밑에서 신음 소리 같은 게 들려올 테니. 그대 눈 쫑긋 세워 둘러보면 마침내 보일 것이다. 당신 발아래 웬 사람의 어깨가 놓여 있음을. 걸어온 길 돌아다 보면 그 길이 실은 수많은 사람들의 어깨와 등과 머리였음을. 거기에 화인처럼 찍혀진 당신의 익숙한 발자국들을.

3.

　곤혹스러워 발 떼려고 할 때, 분명 당신 어깨가 시려져 올 것이다. 고개 들어 쳐다보지 않아도, 누군가 당신을 밟고 지나가는 게 선득하게 느껴질 것이다. 어르신들이 유달리 어깨가 시리다 하고 등이 저리다 함은 다 이 때문이다. 살아오신 동안 너무 많은 사람들에게 어깨나 등을 내맡겼던 것이다.

―「우리가 밟고 가는 모든 길들은」

　그는 산문적인 어투로 세대간의 이어짐을 '이야기'하고 있다. 인간의 삶(사람의 일생)은 누군가의 어깨를 밟고 지나가는 것이며, 자신 역시 후대에게 어깨를 내어 주는 것이라는 평범한 진리를 일상적인 서술로 전달하고 있는 위의 시는, 지난 시대 시인이 노래했던 역사를 세대 간의 이어짐이라는 의미로 확장·해석한 것이다. 특히, 2연에서 시인은 능청스러운 목소리로 독자들에게 말을 건네기도 하는데, 그가 전달하는 민속적 행위는 주제의식의 진지함과 일정한 거리감을 유지하며, 시인의 목소리에 신선한 피를 공급한다. "오줌 줄기를 세울 것", "눈 쫑긋 세워" 등의 가볍고 경쾌한 동작과 "신령기", "접신자", "비의", "신음소리", "화인" 등 신성하고 엄숙함을 자아내는 어휘들은 서로 길항·상승 작용을 하며, 경쾌함과 엄숙함 사이에 위치하는 "평범한 사실"("길 위로도 길이 지나고 길 아래로도 길이 지난다")을 빛나게 한다. 또한 천상과 지상을 연결하는 "느티나무", 생명의 기운을 공급하는 "동남방", 정화의식의 생명수를 상징하는 "오줌 줄기" 등은 의뭉스럽고 장난스러운 어조로 제시됨으로써 신성함의 이미지를 벗고 일상 속에 내려앉는다. 이는 가벼움과 무거움, 세속과 신성, 일상과 초월 사이의 긴장을 통해 '세대간의 이어짐' 혹은 '과거와 현재의 연속성'을 포착한 시인의 "예지"를 번득이게 하는 대목이다.

① 풀이슬 포르르 떨어져 싱그러운 새벽, 나는 길을 따라 나선다. 어디로 갈 것인지는 나도 모른다. 그저 길에게 몸을 맡겨 둔다. 길은 아무 데로든 달려간다. 길은 마치 아지랑이처럼 흔들리며 나아간다. 가다가 구름을 만나 잠시 쉬어가기도 하고, 너무 더우면 산자락에 숨어들어 풋잠에 빠지기도 한다. 길은 내가 저를 다잡으려 하기만 하면, 저 숲속 어딘가로 달아나 숨어버린다. 매미가 맴맴 아득하게 울어대는 낯선 풍경 속으로 나를 풍덩 빠뜨려 버린다. 나는 하아하아 밭은 숨을 내뱉으며 헤엄치다 문득 맥을 놓는다. 틀어쥐고 쫓아가는 게 아니라 나를 맡겨 두어야 하는데. 나는 가즈런히 숨을 고르며 처음으로 다시 돌아간다. 평온하게 발 내려 길을 더듬는다. 그러

면 길은 다시 긴 숨을 내쉬며 어둠을 건너간다. 혼미를 타고 온갖 환영들이 나에게 밀려들지만 나는 이제 흔들리지 않는다. 길은 이렇게 달려 마침내 어디에서 멈출까. 길의 집은 어디일까.

—「길」

② 까닭없이 눈이 붉어지고 부아가 치밀 때마다 내 고향 안산은 바람 서늘한 그늘 하나씩을 날라다준다. 나는 그 그늘 아래 눕자마자 순식간에 잠에 빠져든다. 나는 꿈을 꾸는데 그 꿈속에선 늘 안산에 안겨 있다. 벌거벗은 태초의 몸인데 춥지도 않고 덥지도 않고 아주 평안해져 마치 안산의 일부가 된 것 같다. 그런 느낌으로 나를 둘러보면 내가 문득 소나무가 되거나 안산에서 뛰노는 다람쥐가 되거나 혹은 잔잔한 풀이거나 흙이 되어 있다. 그럴 때쯤이면 마음이 아주 가볍고 풍요로워진 나는 눈을 번쩍 뜨는데, 이미 모든 부아는 다 사라져버리고 없다. 아내는 그런 나를 보고 전혀 딴 사람 같다고 낯설어 한다. 나도 분명히 그걸 느낀다. 깜빡 잠이 나를 바꿔 놓은 것이다. 나의 삶은 이렇게 윤회되는 모양이다.

—「깜빡 잠」

①과 ②는 시인의 현실 인식·역사 의식의 미세한 변화를 보여주는 시편들이다. 80년대 전형적인 민중시인의 면모를 지녔던 시인이 ①에서는 "길에게 몸을 맡겨 둔다." 지난 시대의 '가시밭길', '황톳길' 등은 시인이 스스로 만들어 간 길에 가까웠다. 부정한 현실을 바로잡기 위해 시련과 고난을 무릅쓰고 길을 개척하였다면, 이 작품에서 길은 "내가 저를 다잡으려 하기만 하면, 저 숲속 어딘가로 달아나 숨어 버린다." 시인은 "가즈런히 숨을 고르며 처음으로 다시 돌아"와 길에게 스스로를 맡긴다. 길과 시인은 하나가 되어 어딘지 모르는 "길의 집"을 향해 걸어간다.

②에서는 잠 속의 짧은 생과 현실의 반복(윤회)을 통해 지난 시대의 선형적 세계관을 구부린다. 과거 시인이 추구했던, 아니 희망했던 세계는 "깜빡 잠" 속에서나 실현될 수 있는 꿈이 되었고, 이 꿈과 현실이 교차되면서 시인의 삶은 "윤회"되고 있다. 시인이 지향했던 삶이, 현실의 고단함을 잊게 해주는 "바람 서늘한 그늘"로 변모하기에 이른다. 시인이 연속적으로 인식하려는 과거와 현재는 더 이상 선형적인 세계관으로 봉합되지 않고, 비선형적인 엇박자(윤회)를 통해 반복되는 것이다.

이렇듯, 정우영의 시는 산문시의 성향을 띤다. 산문적 리듬은 산문적 일상을 표현하는 데 효과적이다. 이러한 산문 지향성은 일상적 체험에서 우러나는 리얼리티를 포획하는 데 기여하며 그의 시가 추상적이거나 자족적인 서정의 나락으로 떨어지는 것을 견제한다.

다음 시는 사건과 서술, 객관과 주관 사이의 넘나듦을 역동적 긴장으로 표출하고 있는 작품이다.

1.
텔레비전에서 기괴한 다큐멘터리가 방영되고 있다. 나레이터도 없고 자막도 나오지 않는다. 나는 아무 생각 없이 눈길을 주고 있다.

2.
물이 밭은 강가 나뭇가지에 웬 넝마들이 줄줄이 널려 있다. 웃통을 벗어젖힌 군인들이 무표정하게 새 넝마들을 갈쿠리로 끄집어올려 나뭇가지에 걸쳐 놓고 있다. 무심하다. 그 손길에는 아무런 감정도 실려 있지 않다. 축 처진 넝마들을 향해 깝죽깝죽 까마귀들이 다가온다. 까마귀들은 망설임없이 부리로 콕콕 찍어 넝마들을 헤친다. 그때다. 까닭없이 내 몸 여기저기에서 통증이 솟구치기 시작하더니 걷잡을 수 없이 퍼져나간다. 나는 방바닥을

떼굴떼굴 구른다. 구르면서 보니, 몸피 꾀죄죄한 아낙 하나가 물길에 막 발을 디밀고 있다. "조심해요!" 나도 모르게 소리지른다. 하지만, 아낙은 얼마 못 간다. 휘청 쓰러지더니 종내 일어나지 못한다. 내 눈에서 갑자기 눈물이 주르륵 흘러내린다.

3.
사람들은 내 눈을 쳐다보다가는 깜짝깜짝 놀란다. 내 눈에서 끊임없이 그 다큐멘터리가 방영되고 있기 때문이다.
―「끝나지 않는 다큐멘터리」

텔레비전에 방영되던 다큐멘터리를 보고 시인이 "통증"을 느끼는 모습은 과거의 아픔이 현재까지 이어지고 있다는 표지이다. 시인은 이러한 전언을 "텔레비전"과 "눈"의 전도를 통해 낯설게 제시하고 있다. 다큐멘터리는 시인의 시선을 끌어당기고, 시인의 목소리는 다큐멘터리를 통해 객관화되면서 서로의 경계를 넘나든다. 이러한 객관과 주관의 상호 침투와 긴장은 과거와 현재, 현실과 환상, 체험과 상징 사이의 넘나듬으로 변주되며 정우영 시의 산문성이 나아갈 한 방향을 시사한다.

정우영의 시는 무리가 없는 평이한 서술로 주제의식을 선명하게 전달한다. 정우영 시의 직설적이고 산문적인 리듬은 때로는 느슨한 비유로, 때로는 거친 서술투로 직조됨으로써 시적 완결성에 바탕한 정서적 울림보다는 사실 전달에 치중하는 듯한 인상을 풍긴다. 그의 언어는 구체적인 이미지로 형상할 수 없는 감정이나 섬세한 내면의 무늬를 포착하는 데는 일정한 한계를 지닌다. 지난 시대에 대한 '성찰'과 '반추'를 통해 이를 넘어서기, 이것이야말로 정우영 시가 당면한 과제일 터인데, 이를 효과적으로 수행하기 위해서는 내면으로 자맥질하는 절제된 언어가 필요하지 않을까. 정우영에게 있어서 과거와 내면은 동전의 양면이다. 바람이 불 듯, 물 흐르듯 자연스럽게 내면(과거)의 목소리에 귀를 기울일 때 최적의 자연적 리듬이 생기지 않을까.

　정우영의 산문 지향성은 앞으로 전개될 그의 시세계에 디딤돌이 될 수도, 장애물이 될 수도 있다. 이번에 발표한 일련의 작품들을 통해 양자 사이의 기로에 서 있는 시인의 표정을 엿볼 수 있었다. 자신의 세계에 대한 과도한 진술이 시대의 변화에 대한 수동적 방어 자세로, 나아가 이 과도함과 결부된 서정의 빈곤으로 화석화될 위험도 있다. 반면, 현상적 현란함의 이면에 감추어진 빈곤한 현실에 정면으로 응전하며 자기 갱신의 채찍으로 언어의 칼날을 벼릴 때, 그의 시는 산문적 운율과 공존하는 침묵의 서정 혹은 서술적 진술과 결합된 절제의 미학으로 올곧게 살아날 수 있을 것이다. 여전히 정우영 시의 강력한 버팀목은 80년대적 정신이다. 그러나 과거의 방식을 그대로 답습해서는 '겹'의 일상을 넘어설 수 없다. 더 교활해지고 유연해진 자본의 음험한 칼날에 저항하는 시인의 언어도 '겹'의 시선으로 갈무리되어야 하지 않겠는가. '절망'과 '모색'의 긴장을 견디는 그의 정신이 일상성의 제국을 관통하는 촌철살인의 서정으로 거듭나기를 기대해 본다.

서정, 그 절망과 희망의 이중주
— 박영근 시집 『저 꽃이 불편하다』와 전동균 시집 『함허동천에서 서성이다』

　박영근의 최근 시집 『저 꽃이 불편하다』(2002)는 폐허로서의 현실을 견디는 '인고(忍苦)의 자화상'을 그리고 있다. 그의 시는 현실의 중압을 정면에서 응전하려는 비극적 실존의 초상을 보여준다. 이번 시집 도처에 흐르는 비장미는 진보에의 신념과 기대를 저버린 역사에 대한 정직한 응시와 일상 속에 은폐된 비극성을 온몸으로 고발하는 진정성에서 비롯된다.
　『취업공고판 앞에서』(1984), 『대열』(1987), 『김미순傳』(1993)에서 『지금도 그 별은 눈뜨는가』(1997) 그리고 이번 시집에 이르기까지 박영근은 체험적 진실에서 발원하는 서정을 통해 불모의 현실을 핍진하게 주조(鑄造)해 왔다. 다만 이번 시집에서는 역사적 현실을 내면화하려는 경향이 심화되고 있는 듯하다. 노동자들의 삶에 대한 따스한 시선을 바탕으로 그들과 함께 한 일상적 삶을 훈훈한 인정으로 감싸안은 기존의 작품들과는 달리, 『저 꽃이 불편하다』에서는 내면의 황량함과 세계의 잿빛 풍경이 빚어내는 환멸의 시편들이 전경화되고 있다. '겨울'이 시의 계절적 배경이 되고 있으며, '과거'는 여전히 시적 화자를 장악하고 있다. 시인은 과거로부터 이어진 황량한 '겨울'의 '길' 위에서 실존적 고뇌에 휩싸인 모습으로 그려져 있다. 이러한 '길' 위에서 시인은 '절망적 현실에 대한 부정'과 '새로운 사유의 집짓기' 사이를 오가며 길항(拮抗)하고 있다.

> 잎도 꽃도 남김없이 지워버린 뒤
> 눈도 그쳐 허름한
> 늙은 산
>
> 나무들 이름도 꽃모양도 잊어버린 산
>
> 그 산길 외진 바위 곁 잔설 위에서
> 얼어가는 깃털 하나를 보았다
>
> 아, 새였던가
>
> ―「늙은 산」

스스로를 "늙은 산"에서 "얼어가는 깃털"에 비유한 위의 시는 이번 시집을 에워싸고 있는 음산한 풍경을 적실하게 보여준다. "잎", "꽃", "나무들 이름", "꽃모양" 등은 시인을 지배했던, 아니 여전히 지배하고 있는 지난 역사의 표지들이다. 시인은 과감하게 이들을 "지워버"리고 "잊어버"리려 한다. "아, 새였던가"라는 의문형 탄식은 과거의 모습에 대한 환멸과 절망의 다른 이름이다. 지난 시대와 단절하고픈 열망이 환멸과 절망을 낳는다는 사실은 단절의 현실적 어려움, 즉 '닫힌 현실'의 불모성을 역설적으로 웅변한다. 이러한 극단적이고 회복 불가능할 정도의 절망은 이 시집 곳곳에서 어렵지 않게 만날 수 있다. 무엇이 이토록 시인을 절망케 하는가?

> 장지문 앞 댓돌 위에서 먹고무신 한 켤레가 누군가를
> 기다리고 있다
> 〔…중략…〕
> 산그림자는 자꾸만 내려와 어두운 곳으로 잔설을 치
> 우고
> 나는 그 장지문 열기가 두렵다
>
> 거기 먼저 와
> 나를 보고 울음을 터트릴 것 같은,
> 저 눈 벌판도 덮지 못한
> 내가 끌고 온 길들
>
> ―「길」

이번 시집을 열어 젖히고 있는 위의 시에서 우리는 절망하는 시인의 내면을 엿볼 수 있다. 시인은 지금까지 스스로가 "끌고 온 길", 즉 "나를 보고 울음을 터트릴 것" 같은 지나온 삶의 "울음"과 대면하기가 두려운 것이다. "울음"은 과거의 삶이 패배한 역사였다는, 시인이 결코 인정하고 싶지 않은, 그렇지만 수락해야만 하는 현실의 상징이다. 이에 시인은 "늙은 산"에서 "얼어가는 깃털"이기를 감수하면서까지 "울음"을 내면화한다. 냉정하게 과거를 응시하는 시인은 이렇게 "울음"을 응결시킨다. 그는 "등에 얼음이 박"(「겨울비」)히는 고통 속에서 얼음이기를, 겨울이기를 감내하면서 자신을 외롭게 지켜내고 있는 것이다.

하나, 둘 흩날리는 눈송이였다

뒷골목에 몰려 쌓여가는 눈더미였다

흙먼지와 그을음, 쓰레기를 쓰고

한밤중 온통 얼어가는 얼음덩어리였다

어떤 뜨거운 말들이 치웠는지 나는 모른다

맨땅에 선연한 침묵의 빛을 본다

—「봄」

  박영근 시에 등장하는 자연은 황량한 시인의 내면을 표출하는 기능을 한다. 인용시에서 봄빛은 "맨땅의 선연한 침묵의 빛"으로 드러난다. '눈송이→눈더미→얼음덩어리→맨땅의 선연한 침묵의 빛'으로 이어지는 이미지의 변주는 시인의 내면이 응결되어 가는 과정을 보여준다. 시인은 그의 시가 이러한 얼음을 녹이는 "뜨거운 말"이 되기를 기대했는지도 모른다. 그러나 "선연한 침묵의 빛"은 "뜨거운 말(울음)"의 기대를 배반했다. 이에 "돌이킬 수 없이 달려온, 또 살기 위해 달려갈/길 위에서, 길을 잃으며/저를 찾고 있는/망가진 사내"는 "온몸 환하게 얼어가는 겨울비"(「겨울비」) 속에서 아직 "깨어나지 않는 꿈"(「行旅」)을 노래할 수밖에 없다. 이러한 노래는 '닫힌 현재'의 부정성을 끊임없이 환기하고, 그 속에서 새로운 삶을 꿈꾸려는 지난한 노력의 산물이라는 점에서 진정성을 부여받는다.

거기 우리가 스스로 키운

금지된 시간들 속을 살아 저희들끼리 보듬고 있는

이름을 알 수 없는 풀들 어떤 역사나 믿음보다

먼저 제 몸을 찾아 기우는 햇살에도

환하게 물들어가는 저 나무숲의, 얼마나 많은 바람과

햇빛과 눈비와 꽃들이 나의 기억을 지울 수 있을까

―「월미산에서」

'바래어 가는 오래된 공장들의 침묵과 저물기도 전에 벌써 지쳐 버린 바다'로 표상되는 과거의 기억은 시인에게 "단절을 꿈"(「달」)꾸게 한다. 그러나 "풀", "햇살" "햇빛", "눈비", "꽃"들도 시인의 기억을 잠재우지 못한다. 그의 작품 속에 드러나는 "생명의, 그 밝은 첫자리", "흰빛", "저 꽃의 눈부심", "저 꽃덩어리" 등이 불편한 이유도 바로 여기에 있다. 이미 시인에게 희망은 절망의 다른 얼굴로 각인되어 있다. 희망을 바로 보지 못하고 "이제 고개를 숙"(「고개를 숙인다」)이는 시인의 모습에는 희망 속의 절망을 보아 버린 자의 슬픈 음영이 드리워져 있다. 시인이 "내 끝내 혼자 살"지도 못하고 "네 곁을 떠나지"도 못하는(「저 꽃이 불편하다」), 거부하고자 하는 과거 속에 머무를 수밖에 없는 실존적 고통의 아포리아에 빠지는 이유도 여기에 있다.

 박영근 시인은 지금 타락한 역사와 이에 대한 환멸 사이, 지나온 '길'에 대한 반성과 새로운 길떠남의 경계 어느 지점에서 그 시련을 통과하는 과정에 있는 듯하다. 그에게 '과거의 기억'을 불러내는 행위는 현재를 견디고 지탱하는 힘으로 기능한다. 그러나 시인은 고통스러운 과거를 불러내 현재의 삶을 성찰하는 행위에 머무르지 않고, 그 과거를 무화시킬 정도로 강렬한 현실의 절망을 노래하고 있다. 당분간 박영근에게 희망의 노래를 기대하지 말기로 하자. 그에게 전망을 강요하고 주장하기보다는 그의 절망의 시가 스스로 깊어져 '희망의 빛'을 발할 때까지 인내심을 가지고 기다리는 것 또한 독자들의 몫이리라. '희망 없음'에 대한 절망을, 아니 삶의 허망한 심연을 응시하는 이 시인의 노래가 '비극적 황홀경'으로 타오르기를 기대하면서…….

박영근의 시가 상황적·실존적이라면, 전동균의 시는 본질적·존재론적이다. 전자의 시가 역사 현실의 수레바퀴 밑에 깔린 실존의 고통스러운 절규의 기록이라면, 후자는 정제된 언어에 바탕한 내면 성찰을 통해 초월적 세계에 대한 열망을 아름답게 수놓고 있다.

전동균은 문명과 자연, 속(俗)과 성(聖), 삶과 죽음, 기지(旣知)와 미지(未知) 사이의 팽팽한 긴장이 현현하는 순간에 주목한다. 이 순간은 풍경과 내면이 만나는 지점이며, 대상을 향했던 시인의 시선이 다시 내면으로 회귀하는 접점이기도 하다.

　　눈 쌓인 금장리 참대밭

　　휘어져, 한껏
　　휘어져
　　마침내 세상 밖으로 탈주할 것 같은
　　이 팽팽한 떨림 속에

　　획,
　　새 한 마리 지나가자
　　순간, 있는 힘 다해
　　눈을 터는 댓잎들

　　제 몸을 때리며

시퍼렇게 멍든 제 몸을
제가 때리며
참회하듯 눈을 터는 댓잎들은

어찌 이리 맑은 빛을 내뿜는지
어찌 이리 곧은 생을 부르는지

속수무책, 나는
갈 곳 없는 죄인이다

—「댓잎들의 폭설」

    이러한 순간은 다람쥐 쳇바퀴 같은 일상에서 초월적 세계의 흔적이 노출되는 '아우라'의 순간을 연상시킨다. 초월적 세계에의 지향은 "댓잎", "새" 등의 상승적 이미지로 표출되고, 이러한 상승력은 다시 "맑은 빛", "곧은 생"으로 변주되어 시인의 "시퍼렇게 멍든" 몸을 때리며 내면으로 침투한다. 첫 시집 『오래 비어 있는 길』(1997)에서 두 번째 시집 『함허동천에서 서성이다』(2002)에 이르는 전동균의 시세계는 이렇듯, 초월적 세계를 지향하는 수직적 상승력과 내면으로 스미는 성찰적 상상력이 빚은 '잘 빠진 항아리'와 같다. 이 두 상상력이 만나는 지점에서 전동균 시의 존재론적 운명이 그려진다.

수많은 길들이 흩어져 사라지는
내 속의 빈 들판과
그 들판 끝에 홀로 서 있는 등 굽은 큰 나무와
낡은 신발을 끌며 떠오르는 별빛의
傳言을 싣고

배는,
이 세상에 처음 온 듯이
소리도 없이 지금 막 내 앞에 닿은 배는,
무엇 하러 나에게 왔을까

불타는 녹음과 단풍의 시간을 지나
짧은 생의 사랑이란, 운명이란
발목 시린 서러움이란
끝내 부르지 못할 노래라는 것을 알려주러 왔을까

울음 그친 아이와 같이,
울음 그친 아이의 맑은 눈동자와 같이,
솔기 없는 영혼을 찾아
어디로, 이 세상 너머 어느 곳으로
무거운 내 육신을 싣고 떠나려 왔을까

―「배가 왔다」

위의 인용은 전동균의 시가 지향하는 바를 선명하게 보여준다. "배"는 "내 속의 빈 들판"과 "등 굽은 큰 나무" 그리고 "별빛"의 "傳言"을 담고 "이 세상에 처음 온 듯이/소리도 없이 지금 막" 시인 앞에 닿는다. "배"는 "짧은 생의 사랑이란, 운명이란/발목 시린 서러움이란/끝내 부르지 못할 노래"라는 전언을 가지고 왔다. 그렇지만 시인은 이 "끝내 부르지 못할 노래"를 불러야 하는 운명을 타고난 존재가 아닌가. 전동균은 이러한 시인의 역설적 운명을 조용히 감수한다. 전동균의 시가 "죽음이/삶을 부르듯 낮고/고요하게"(「冬至 다음날」) 우리의 가슴에 스미는 이유도, "살아 있는 것들의 뼈가 다 만져질 듯한" 투명함으로 고요하게 울려 퍼지는 이유도 "보이는 것보다/보이지 않는 것을 믿는"
(「보이지 않는 것을 믿는 사람」) 이러한 시인의 운명을 정직하게 수락하
는 데서 비롯된다.

>햇빛 맑고 바람 찬
>前生의 어느 하루, 날갯짓도 없이
>허공으로 날아간 새였을까
>죽은 나무가 마지막으로 피워올린
>만발한 꽃들이었을까
>붉디붉은…… 애인의 입술이었을까
>
>금세 사라지는 그 흔적들을
>또렷하게 응시하며
>한없이 깊어지는 저녁의
>눈동자 속, 몇 세기를 건너온
>오랜 그리움의 힘으로
>
>불빛은 깨어나 언덕길을 비추고
>사람들은 다시 집으로 돌아와
>따뜻한 밥상에 둘러앉고
>
>―「그리움의 힘으로」

　전동균의 시는 세계의 원초적 순결성을 투명하고 정제된 언어의 조
형을 통해 회복하려는 의지를 담고 있다. 위의 시에서 화자는 "前生"
의 "새", "만발한 꽃들", "애인의 입술" 등으로 변주되는 "금세 사라지
는 그 흔적들(세계의 원초적 순결성)"을 "또렷하게 응시"한다. 이 응시의

힘, 즉 "오랜 그리움의 힘"은 일상적 삶에 훈훈한 인정을 불어넣는 원동력이 된다. "몸과 마음이 어긋나는" 피투성이의 세상을 잎보다 먼저 피는 "흰빛"의 "간절함"(「매화, 흰빛들」)을 통해 아름답게 감싸안는 시인의 모습은 이를 잘 보여준다. 전동균의 시가 일상과 초월적 세계가 한몸이 되는 '간절한 향기'를 뿜어내는 연유도 여기에 있다. 따라서 그의 시는 '현실 너머'(죽음)에 대한 열망을 노래하고 있지만, '현실'(삶)을 노래하고 있는 것이기도 하다.

 남춘천역 철로변, 몸통이 잘려 썩어가는 나무를 덩굴손이 휘감아 오르고 있었습니다 언제나 삶은 저렇게 죽음에 세들어 있는 것인지, 푸르고 여린 신생의 잎과 줄기들이 안간힘 다해 몸 뒤틀며 오르다가, 유월 햇빛에 눈이 부신 듯 멈칫대다가 마침내 죽은 나무의 끝, 더 이상 갈 곳 없는 허공에서 길을 잃고 잔바람에 흔들렸습니다

―「남춘천역」

 작은 길 옆에는 아름드리 굴참나무 한 그루 있는데요 콸콸 쏟아지는 계곡 물소리에 온갖 나무들이 햇잎을 가득 피워올릴 때도 이 나무는 힘없이 가지를 내린 채 서 있는데요 너무 늙은 탓일까요? 시커멓게 썩어가는 옆구리엔 영혼이 빠져나간 흔적처럼 움푹, 구멍이 패어 있는데요 참 이상한 일이지요 이 나무 옆을 지날 때마다 나는 으스스 으스스 몸을 떨며 살아온 날들의 기억을 순식간에 잊어버립니다 내가 누구인지, 어디로 가야 할지 몰라 걸음을 멈추고 텅 빈 나무구멍을 오래오래 들여다봅니다 그러면 그 속에서는 햇빛 좋은 날의 푸르디푸른 강물 같기도 하고 한밤중 굿당의 장고 소리 같기도 하고 눈도 못 뜬 새끼 강아지의 낑낑대는 울음 같기도 한 연기가 흘러나오는데요 그 연기 자락 끝에는 참척의 슬픔을 안고 엎드려 재를 올리는 노인네와 그 옆에 앉아 사탕을 입에 물고 두리번대는 아이의 모습이 얼핏 보였

다가 사라지기도 하는데요

—「고운사 뒷숲」

위의 시편들은 삶과 죽음이 소통하는 모습을 보여준다. 시인이 순식간에 "주름살 가득한 노인이 되었다가/머리털 새까만 아이로 태어"(「처마끝」)날 수 있는 이유, 즉 죽음이 삶과 '몸바꾸기'를 할 수 있는 이유도 이러한 소통에 있다. 전동균은 삶과 죽음, 몸과 마음, 살아 있는 것과 사라진 것이 융화되는 지점에 주목한다. 그는 이들의 이어짐과 끊어짐의 긴장을 "熱愛", 즉 "뜨겁고도 서늘한 불꽃"(「지금 내 앞에 있는 줄은」)에 비유하고 있다. 시인은 "끊어질 듯 끊어질 듯 이어져" 있는 떨림의 순간을 "점자처럼 더듬어" 감지한다. 이러한 순간은 "나"를, "가족"을, 나아가 "아무리 불러도 응답 없는/거짓말의 삶"을 베어내야 하는 "눈부신 絶滅의 자리"(「여차리 갈대밭」)이기도 하다. 이 절멸의 순간은 "우리가 지녀온 눈물 같은 것을/연기 같은 것을, 비릿한 피내음 같은 것을/남김 없이 하늘로 띄워보내"지만 "잇몸 붉은 처녀들의 허리를 감아/며칠 낮밤을 새울 수" 있는 "아무도 못 찾을 방 한 칸"을 "빗방울 속에", "달 속에"(「봉평계곡」) 들이게 한다. "빗방울", "달" 속에 들인 "방 한 칸"은 자아와 세계의 경계가 지워진 내면(상상력)의 집을 상징한다. 이곳은 '과거/현재/미래', '자연/일상', '풍경/내면'의 경계가 지워지는 기억의 집이다. 이러한 "둥지" 속에는 "이 세상을 다른 곳으로 옮기며/찰랑찰랑 흘러가는/물결 소리"(「강화 물오리」)가 담겨 있다. 이 "물결 소리"를 듣기 위해서는 일상적 삶의 "공터", 즉 "비밀통로"를 거쳐야 한다. 그의 시에서 "공터"는 현실을 넘어 초월적 세계로 난 '틈'을 상징한다.

하지만 시인은 이 "공터"에 오래 머무를 수 없다. 그는 두 갈래로 난 길, 즉 "마을로 내려가는 길"과 "갈참나무숲으로 사라지는 길" 앞에서

"서성이다 서성이다/끝내 집으로 돌아"(「어떤 손을 생각하며」)온다. "다 가서면 뚝 끊어지고/돌아서면 다시 이어지는 소리의 길"(「쓰쓰 비… 쓰쓰…」)이기 때문이다. 시인이 없는 곳마다, 눈부시게 반짝이는 그리운 것들, 이것이야말로 세상을 버리지 못하게 하는 끈질긴 희망의 실루엣이다. 현실 초월의 불가능성을 인식한 시인은, 일상 속에서 초월의 이미지를 실현하기 위해 노력한다. "아무리 귀 기울여도/들리지 않는 말", "언젠가 한 번 들은 듯도 한/내 입술이 먼저 기억하는 말", "그 말들의 활짝 열린/품에 안기어" 시인은 "옹알이"를 하는 아이가 된다. "옹알이"는 언어화되지 않는 신비로운 이미지의 심연에 섬세한 감각의 촉수를 펼치는 "이 세상 낯선 길을 꿈꾸는 사람의/푸르고 둥근 침묵"(「구름의 말」)과 동궤에 놓인다.

전동균 시의 "푸르고 둥근 침묵"은 사심(?) 없이 읽어야 제 맛이 난다. 물 흐르듯 전개되는 시상의 흐름은 그의 작품을 분석적인 언어의 틀로 가두려는 시도를 무색케 할 정도로 자연스럽다. 자연스러움은 단순하지만, 인공적이고 이성적인 언어가 구축한 복잡하고 세련된 이미지 너머에서 '신비한 빛'을 발한다. 이 '신비한 빛'은 폐허의 현실을 결코 초월할 수 없다는 사실을 뼈저리게 인식한 자의 '절망'과 일상의 견고한 감옥에서도 결코 포기할 수 없는 초월적 세계에 대한 '염원'이 포개지는 지점에서 모습을 드러낸다. 이러한 현실과 초월적 지향 사이의 결절점에서 길항하며 그 간극을 메우려는 욕망이 디지털 시대에도 여전히 서정시를 작동시키는 동인(動因)이다.

박영근과 전동균의 시는 중심에서 일탈한 다양한 목소리들의 문학적 실천이 주목받고 있는 현실에서, 이러한 목소리들의 저류에 도도하게 흐르는 삶의 비극성을 껴안고, 느리지만 그래서 더욱 소중한, 절망과 희망의 이중주를 연주하고 있다는 점에서 우리 서정시의 견고한 버팀목이 되고 있다.

몸과 시, 불일이불이(不一而不二)의 미학

1. 몸과 시

몸에 대한 담론이 무성하다. 특히, 1990년대 이후 몸은 우리의 '사회·문화적 현상을 해석하는 결정적인 인식의 심급 단위'로까지 부상하였다. 여기에는 1980년대부터 일기 시작한 몸적인 차이성을 기반으로 한 페미니즘적 글쓰기에 대한 열기와 몸의 오관을 바탕으로 새로운 소통 형식이 되어 버린 영상 이미지의 폭발적인 증대에 그 주된 원인이 있다.[1]

이재복은 몸에 대한 본격적인 탐구 열기를 주도한 연구자이며, 한편으로 몸에 대한 무성한 풍문을 현실 속에서 구체적으로 자리매김하려는 끈질긴 노력을 보여주고 있는 비평가이다. 그의 문제의식은 몸에 대한 테마의 작품을 묶어 출간한 다음 책의 해설에 잘 드러나 있다.

---

1) 김영하 외, 이재복 편, 『몸속에 별이 뜬다』, 윤컴, 1998, p.234 참조.

90년대에 들어와 몸에 대한 탐구가 본격적으로 일기 시작했음에도 불구하고 아직 우리는 이론적으로 체계화된 담론을 가지고 있지 못할 뿐만 아니라 몸이라는 테마가 우리 문학 전체를 아우를 만한 어떤 보편적인 만족의 대상으로 기능하고 있다고도 볼 수 없다.[2]

이재복의 첫 비평집 『몸』은 이러한 저자의 끈질긴 문제의식이 낳은 빼어난 결정체이다. 『몸』은 거대 담론이나 기획만이 횡횡하는 현실에서 구체적인 작가론을 통해 몸에 대한 체계화된 담론을 형성해내려는 소중한 노력의 결실이며, 나아가 몸에 대한 궁극적인 존재 미학을 세우는 토대가 될 수 있는 중요한 밑그림이기도 하다. 특히, 그는 몸에 대한 담론을 문학 텍스트에 구체적으로 접목시키는 데 노력을 쏟고 있다. 문학은 철학 또는 체계화된 학문이 보여주지 못하는 살아 있는 질료를 가지는 것이기 때문에, 문학 속에 나타난 몸의 탐구는 '이성 자체의 투명한 논증을 통하여 드러낼 수 없는 존재 전체'를 포착할 수 있다는 것이다. 이에 몸이 문학의 소통에 있어 새로운 토대가 될 때, 텍스트 내적인 영역과 텍스트 외적인 영역, 작가와 작품, 자아와 세계, 동일자와 타자, 의식과 무의식, 과거와 미래 사이의 견고한 이분법을 해체하고 이들의 경계에 존재하는 영역을 전경화하는 새로운 소통의 가능성이 열릴 수 있다. 몸은 이 두 존재의 영역을 동시에 가지고 있으면서, 두 존재의 영역 어디에도 명확하게 귀속되지 않는 유동적인 성격을 지니고 있기 때문이다.

이재복 비평의 화두는 이러한 몸의 몸성(性)을 통한 소통에 기반한 정서적인 공동체를 형성하는 데 있다. 이러한 화두는 이 저작의 구성에도 반영되어 있다. 『몸』은 크게 세 층위로 이루어져 있다.

---

[2] 김영하 외, 이재복 편, 앞의 책, p.236.

제1부 '몸 : 클리토리스의 춤'에서는 김혜순, 최승자, 김언희, 이선영 등 여성 시인들의 작품을 분석하고 있다. 이재복은 여성만의 독특한 몸의 특성과 섬세한 감수성이 투영된 이들의 시를 분석하면서 남성 중심의 언어 체계를 해체하고 그것과는 다른 언어 체계를 구성하려는 내밀한 욕망을 읽어내고 있다. 제2부 '몸 : 존재의 집'은 몸을 통한 존재론적 사유의 흔적을 보여주는 작가들인 송찬호, 송재학, 김기택, 채호기, 유하 등의 작품을 고찰하고 있다. '몸이 어떻게 언어가 되고, 언어가 어떻게 몸을 얻는가'라는 시인들의 화두를 자신의 그것으로 치환시켜 이들의 고통스런 작업을 들추어내고 있는 이 장에서는 언어와 몸, 시적 자아와 세계, 현상과 본질, 의식과 무의식 등 존재론적 문제들이 주된 탐구의 대상이 되고 있다. 제3부 '몸 : 문명의 그늘'은 김지하, 이문재, 박노해, 마광수, 이승하, 이연주 등의 작품을 사회·역사적 문맥에서 바라본 몸을 통해 성찰하고 있다. 저자는 몸을 통한 문명의 반성이 지닌 진정성에 주목하여 몸과 문명의 관계를 탐색하고 있다.

이상에서 『몸』은 저자 스스로도 지적하고 있듯이, '작은 것에서 큰 것으로' 즉 '몸집을 조금씩 불려간다는 인식'에 토대를 둔 체계로 구성되어 있다. 그러나 이러한 구성이 '변증법적인 것이 아니라 교차와 재교차가 가능한 순환론적인 것'이라는 점에 유의할 필요가 있다.

저자는 각각의 시인들을 몸이라는 프리즘을 통해 조망하고 있다. '몸이 포괄하지 못하는 존재는 없다'는 지적대로 이 비평집이 분석하고 있는 시인들의 작품은 동질적이면서도 이질적이다. 『몸』의 미덕은 이러한 이질혼성적인 시인들의 텍스트를 보편성과 구체성의 긴장을 통해 훌륭하게 조소(彫塑)하고 있다는 점이다. 동·서양을 망라하는 몸에 대한 저자의 이론적이고 철학적인 성찰은 시인들의 텍스트 속에 적절하게 스미고 짜인다. 이렇게 시인들의 작품에 스미고 짜인 몸에 대한 성찰은 다시 논리적이고 체계화된 담론으로 재생산된다. 이러한 이론과 텍스트의 교차는 둥근 타원형의 궤적을 그리며 몸에 대한 담론을 더욱 풍요롭게 하는 데 기여한다.

2. 불일이불이(不一而不二), 혹은 '사이'의 미학

『몸』에서 저자가 탐색하고 있는 화두는 '어떻게 몸이 언어가 되는가' 하는 점이다. 이는 물론 시인들의 화두이기도 하다. 이러한 시인의 화두와 비평가의 그것이 만나 빚어낸 조각품이 『몸』이다.

〈90년대 시인들과 몸의 언어〉라는 제명하에 글을 써오면서도 끊임없이 나를 괴롭혀온 것은 〈어떻게 몸이 언어가 되는가〉 하는 점이다. 내우주 또는 대우주라는 인간의 몸으로 지각한 세계의 그 세세하고도 세밀한, 심원하고도 즉각적인 그런 살아 있는 체험을 과연 개념화된 언어로 얼마만큼 드러낼 수 있을까. 몸이 존재 그 자체라면 (몸이 존재의 주체나 중심을 넘어) 언어는 이미 그러한 존재 자체를 온전히 드러낼 수 없다는 운명적인 판정을 받지 않았는가.[3]

저자에 따르면, '몸에 관해서 노래하지 않고 직접 몸으로 노래한 시인', 김혜순은 몸을 언어화하는 실천적인 방법을 탐색한다. 이는 몸이 구멍이라는 전제하에 구멍난 언어를 탐색하는 다언어 전략으로 드러나는데, '이질적인 질료들 간의 환유적 결합', '통사 파괴적인 파라탁시스의 기법' 등으로 구체화된다. 이러한 다언어 전략은 김언희에게서는 '상징계의 전면적인 전복을 통한 기호계의 장악', 즉 '기호계적 코

---

[3] 이재복, 『몸』, 하늘연못, 2002, p.132.

라의 언어'에 대한 탐색으로 변주되며, 이선영에게는 글자와 육체의 관계에 바탕한 일상의 형식에 대한 탐색으로 드러난다.

이들의 섬세한 여성적 감수성에 바탕한 작품 세계는 서로 이질적이면서도 상호 교차하는 불일이불이(不一而不二)의 세계를 다채롭게 보여준다. 여성성에 바탕한 언어와 존재의 탐색으로 대표될 수 있는 이들의 작품 세계는 저자의 섬세한 비평적 감식안에 의해 각각이 가지는 독특한 무늬를 드러낸다. 이 섬세하고도 인상적인 무늬는 시(언어)의 호수에 잔잔한 파문을 일으키며, 여성/남성의 이분법을 넘어서는 '몸시'에 대한 존재론적 탐구로 확장된다.

저자는 '말의 부재를 통해 몸이라는 확실한 현존'을 얻게 된 '말의 집'(송찬호), '틈/경계'에 대한 사색을 통한 '풍경과 몸의 연대'(송재학), 현상과 본질, 물질과 실존, 리얼함과 아름다움 사이의 틈에 대한 탐색을 바탕으로 전개되는 '몸 그 자체가 곧 표현을 얻게 되는 경우'(김기택), '언어 직전의 몸'에 대한 탐색을 통해 성취되는 '몸의 언어'(채호기) 등 다채롭게 변주되는 '몸시'의 운동을 포착하고 있다. 언어와 몸의 사이를 오가며 '시의 집'을 쌓아올리고 있는 시인들의 집짓기는 시인의 존재론적 운명을 보여주는 지표가 된다. 시의 집짓기와 허물기 사이의 반복이 주는 고통스러운 작업과 함께 하던 저자의 따스하면서도 날카로운 시선은 존재론적 인식의 장에서 사회·역사적 현실의 문제로 확장된다.

저자에 따르면, 김지하의 몸은 '살아 있다'로 표상되는 실존적인 몸으로 우주와 감응한다. 여기에서 몸은 육체와 감각으로서의 몸과 영성과 감성으로서의 그것을 포괄하는 확장된 의미로서의 몸이다. 이러한 확장은 '회음부 중심의 우주관'을 통해 '차갑고 딱딱한 로고스 중심의 세계'를 감싸안는다. 이문재는 몸과 문명의 관계를 시화하고 있다. 그는 몸과 마음의 불일이불이의 관계를 통해 '문명화된 도시에 존재하면서 그 도시를 떠나는' 역설적인 공간인 '등명(燈明)'을 형상화하는 데 성공하고 있다. 이승하는 이성과 감성의 전도를 통해 '소리없이 몸으로 우는 법'을 형상화한다. 그는 감성의 눈으로 '폭력과 광기의 역사'를 바라봄으로써 이성의 눈으로 발견할 수 없었던 세계에 대한 아이러니적인 양상을 탈은폐화하여 드러낸다. 이들을 따라가는 저자의 시선은 시인의 존재론적 운명을 반영했던 몸에 사회·역사적인 외연을 포갬으로써 더욱 풍요로운 몸을 창출한다.

이재복 비평의 진면모를 확인할 수 있는 대목은 박노해와 마광수의 시를 몸의 언어를 통해 분석하고 있는 자리에서이다. 그는 박노해와 마광수의 시를 분석하면서 이념이나 담론보다는 '언어'를 문제삼는다. 박노해의 『노동의 새벽』이 그리고 있는 몸은 "노동의 현실에서 시간의 무게를 견디지 못하고 차츰 훼손되어 가는 그런 세세한 숨결이 느껴지는 과정으로서의 몸이 아니라 이미 망가질 대로 망가진, 자신이 몸에서 닳아 없어졌거나 잘려져 나간 그런 결과로서의 몸"이라는 점에서 노동의 체험이 온전히 언어로 되살려지지 못했다는 것이다. 이는 박노해의 '참된 시작'이 "세계를 뒤흔들며 모스크바에서 몰아친 삭풍" 때문이라기보다는 "자신이 실천해 온 운동이, 또는 그 운동을 형상화한 언어가 일정한 한계를 가지고 있다는 것을 인식한 결과"라는 지적과 통한다. 이러한 박노해론은 몸의 언어와 민중의 언어가 만날 수 있는 가능성을 포착한 소중한 성취라 할 수 있다. 마광수를 분석하는 자리에서도 이와 같은 논리가 변주되어 관철된다. 그는 "마광수의 성을 자신의 언어로 다시 해석해내는 것도 좋지만 그 해석해낸 언어가 다시 마광수의 성으로 되돌아가야만 하는데 그렇지 않다"는 점을 지적하면서 지금까지의 마광수에 대한 성 담론은 텍스트로 되돌아와야만 한다고 주장한다. 마광수의 시는 언어를 통한 간접 배설의 양상을 띠기 때문이다. 이러한 인식을 전제로, 저자는 마광수 시에 대한 면밀한 분석을 행하고, 그의 '수음으로서의 시 쓰기'에는 나르시시즘이 투사되어 있다는 점을 읽어낸다. 이는 마광수의 텍스트가 시인 개인의 성적 취향에 경도되어 있음을 드러낸 것인데, 저자는 마광수의 텍스트가 어떤 보편적인 만족의 대상으로 존재하기 위해서는 '철저한 회의와 부정을 속성으로 하는 니힐리즘'의 수용이 필요하다고 진단한다. 이러한 진단은 마광수에 대해 떠도는 풍문에 일침을 가하는 비평적 실천이라는 점에서 주목에 값한다.

이재복의 비평은 깊고도 넓다. 이러한 깊이와 너비는 그가 『몸』에서 분석한 시인들이 남/여, 신진/대가, 순수/참여 등의 경계를 가로지르는 다양한 면모를 보여준다는 사실에서도 드러난다. 이는 몸과 언어에 대한 존재론적 인식의 치열함과 사회·역사적 현실에 대한 폭넓은 관심에서 비롯된다. 이러한 관심은 텍스트의 주제의식과 이를 표출하는 기법, 사회·역사적 현실과 언어·존재의 가치를 동시에 포착할 수 있는 계기를 마련한다.

이렇듯, 이재복 비평의 미덕은 주제와 기법, 현실과 언어 사이에서 균형 감각을 유지하고 있다는 점이다. 이로 인해 그의 시론은 몸이라는 작품 분석의 틀이 개별 작가들에게 일방적으로 적용됨으로써 야기되는 획일화의 위험으로부터 자유롭다. 몸 담론은 개별 시인들의 독특한 세계 인식과 표현 방식을 통해 다양하게 변주된다. 이러한 변주를 포착하는 저자의 날카로운 사유의 칼날은 몸과 언어(시)의 경계를 가로지르며 다양한 스펙트럼을 연주한다. 이 연주를 감상하는 것 또한 시 읽기에 못지않은 즐거움을 선사한다.

제4부
최근 북한문학의 동향

■ 『주체문학론』의 서술 체계 고찰
■ 소재와 구성을 통해 본 최근의 북한소설
■ 북한소설에 나타난 사랑의 존재 방식과 이원적 서사 구조
■ '거인'의 몰락과 북한소설의 향방

『주체문학론』의 서술 체계 고찰

1. 서론

본고는 『주체문학론』[1]의 서술 체계 고찰을 통해 북한문학 내부의 미세한 균열을 포착하려는 의도로 쓰여진다. '~하여야 한다', '~이 중요하다' 등의 당위적 명제에 다소 주눅이 들면서 거듭 반복하여 읽은 『주체문학론』은 필자에게 착잡한 느낌을 주었다. 남·북 정상의 만남, 이산 가족의 상봉 그리고 정부·민간 차원의 교류가 활발하게 논의되고 있는 지금, 표면적으로는 통일의 분위기가 무르익은 듯이 보인다. 일부 학계에서는 분단 시대가 가고 통일 시대가 오고 있다는 흥분을 감추지 않고 있다.[2] 그러나 1992년에 발표된 김정일의 『주체문학론』은 북한 체제의 근본적인 변화 가능성의 징후를 보여주지 못하고 있

---

1) 김정일, 『주체문학론』, 조선로동당출판사, 1992.
2) 강만길·김경원·홍윤기·백낙청, 「좌담, 통일시대를 어떻게 살아갈 것인가」, 『창작과비평』, 2000년 가을.

다.³⁾ 당위적 명제에서 한 걸음만 물러선다면 북한의 '주체문예이론'에 접근하는 것이 그리 간단한 일이 아님을 쉽게 감지할 수 있다. 이미 우리는 주체적 역량으로 이루어내지 못한 해방이 전쟁과 분단으로 이어졌던 현대사의 비극적 경험을 갖고 있지 않은가? 『주체문학론』에 접근하는 필자의 마음이 착잡한 이유도 당위와 현실 사이의 거리, 바로 여기에 있다.

해방 이후 북한의 문예학은 1967년을 기점으로 커다란 변화를 보인다. 1967년 이전까지는 마르크스—레닌주의의 유물론적 문예이론을 당의 공식적인 노선으로 채택하였다. 그러나 1967년을 기점으로 북한은 이전의 문예이론을 주체적으로 계승한 '주체문예이론'을 당의 공식 문예이론으로 삼는다. 이후 지금까지 북한의 문학은 '주체문예이론'이라는 공식틀을 벗어나지 않고 있다.

북한문학을 바라보는 우리의 시각은 이러한 특수성을 고려하여야 한다. 이에 북한문학에 접근하는 데 있어서 주체문예이론 자체를 비판, 거부하기보다는 주체문예이론 내부의 미세한 균열의 징후를 감지하는 작업이 유효하다고 생각한다. 이러한 관점에서 많은 북한문학 연구자들이 1980년대 북한문학에 주목하였다. 주체문예이론의 틀을 크게 벗어나지 않으면서 다소 유연한 시각을 견지한 작품들이 발표되었기 때문이다. 80년대 현실 주제의 북한소설은 일상생활의 '숨은 영웅'을 형상화한다든지, 애정 문제를 본격적으로 다루거나 북한 사회의 관료주의적 속성을 비판하였다. 이는 주체문예이론의 경직성을 내부적으로 반성하는 지표로 해석되기도 하였다.⁴⁾

그러나 1980년대 후반의 국제 정세와 뒤이은 내부적인 시련은 1990

---

3) 『주체문학론』이 발표된 시기인 1992년과 현재를 비교할 때, 북한은 정치적·경제적·문화적으로 적지 않은 변화를 겪었다. 그러나 북한의 문예정책은 큰 차이를 보여주지 않고 있다. 따라서 『주체문학론』을 통해 북한의 문예정책, 더 나아가 북한 체제의 변화가능성을 탐색하려는 시도는 여전히 유효한 작업이라 생각된다.

년대 북한문학에 새로운 영향을 끼쳤다. 동구 사회주의권의 붕괴, 그리고 가뭄과 기근은 북한 체제를 근본적인 위기 상황으로 몰고 갔다. 국제적인 고립과 내부적 문제를 해결하기 위해 북한의 문학은 다시 보수적인 경향으로 후퇴하였다. 이에 1990년대 북한문학은 1980년대 문학의 유연성을 확장, 발전시키지 못하고 과거의 주체문예이론을 강화하는 방향으로 나아간다. 그러나 이미 사회주의적 현실 문제를 나름대로 깊이 있게 형상화했던 경험을 지닌 북한의 작가들이 주체문예이론의 당위적 명제 앞에 굴복하여 순순히 과거의 작품 경향으로 회귀하지는 않는 듯하다.

김정일의 『주체문학론』은 1980년대 문학의 유연성과 1990년대 문학의 경직성 사이의 이러한 아포리아(aporia)를 반영한다. 본고에서는 『주체문학론』에 나타난 주체문예이론의 미세한 균열을 이 저작의 서술 체계를 따라가면서 고찰한다. 당위와 개성(욕망), 내용과 형식 그리고 사상과 표현 등으로 다양하게 변주되는 이러한 균열의 모습은 『주체문학론』을, 더 나아가 오늘의 북한문학을 이해하는 밑거름이 되리라 기대한다.

2. 본론

2-1. 새로운 시대와 '주체문예이론'의 미세한 균열

『주체문학론』의 첫 장이 '시대와 문예관'이라는 점은 의미심장하다.

---

4) 김재용은 1980년대 현실 주제의 북한소설은 북한 당대 현실 내에서 제기되는 절실한 문제들을 폭넓게 다룬다는 점에서 북한 사람들의 진지한 관심과 사랑의 대상이 되고 있다고 지적한다(김재용, 「1980년대 북한 소설 문학의 특징과 문제점」, 『북한문학의 역사적 이해』, 문학과지성사, 1994, p.271 참조).

'새 시대는 주체의 문예관을 요구한다'로 요약되는 이 장은 새롭게 조성된 정세에 대한 북한식의 대응 방안을 잘 보여준다. 이는 1990년대의 시대적 상황이 요구하는 절박한 과제를 반영하는 것이다. 위기의 시대에 대응하는 북한식의 처방전은 과거의 주체문예이론으로 재무장하라는 것이다. 따라서 이 장을 이해하는 핵심은 주체문예이론 내부의 미세한 균열(새롭게 조성된 시대 상황과 주체문예이론 사이의 불균형)을 포착하는 작업이다. 변화된 시대에 능동적으로 대처하려는 고육지책(苦肉之策)에서 나왔지만 이러한 균열은 북한문학의 변화 가능성을 보여주는 소중한 지표가 될 수 있기 때문이다.

김정일에 따르면 '주체적문예활동방법'이란 '문학예술 창작과 지도에서 나서는 모든 문제를 주체적립장에서 우리 식으로 풀어나가는 것'을 말한다. 이러한 주체성의 강조는 새롭게 조성된 정세를 돌파하는 데 있어서 '민족적 특성'을 강조하는 방향으로 나아간다. 세계적으로 고립된 북한의 정치 체제를 유지·보존하기 위해서는 '조선민족 제일주의 정신'을 발양시킬 필요가 있는 것이다.

하지만 이러한 요구도 그 자체의 당위성만을 강조한다고 해서 이루어지지 않는다. 우리가 주목하는 부분도 바로 여기이다. 구체적으로 어떻게 이러한 요구를 성취할 것인가? 이 점에서 북한문학은 미세한 균열의 징후를 보여준다.

가령, 김정일은 '문학에서 어떤 인물을 전형으로 내세우려면 일반화의 요구와 함께 개성화의 요구'도 실현하여야 하며, '문학에서 사상성이 없으면 예술성이 없고 예술성이 없으면 사상성도 있을 수 없다'고 말하고 있다. 물론 일반화의 요구나 사상성이 개성화의 요구나 예술성을 규정하는 일차적인 요소라는 단서를 달고 있지만, 개성과 예술성의 중요성을 구체적으로 언급하고 있다는 점은 의미심장하다. 보다 구체적으로 이 둘의 조화를 요구하는 방법이 이어서 논의되고 있기 때문이다.

문학의 묘사대상에는 자주성을 위한 인민대중의 투쟁뿐아니라 생활의 모든 분야, 모든 령역이 다 포괄되며 한 작품안에서도 생활분야가 국한되거나 한정되여있지 않고 여러 갈래로 복잡하게 얽혀있다. 문학은 복잡한 인간생활을 그 본래의 모습 그대로 묘사하여야 생활을 다양하고 풍부하게 보여줄 수 있다.

―김정일, 『주체문학론』, 조선로동당출판사, 1992, p.19.[5]

우리 시대 인간의 높은 혁명성과 뜨거운 인간성을 심오하게 그려내여 사람의 문화정서교양에 도움을 주자면 작품에서 딱딱한 정치적인 술어나 구호 같은것을 라렬하지 말고 현실에 있는 산 사람의 사상과 감정, 생활을 구체적인 화폭으로 생동하게 그려야 한다.

―p.20.

위의 인용문은 '자주성을 위한 인민대중의 투쟁'과 구체적인 현실의 다양한 감정을 있는 그대로 포착하여야 함을 강조하고 있다. 이는 '혁명성'과 '인간성' 혹은 정치적인 구호와 '산 사람의 사상과 감정, 생활'을 구체적인 화폭으로 생동하게 그려야 한다는 주장으로 변주된다. 예를 들어, '언어와 구성, 양상과 형태와 같은 일련의 형상 수단과 형상 수법을 다 동원하여야 내용을 충분히 살릴 수 있다'라든가 '사람의 구체적인 성격과 생활에 파고들어야 하며 그 과정에 정치적 내용이 스스로 우러나오게 작품을 써야 한다' 등의 주장은 앞으로의 북한문학이 이념 중심에서 생활 중심적인 문학으로 나아갈 것이라는 징후를 보여준다. 철학적인 것과 형상적인 것의 통일을 보장하는 데서 형상보다 결론을 앞세우지 않고 형상에 대한 결론을 독자에게 맡겨야 한다는 주

---

[5] 이하 인용문은 출전은 생략하고 쪽수만 표시한다. 인용문의 철자법은 원문 그대로 표시하는 것을 원칙으로 한다.

장은 이러한 논의의 연장으로 이해된다.

이렇듯 '제1장 시대와 문예관'은 새롭게 조성된 시대에 대응하는 북한의 수세적 방어 전략을 보여준다. 위기의 시대를 과거의 주체사상에 대한 강조로 극복하려는 의도는 다소 무리한 시도로 보인다. 하지만 이러한 요구를 실현하는 구체적 방법을 제시하는 부분에서 기존 문예이론의 경직성을 다소 탈피하고 있다는 점은 주목할 만하다. 현실과 당위의 불균형을 극복하려는 시도는 '제2장 유산과 전통'에서 보다 구체적이고도 현실적으로 제기되고 있다.

2-2. 민족문화유산의 재평가

김정일은 새롭게 조성된 정세에 대한 대응 방안으로 제1장 '시대와 문예관'에서 '우리 식 사회주의'와 '조선민족제일주의' 정신을 주창하였다. 이에 대한 후속 방안으로 그는 '민족문화유산'에 대한 새로운 평가를 당부하고 있다. '제2장 유산과 전통'은 '민족문화유산'을 확장하는 작업으로 이해할 수 있다.

> 혁명적문학예술전통도 민족문화유산속에서 보아야 한다. 〔…중략…〕 우리의 혁명선렬들은 공산주의자이기전에 조선민족의 우수한 아들딸들이다. 공산주의리념은 결코 민족적리념을 배제하지 않으며 민족적리념을 떠난 공산주의리념이란 있을수 없다. 〔…중략…〕 혁명적문학예술전통을 민족문화유산의 중요한 구성부분으로 보아야 그 전통의 력사적 지위와 가치를 전민족사적인 견지에서 옳게 평가할수 있으며 민족문화유산의 격도 높일수 있다. 〔…중략…〕 혁명적문학예술전통은 민족문화유산의 핵이며 중추이다.
> —pp.60~61.

물론 '혁명적 문학예술전통은 명실공히 모든 내용을 전면적으로 다 계승발전시켜야 한다'는 단서를 달고 있지만, 이러한 민족문화유산의 확장은 변화된 정세에 대처하는 북한 문예정책의 변화를 암시한다. '혁명적 문학예술전통'과 '민족문화유산' 사이의 정확한 경계선 긋기의 어려움, 그리고 이들 사이의 미세한 균열이 예상되기 때문이다.

　이에 대한 구체적 예로써 김정일은 '카프' 문학, '신경향파' 문학, 리광수, 최남선의 작품을 비롯한 근대문학, 실학파 문학, 최치원, 리규보, 김시습, 정철, 허균, 김만중, 「춘향전」, 「흥부전」, 「심청전」, 민요, 시조, 궁중예술 등의 정확한 평가를 당부하고 있다. 이러한 당부는 '자라나는 새 세대들에게 민족의 긍지와 자부심을 안겨' 주기 위해서이고 또한 '영광스러운 로동당시대의 문학예술사에 훌륭한 작품'들을 많이 기록하기 위해서이다.

　이러한 태도에는 '혁명적 문학예술전통'만으론 새로운 시대의 문예이론을 이끌어 나갈 수 없다는 인식이 깔려 있다. 1993년 봄 강동지역에서 출토된 단군릉의 재건을 국가적 사업으로 도모한 예도 이러한 입장의 연장에서 이해될 수 있다. 물론 이러한 '민족문화유산'에 대한 재평가는 '주체문예이론'의 강화를 목적으로 시도되었다. 하지만 역으로 '민족문화유산'의 확장을 주체문예이론의 미세한 균열, 즉 한계를 암시하는 징후로도 읽을 수 있는 것이다.

　'제3장 세계관과 창작방법'에서 김정일은 '주체사실주의'의 세계관과 창작방법에 대해 서술하고 있다. 그는 주체사실주의는 '선행한 시대와 구별되는 새로운 력사적 시대, 억압받고 착취받던 인민대중이 력사의 주인으로 등장하여 자기 운명을 자주적으로 개척해 나가는 자주시대의 요구'를 반영하여 나왔다고 주장한다. 이어 그는 '사회주의적 사실주의'와 '주체사실주의'의 차이점을 분명하게 밝히고 있다.

> 사회주의적사실주의는 유물변증법적세계관에 기초하고 있지만 주체사실주의는 사람중심의 세계관, 주체의 세계관에 기초하고 있다. 주체의 세계관은 세계의 시원문제가 유물론적으로 해명된 조건에서 세계에서 사람이 차지하는 지위와 역할 문제를 철학의 근본문제로 새롭게 제기하고 사람이 모든것의 주인이며 모든것을 결정한다는 철학적원리를 밝힘으로써 사람중심의 철학적세계관을 확립하였다.
>
> —p.95.

김정일은 '주체사실주의'와 선행한 '사회주의적 사실주의'의 관계에서 독창성을 기본으로 하면서 계승성을 결부시켜 보는 것이 중요하다고 주장한다. 주체사실주의는 사회주의적 내용을 민족적 형식에 담을 것을 요구한다. 여기에서 사회주의적 내용은 민족문화유산으로, 민족적 형식은 혁명적 문학예술전통으로 이해할 수 있다. 이에 따르면 주체사실주의는 민족문화유산을 혁명적 문학예술전통의 형식으로 계승하는 것이 된다. 카프와 신경향파 문학에 대한 재평가를 혁명적 문학예술전통의 확장으로 해석할 수 있는 근거도 바로 여기에 있다.

하지만 김정일은 1970년대에 이르러 주체의 문학예술은 선행한 사회주의적 사실주의와 확연히 구별되는 주체적 문학예술로서의 새로운 성격과 체모를 완전히 갖추게 되었으며, 그 독창성과 위력을 온 세상에 남김없이 과시하게 되었다고 주장함으로써, 1970년대와 1990년대 사이의 변화된 정세를 인정하지 않고 있다. '세월이 흐르고 시대가 발전할수록 문학예술에 담아야 할 내용이 더욱 풍부해지고 새로워지는 것만큼 그에 상응하게 끊임없이 새로운 민족적 형식이 탐구되여야 한다'는 발언이 다소 공허하게 들리는 이유도 여기에 있다.

2-3. '사회정치적 생명체'와 문학의 형상화 문제

김정일은 '제4장 사회정치적 생명체와 문학' 첫머리에서 시대를 대표하는 새로운 계급이 출현할 때마다 문학의 기본 형상 대상은 바뀌었지만, 자주시대에 이르러 문학은 영원히 변함없는 복무 대상을 갖게 되었다고 선언한다. 그것이 바로 '력사의 자주적인 주체인 사회정치적 생명체'이다. 이는 수령, 당, 대중의 통일체이다.

이어 그는 사회정치적 생명체의 지향과 요구는 수령의 사상에 집대성되어 있다고 주장하면서 수령 형상을 창조하는 것이 문학의 지상 과업이라 말한다. 그는 '수령을 구체적인 인물로 그리면서도 개인으로 형상하지 말아야 한다'는 특수한 사정으로 하여 수령을 형상하는 작품은 자기의 고유한 생리가 있다고 말한다.

> 수령의 형상과제는 일반주인공의 형상과 다르며 력사에 이름있는 걸출한 위인이나 영웅의 형상과제와도 다르다.
>
> —p.142.

> 개별적 사람의 사회적 지위와 역할을 얼마든지 다른 사람이 대신해줄수 있지만 수령의 지위와 역할은 누구도 대신할 수 없다.
>
> —p.143.

> 문학의 일반적 요구를 철저히 지키면서도 수령을 형상하는 작품에 고유한 생리를 특색있게 살리는데 작가의 재능이 있고 형상을 성공에로 이끄는 비결이 있다.
>
> —p.149.

수령 형상을 창조하는 작업에서 나타나는 개성과 전형 사이의 미묘한 긴장은 당의 위대성과 주체형의 인간을 전형화하는 과제에서 보다 구체적으로 표출되고 있다. 당과 당일군을 형상하는 데 있어서 김정일은 특히 격식화된 틀을 경계하고 있다. 가령 기념일을 계기로 내보내는 헌시도 시인 만큼 거기에는 서정적 주인공의 남다른 얼굴이 있어야 하고 시인만이 노래할 수 있는 독특한 세계가 있어야 한다는 것이다. 또한 당 일꾼의 형상은 당 일꾼이기 전에 인간으로 그려져야 하며 개성적으로도 다양하고 생신하게 그려야 한다는 것이다.

> 주인공의 내면세계를 깊이있게 그려야 세상에서 가장 아름답고 고상한 주체형의 인간전형인 충신의 성격적특성을 옳게 밝힐수 있고 인간적풍모를 선명하고 풍만하게 보여줄수 있다.
>
> —p.165.

인물의 내면세계는 생활에 바탕을 두고 있으며 생활을 통하여 발현된다는 것이다. 따라서 '라열식이 아니라 립체적으로', '일면적으로가 아니라 다면적'으로 그려야 한다는 것이다. 숨은 영웅과 숨은 공로자에 대한 형상화는 이러한 요구에 부합한다.

> 우리 시대의 영웅을 형상화하는데서 그들이 처음부터 영웅적 기질을 타고난 기상천외한 인물이 아니라 평범한 출신의 근로자이며 직장과 가정에서 날마다 사람들과 함께 일하며 살고있는 보통인간이라는 것을 잘 보여주어야 한다.
>
> —p.170.

이러한 인물을 형상하는 데 있어서 요구되는 것이 개성적 특성을 생동하게 그리는 것, 성격과 생활을 여러모로 입체적으로 묘사하는 것, 기질적 측면을 무시하여서는 안 된다는 점 등이다. 같은 세계관을 가진 사람이라 하여도 그 세계관이 서로 다른 다양한 기질에 굴절되면 성격이 서로 구별될 수 있기 때문이다.

'제5장 생활과 형상'은 '종자'에 대한 올바른 이해를 강조하면서 시작된다. 김정일에 의하면 종자는 '작품의 형상을 이루는 모든 요소를 규제하고 통일시키며 이끌어 나가는 유일한 중심'이다. 이러한 종자, 즉 생활의 사상적 알맹이를 탐구하는 과정은 대상의 현상에서 본질로 심화되는 과정이다. 종자에 대한 강조에 이어 '성격문학이냐 사건문학이냐', '형상의 힘은 진실성과 철학성에 있다', '문학의 지성세계를 높여야 한다', '구성이 좋아야 작품이 산다', '언어형상에 문학의 비결이 있다' 등의 구체적 문학론이 전개된다. '종자'에 대한 강조와 일상생활을 반영하는 문학 사이의 미묘한 긴장은 '제5장 생활과 형상'의 이러한 연역적 추론의 과정을 요구한 것이다.

> 작품에 펼쳐진 생활이 현실생활과 같으면 진실한것이고 다르면 진실하지 못한 것이다.
>
> —p.196.

> 생활을 진실하게 반영하는가 못하는가 하는 문제는 작가의 생활체험이 얼마나 깊은가 하는데 따라 많이 좌우된다.
>
> —p.197.

> 문학작품에서는 생활을 진실하게 그리면 그릴수록 철학성이 더욱 깊어지며 화폭속에 의의있고 심오한 사상이 구현되면 될수록 진실성이 더욱 철저히 보장된다. 〔…중략…〕 철학적깊이가 있는 종자를 골라잡는 것은 작품의

철학성을 담보하는 선결조건이다.

—p.200.

작품의 진실성과 철학성은 현실을 얼마나 사실적으로 재현하는가에 의해 결정된다. 그러나 철학성은 '철학적 깊이가 있는 종자를 골라잡는 것'에 의해 담보된다는 발언은 이와 어긋난다. 다시 말하면 현실을 진실하게 반영하는 과정에서 철학성이 담보되는 것이지, 철학적 종자를 골라잡는 행위 그 자체만을 통해 철학성이 보장되지는 않기 때문이다.

이러한 자체 모순은 '리성적인 것과 감성적인 것의 통일'에서도 그대로 드러난다.

지성도가 높다낮다 하는 것은 작품에 보통사람들이 알고있는것보다 얼마나 더 깊고 풍부한 지식이 담겨져 있는가, 사람들이 경탄하고 높이 올려다볼만한 고상한 미의 세계가 개척되였는가, 형상기교와 문화수준이 어느 정도인가, 한마디로 말하여 작품의 세계가 높은가 낮은가 하는데 따라 결정된다.

—p.202.

문학작품은 적어도 생활을 그리는 수준이 보통상식에서 훨씬 벗어져야 하며 사상적으로 건전하고 예술적으로 고상하여야 한다.

—p.203.

작가는 독자를 가르치는 사람이다. 사람들을 가르치자면 그들보다 아는 것이 많아야 한다.

—p.206.

김정일은 문학작품의 '지성도'를 높이는 데 있어서 '리성적인 것과 감성적인 것'의 통일이 중요하다고 강조하면서도, 뒤이어 '감성적인 요소는 리성적인 요소의 주도적 작용을 떠나서는 작품의 사상예술성을 높이는 데 아무런 기여도 할 수 없다'라고 주장함으로써 스스로 감성적인 요소의 비중을 깎아내린다. 이는 위의 인용에서 드러나는 바와 같이 그의 문예관이 계몽에 바탕하고 있기 때문이다. '작가는 독자를 가르치는 사람이다'라는 논리는 그가 앞 장에서 주장한 '우리 인민들이 최고다' 또는 '인민은 가장 진실한 독자다'라는 주장과 상반된다. 이러한 논리적 모순은 당위적 명제와 구체적 형상 사이의 골 깊은 주체문예이론의 내부적 갈등의 발현이라 할 수 있다.

  김정일은 언어 형상의 문제를 언급하는 부분에서도 '작가는 언어 문제가 단순히 작품의 형상 문제인 것이 아니라 자기 민족, 자기 인민의 자주성과도 관련되는 문제라는 것을 깊이 명심하고 언제나 주체적 립장에서 어휘를 고르고 문장을 다듬어야 한다'고 주장한다. 이러한 당위적 명제를 전제한 후, 그는 '백마디의 말로도 대신할 수 없는 함축되고 명백한 표현', '개성적이고 참신한 표현의 탐구' 그리고 '자기 식의 독특한 문체 확립' 등을 요구한다. '작가는 그 누구도 모방할 수 없는 자기의 얼굴, 자기의 고유한 언어밭을 가지고 문단에 나서야 한다'는 것이다. 그리고 언어구사의 비결은 전적으로 작가의 재능에 달려 있다고 말한다. 그러나 이러한 주장만으로 민족, 인민의 자주성을 발현시키는 주체적 관점(당위적 명제)과 작가 스스로의 독창적이고 개성적인 문체(개인의 욕망) 사이에 가로놓인 '주체문예이론'의 심연이 봉합되지는 않는다.

2-4. 당위와 형상 사이의 거리

'제6장 문학형태와 창작실천'에서 김정일은 시, 소설, 아동문학, 극문학 등의 형식과 창작 실천에 대해서 구체적으로 언급하고 있다. 시문학에서는 당의 정책적 요구와 서정성을 조화시키는 문제를 주로 논의하고 있다.

> 시문학의 서정성을 높이자면 시인의 개성적인 얼굴을 뚜렷이 드러내는 것이 필요하다.
> 시의 서정은 시인자신의 정서를 직접 표현하는 주정이다.
> —p.228.

> 시에서는 서정적주인공의 모습이 뚜렷하여야 하며 다른 사람이 대신할수 없는 독특한 정서세계가 펼쳐져야 한다.
> —p.229.

그러나 '다른 사람이 대신할 수 없는 독특한 정서세계'와 당의 정책적 요구를 어떻게 조화시킬 것인가, 인간 생활을 떠나 순수 자연을 찬미하는 시와 아름다운 자연을 통하여 거기에 비낀 인간 세계를 깊이 있게 드러내는 작품을 어떻게 구분할 것인가의 문제는 여전히 미해결의 과제로 남는다. 이러한 구체적인 문제를 깊이 있게 천착할 때 북한의 시문학은 이념과 서정 사이의 간극을 어느 정도 좁힐 수 있을 것이다.

김정일은 소설 속에 형상화된 생활은 '시대와 사회의 본질이 반영된 전형적인 생활이며 작가의 발견이 깃든 새롭고 특색 있는 생활'이라고 주장한다.

> 도식은 문학과 독자사이를 갈라놓은 장벽이다. 작가는 온갖 도식에서 벗어나 저마다 새로운 것을 들고나와야 한다.
>
> —p.244.

그러나 이러한 장벽은 주체문예이론 자체의 도식성이 아니라 소설 창작 기법과 관련된 도식성이다. 이어 그는 '다주인공을 설정하는 수법', '주인공을 감추어 놓고 형상하는 수법', '부정적 인물을 중심에 놓고 형상'하는 수법, '인물의 심리를 기본으로 펼쳐 나가면서 생활을 묘사하는 수법', '랑만주의 수법' 그리고 '벽소설' 같은 짧은 형식, 서한체, 일기체, 추리소설, 탐정소설, 실화소설, 환상소설, 의인화의 수법으로 엮어진 소설, 운문소설, 지능소설 등 다양한 기법과 형식을 소개하고 있다. 이러한 기법과 형식의 도식 배제가 곧바로 주체소설의 도식성을 극복하는 계기가 될 수는 없다. 하지만 다양한 기법과 형식의 실현이 주체소설의 내부에 조그마한 균열의 징후로 기능할 수는 있다. 이러한 징후에 대한 탐색과 발견이 소중한 이유도 바로 여기에 있다.

『주체문학론』에서 특히 주목하고 있는 영역은 아동문학이다. 아동들은 새 시대를 이끌어갈 주역이기 때문이다. 이러한 아동문학에 대한 논의에서도 여지없이 내용과 기법 사이의 균열이 감지된다.

> 작가는 아동문학을 우리 당의 정책과 우리 나라 어린이의 특성에 맞는 우리 식 문학으로 발전시켜야 한다.
>
> —p.254.

이러한 당위적 명제에 이어 김정일은 구체적인 기법 차원에서 아동문학의 형상화 문제를 언급하고 있다. 아동문학은 작품에 재미가 있어야 하며, 사상을 논리적으로 주입하려 하지 말고 흥미 있는 형상 속에서 감성적으로 받아들이게 하여야 하며, 변화무쌍한 행동성과 강한 운동감이 느껴져야 한다는 것이다. 또한 될 수 있으면 쉬운 말과 표현을 써야 한다는 것이다.

> 아동문학에서는 의인화된 수법과 환상, 과장, 상징을 비롯한 이미 있는 수법을 다양하게 리용하는 한편 새로운 형상 수법과 기교를 대담하게 창조하여야 한다.
>
> —p.256.

이러한 당위와 형상 사이의 괴리는 '주체문예이론'의 미래를 보여주는 징후로 기능할 수 있다. 이어 김정일은 '문학의 모든 형태를 다양하게 발전시켜야 한다'고 주장하고 있다.

김정일은 극문학, '텔레비죤문학', 평론문학 등 다양한 형태의 문학을 언급하면서 '그것을 발전하는 현실의 요구와 인민의 미감에 맞게 끊임없이 혁신해 나가는 것'이 중요하다고 강조한다.

> 우리는 력사적으로 이루어진 기성형태나 새로 창조하는 형태나 할것없이 모든 형태의 고유한 특성을 뚜렷이 살려 주체문학의 화원을 더욱 풍만하고 다채롭게 장식하여야 한다.
>
> —p.267.

'제7장 당의 영도와 문학사업'에서는 문학에 대한 당의 지도와 문학 조직에 대하여 논의하고 있다. 마지막으로 주체문예이론의 정당성을 강조하고 있는 것이다. '문학사업에 대한 정책적 지도와 형상적 지도를 옳게 결합시켜야 한다'는 명제하에 이 장에서 김정일은 '창작지도를 행정 실무화하지 말아야 한다'고 강조한다. 행정 실무화는 문학사업에서 관료주의, 주관주의를 낳는 주된 요인이며 문학운동을 억제하는 장애물이라는 것이다.

『주체문예론』의 첫 장이 '시대와 문예관'이라는 점을 상기한다면, 이 마지막 장은 주체문예이론을 현실 속에서 어떻게 실현시킬 것인가 하는 문제를 구체적으로 강조하고 있다. 이러한 수미쌍관적인 구성은 새롭게 조성된 시대에 대응하는 주체문예론의 자의식을 역설적으로 반영하고 있다.

3. 결론

이상으로 김정일의 『주체문학론』을 '주체문예이론' 내부의 미세한 균열에 초점을 맞추어 일별해 보았다. 『주체문학론』은 1960년대 후반에서 1970년대에 걸쳐 확립되어 1980년대 다소 유연하게 전개된 주체문예이론의 1990년대 판 '중간결산 보고서'라 할 수 있다. 특히, 1980년대 북한문학은 전일화된 유일사상체계에 대한 반성으로 전개되었다는 점에서 주목을 요한다. 이에 『주체문학론』은 북한문학 내부의 '변화하고 있는 것'과 '변하지 않는 것' 사이의 미세한 긴장을 보여준다. 이는 당위와 욕망, 혁명과 일상, 이념과 기교, 내용과 형식 등으로 변주되면서 다양한 스펙트럼을 보여준다.

이제 북한문학은 어디로 갈 것인가? 쉽게 예상하기는 어렵지만 이러한 균열은 더욱 심화될 것으로 보인다. '현실'과 '절대정신' 사이의 줄타기로 요약할 수 있는 『주체문학론』은 '주체문예이론'의 자의식, 더 나아가 북한 체제의 자의식을 유추할 수 있는 각주의 역할을 한다.

자의식은 스스로에 대한 객관적 거리를 바탕으로 형성된다. '주체문예이론'의 자의식은 스스로를 타자화하는 아픔, 즉 타자(개방)를 통한 스스로의 정체성 확립과 맞물려 있는 절대절명의 과제 속에서 형성될 것으로 보인다. 이러한 자의식의 징후는 『주체문학론』을 통해 암시적으로 드러난다. 예컨대 '민족문화유산'에 대한 재평가는 '혁명적 문화유산'에 대한 타자화에 기여할 것이며, '기질', '개성'에 대한 강조는 '주체문예이론'의 이념성에 미세한 균열로 작용할 것이다. 이러한 흐름에 대한 지속적인 탐색은 북한문학 내부의 과제일 뿐만 아니라 통일문학을 준비하는 남한문학의 실질적 과제이기도 하다.

소재와 구성을 통해 본 최근의 북한소설

2000년 이후의 북한문학은 1990년대 후반에 제기된 '강성대국 건설'과 '선군주의(先軍主義)의 실현'이라는 시대이념의 발현으로 거칠게 요약된다. 사회주의 강성대국의 건설이라는 명제는 경제난이 어느 정도 회복기로 접어들고 있다는 자체 평가하에서, '사상의 강화'와 '군대의 혁명화'를 통해 경제를 비약적으로 발전시켜야 한다는 의지를 담고 있다. 이는 개혁과 개방의 현실 앞에 노출된 북한 사회의 딜레마를 드러내 준다. 문제는 강성대국을 건설하기 위한 방법으로 '선군주의'를 제시하고 있다는 점이다. 선군주의는 군대우선주의의 이념을 드러내고 있는데, 이는 '일상의 전장화'를 통해서야만이 사회주의 체제를 유지할 수 있다는 북한의 위기감을 역설적으로 반영하고 있다.

이 글에서는 2002년 하반기에 발표된 단편 중 사회주의적 현실 문제를 다루고 있는 작품들을 중심 텍스트로 삼아 소재와 구성을 고찰하고자 한다. 이러한 작품들은 주체문예이론의 틀을 근본적으로 벗어나고 있지는 않지만, 당위와 현실, 과거와 현재, 이념과 욕망 사이에서 다양한 스펙트럼을 형성하며 주체소설의 미세한 균열의 징후를 보여준다.

2002년 하반기『조선문학』『청년문학』『통일문학』등에 발표된 단편소설들의 가장 뚜렷한 특징은 다양한 소재가 작품에 수용되고 있다는 점이다.

김준학의「소쩍새 우는 밤」(『조선문학』, 10.)은 단군릉 발굴을 통해 '묘동중심설'을 부정하고, 평양을 중심으로 한 대동강 유역의 문화를 세계 4대 문명 발상지인 '닐강, 량강, 인다스강, 황하'와 더불어 어깨를 나란히 할 수 있는 '대동강 문화'로 공표하는 내용을 담고 있다. 이는 민족문화유산의 확장 의도로 해석할 수 있는데, 이러한 태도에는 의식하든 의식하지 않든 '혁명적 문학예술전통'만으론 새로운 시대의 문예이론을 이끌어 나갈 수 없다는 인식이 깔려 있다. 물론 이러한 '민족문화유산'에 대한 재평가는 '주체문예이론'의 강화를 목적으로 시도되었다. 하지만, 역으로 '민족문화유산'의 확장은 주체문예이론(혁명적 문학예술전통)의 미세한 균열을 노출시키고 있다고 하겠다.

김명익의「생의 메아리」(『통일문학』, 3호)는 아버지에게서 물려받은 과수원을 밑천으로 기업을 운영하여 막대한 금을 사들인 민족기업가 '성태관'을 등장시켜 그의 과거 행적을 재평가하는 내용을 담고 있다.

> 개인기업가가 자기의 자금을 출자하여 기업을 운영하면서 거래에서 리윤이 크게 날수도 있고 손실액이 날수도 있다. 경기가 좋을 때면 다른 사람들에게 돈을 융자해 줄수도 있으며 판로가 괜찮은 다른 기업을 또 내오기 위해 리윤몫에서 일부 떼어 놓을수도 있는데 그런 식으로 법화하면 그래 누구에게 리롭겠는가? 그래서 개인기업가가 아닌가. 법을 쥔 사람들이 그래서는 안된다고 아퀴를 지어 주었습니다.
> ―「생의 메아리」, p.97.

물론 성태관의 과거 행적에 대한 재평가이긴 하지만, 위의 인용문에서 제시된 자본가에 대한 유연한 태도는 현재 북한이 처해 있는 개혁·개방에의 요구와도 암유적 연관을 지닌다는 점에서 음미할 가치가 있다.

한편, '과학환상소설'이라는 이름으로 발표된 작품들은 흥미로운 소재와 기법을 통해 대중들의 요구를 반영하고 있다는 점에서 주목을 요한다. 리금철의 「붉은 섬광」(『조선문학』, 9.)은 외국인 여검사 '헬렌'과 경시청의 '쟈스민' 경부를 등장시켜 '작은 섬나라인 아씨르'의 수도에서 발생한 화재사건의 수수께끼를 풀어 가는 과정을 보여준다. 이들은 '남극대륙 그라함랜드연구기지 연구사(분자화학공학 박사)'인 김학성의 도움으로 미국의 음모를 폭로하는 데 성공한다. 추리소설 기법의 차용, 공상 과학 기술의 도입, 그리고 외국인 화자의 설정 등은 기존 주체소설의 경직성을 다소 일탈하고 있다는 점에서 주목에 값한다.

'전국군중문학현상공모' 1등 작품인 「박사의 희망」(『조선문학』, 8.)은 '늦잠기 구락부'라는 가상의 단체를 설정하고, 이 단체의 음모를 밝혀 나가는 김대혁 박사의 무용담을 그리고 있다. 이 작품은 '과학과 그 발전을 명실공히 인류의 복지증진'에 이바지하는 데 써야 한다는 주제의식을 '선/악' 구분의 능력을 지닌 가상의 로봇(희망)을 통해 구현하고 있다. 선/악의 이분법적 사고에 바탕한 사건 전개는 한계로 지적할 수 있으나, 이러한 한계를 '욕망과 현실 사이에는 상대성이라는 공간이 가혹하게 실력을 타진하고 있다'는 발언을 통해 스스로 인식하고 있다는 점은 이후 주체소설의 변모를 시사하는 대목이라 할 수 있다.

다양한 소재의 등장은 일상적 삶의 복합성과 풍부함을 반영한다. 사회주의 현실 속에서 드러나는 다양한 삶의 형상화는 '주체문예이론'의 경직성을 완화하는 방향으로 전개될 것이다. 이는 다양한 삶을 포괄하는 유연한 '주체문예이론'을 요구하면서 주체소설의 끊임없는 자기 갱신을 강제할 것이기 때문이다.

다음으로 구성의 문제에 주목하여 작품들을 살펴보자. 2002년 하반기에 발표된 작품들의 대부분은 '현재→과거→현재'의 구성으로 전개된다. 이는 주체소설의 현 단계를 보여주는 '바로미터'의 역할을 한다. 과거를 통해 현재를 성찰하고 현재의 위기를 극복하려는 의지를 반영하고 있기 때문이다. 이러한 구성을 가지고 있는 작품으로 「천한산의 붉은 단풍」(황청일,『조선문학』, 10.), 「전사의 길」(조승찬,『조선문학』, 11.), 「제비」(김해성,『조선문학』, 11.), 「첫 개발자들의 이야기」(맹경심,『청년문학』, 9.) 등이 있다.

「천한산의 붉은 단풍」은 '서해 해상 격전'에서 부상당해 병원에 입원했다가 퇴원하는 길에 고향에 들른 화자가 할아버지의 삶을 회고하는 형식으로 전개된다. 평범한 농민이었던 할아버지는 해방이 되자 지주의 집과 땅을 물려받는다. 그는 농사를 짓는 대신 술로 소일하기도 하며, '지주 흉내'를 내다가 곤혹을 치르기도 하는 등 보통 사람의 면모를 보여준다. 전쟁이 일어나 세상이 바뀌자 할아버지는 읍에서 쫓겨왔던 박완섭의 농간에 넘어가 동지를 배신하기도 한다. 이러한 할아버지는 이전의 주체소설에서는 보기 드문 생동감 넘치는 인물로 그려져 있다. 할아버지는 '치안대'의 비인간적인 횡포를 참다못해, '새 조국건설의 벅찬 시간을 알리던, 마을에 하나밖에 없던' 인민의 소유물, '벽시계'를 훔침으로써 자신의 존재를 웅변한다. 이러한 의식의 각성을 통해 당당하게 죽음을 선택하는 할아버지의 모습은 기존의 주체소설이 보여준 도식적 인물의 전형성을 벗어나, 인간 본연의 존엄성을 환기하면서 적지 않은 감동을 선사한다.

「제비」는 '체신의 컴퓨터화'를 지향하는 아들과 우편통신원으로 근무한 아버지, 그리고 아버지의 뒤를 이어 근무하는 어머니의 삶이 소통하는 과정을 현재와 과거의 교차를 통하여 보여주고 있다. 특히, 이 작품에서는 '조국해방전쟁 때 기통수가 타던 군마'와 전후 어머니/아버지가 타던 자전거 그리고 미래 체신 분야에 도입될 새로운 프로그램 등 '과거/현재/미래'의 삶이 '제비'라는 상징을 통해 연결된다.

 내가 목표하는 체신의 컴퓨터화가 어찌 최신기술만으로 이루어 지랴. 사람들을 위해 자기를 바칠줄 아는 정신이 없다면 미래도 없을 것이다.
 계승을 떠난 혁신은 없고 또 혁신이 없는 계승은 참다운 계승이 아니다. 아버지가 한생 군마처럼 여기며 애용해 온 자전거, 《제비》라고 불러 온 자전거에 깃든 의미는 매우 소중한것이었다.
 "앞으로 내닫지 않고 멎어서면 넘어진다."
 아버지의 이 좌우명은 내가 넘겨 받아야 할 계주봉, 유산이 아닌가!
 나는 몸을 일으키며 어머니에게 말했다.
 "어머니의 뜻대로 래일 연구소로 떠나겠어요. 어머니, 이제 제가 체신분야에 도입하게 될 첫 프로그램에 〈제비〉라는 이름을 다는게 어때요? 강성대국의 봄을 불어 오는 〈제비〉! 좋지요?"

—「제비」, p.67.

이러한 작품들은 아직까지는 현재보다는 과거에 액센트를 두고 있다. 그러나 과거와 현재의 만남이 구체적 현실(할아버지의 평범한 삶, 아버지/어머니의 소박한 삶, 제비/자전거 등)을 매개로 이루어지고 있다는 점은 주목을 요한다. '불멸의 총서'로 대변되는 영웅적 인물의 절대적 과거가 아니라 '숨은 영웅'들의 생생한 과거가 현재의 삶 속에서 그려진다는 점은 '과거의 영광'에서 '현실 생활의 문제'로 소설의 창작 공간이 서서히 이동하고 있음을 보여준다.

 이상으로 최근의 단편소설을 소재와 구성에 초점을 맞추어 살펴보았다. 1980년대 이후의 주체소설을 이해하는 데 있어 중요한 점은 표면적으로 드러나지 않는, 아니 드러날 수 없는 개인의 무의식적 욕망을 포착하는 일이다. 최근의 주체소설은 북한문학 내부의 '변화하고 있는 것'과 '변하지 않는 것' 사이의 미세한 균열을 보여준다. 이는 당위와 욕망, 혁명과 일상, 이념과 기교, 내용과 형식 등으로 변주된다.

  개인의 욕망과 집단의 이익이 일치될 때 가장 행복한 문학이 탄생한다. 그러나 남한의 문학과 북한의 문학은 모두 그렇지 못하다. 남한은 개인의 욕망이 중시되고, 북한은 집단의 이익이 강조된다. 남·북한문학의 소통 가능성은 서로의 '타자'인 집단과 개인에 대한 새로운 인식에서 열릴 수 있지 않을까?

북한소설에 나타난 사랑의 존재 방식과 이원적 서사 구조

1. 혁명적 사랑의 존재 방식

사랑은 근대 사회의 안녕과 체제의 존속성을 보장하는 이데올로기로 기능해 왔다. 대상과의 하나됨과 영원성의 획득이라는 근원적 욕망을 두 축으로 하는 낭만적 사랑의 '신화'는 은폐된 자본의 논리에 포획되어 근대 사회를 지탱하는 주춧돌이 된다. 이에 1990년대 이후 남한의 작가들은 왜곡된 사랑 이데올로기의 허상을 폭로하면서 불륜이나 이혼 이야기를 과감하게 서사의 전면에 내세웠으며, 심지어 '결혼은 미친 짓이다'라고 선언하면서 사랑의 '신화'를 의도적으로 전복해 왔다.

한편, 북한의 문학에서 사랑은 자본의 논리가 지배하는 남한의 현실과는 달리, '수령―당―인민'의 공동체적 유대에 기반한 체제의 이데올로기에 봉사해 왔다. 인간의 유희적·생물학적 본능을 규정하는 중요한 요소로, 누구도 침범할 수 없는 개인의 가장 내밀한 욕망의 하나인 사랑이 행복하고 조화로운 이상 사회를 건설하려는 공적 의지에 종속되어 왔던 것이다. 북한의 문학에서 개인적 사랑이 구체적으로 형상화된 장면을 찾기 어려운 이유도 이와 무관하지 않다. 이상적이고 화합적인 사랑은 개인을 흥분시키고 초월하며 스스로의 경계를 넘어서는 정열적인 사랑을 소외시킨다. 정열적인 사랑은 조화로운 이상 사회의 안식보다는 지배적인 규범이나 가치를 일탈하려는 개인의 내밀한 욕망과 손잡기 일쑤이기 때문이다.

1967년 이후 주체소설이 추구해 온 '주체형 공산주의자'는 정치적 생명(이성)을 육체적 생명(감성, 본능)보다 중시하는 새로운 인간형이다. 이들의 사랑은 '주체적 사회주의 건설'이라는 대의(정치적 과제)를 개인의 욕망보다 우위에 두고 형상화되어 왔다는 점에서 '혁명적 사랑'이라 지칭할 수 있다. 혁명적 사랑은 구체적인 개인의 욕망을 억압한다.

북한의 문학에서 1980년대 이후 사랑의 담론이 중심 주제로 떠오르고 있다는 점은 주목을 요한다. 이는 억압된 개인의 내밀한 욕망을 가시화하고 있다는 점에서 주체소설의 변화를 보여주는 징후로 해석할 수 있다. 이 글에서는 이성간의 사랑이 부각된 최근의 단편들을 중심으로 공적이고 혁명적 사랑이 억압하고 있는 개인적 욕망의 일면을 고찰하고자 한다.

북한소설에 나타나는 연인들의 사랑은 당의 정책 시행 과정에서 생긴 오해로 인해 감정에 균열이 생기고, 이러한 균열이 외부적 요인에 의해 봉합됨으로써 다시 결합한다는 내용이 하나의 공식을 이룬다. 여전히 북한 사회에서는 개인적 감정보다는 공적인 사업에 바탕한 혁명적 사랑이 우세한 비중을 차지하고 있다. 그런데 혁명적 사랑에 의해 억압되는 개인적 사랑, 나아가 개인적 사랑을 가로막는 현실적 장애물이 구체적으로 부각되고 있다는 점이 눈길을 끈다. 이러한 억압되고 있는 요소를 통해 우리는 북한 사회에 만연된 고정관념과 관료주의의 문제를 우회적으로 파악할 수 있다.
「시작점에서」는 사랑의 좌절로 인해 직장을 버리고 떠돌다가 다시 '건설장'으로 돌아오는 인물을 통해 북한 사회에 드러나는 사랑의 일면을 보여주는 작품이다.

> 그는 내가 홀어머니손에서 자란 자식이라고 내놓고 말하군 했지.
> 인간의 증오와 기쁨을 산생시키고 때론 크나큰 슬픔과 괴로움을 겪게 하는것은 다른 모든 힘을 초월하는 감정의 힘이 아닌가.
> 난 왼볼을 몹시 씰룩거리는 한정식을 씹어 삼킬 듯이 노려보았네. 그가 나한테 얼마나 큰 모욕을 주었는지 동무는 아마 다 모를거네. 그래서인지 온몸의 피가 머리우로 치솟았네.
> 그러니 자기네는 생활토대도 그러하단 말이지. 아버지도 가까운 친척도 없는 나 같은건 눈에 차지 않고. 좋다. 나도 빚진 몸이 아니니 머리를 숙이진 않겠다.〔…중략…〕
> "보옥이, 왜 우오. 우리의 사랑은 티끌만 한 타산도 없었소. 오직 깨끗한 순정과 밝은 래일만이 약속되여 있지 않았소. 그러나 동무와 난 생활의 깊이를 모르고 있었소. 우린 그걸 먼저 알아야 했소."
> 난 처녀와 그렇게 헤여졌네. 그 괴로움우에 어머니를 잃은 슬픔이 덧쌓여지고. 그후 난 처녀의 오빠가 보기 싫어 인차 직장에서 나와 버렸네.
> ―홍남수, 「시작점에서」, 『청년문학』, 2003년 1월호, p.23.

화자와 '보옥'의 '티끌만 한 타산도 없'고 '오직 깨끗한 순정과 밝은 래일만이 약속'된 순수한 사랑은 '홀어머니손에서 자란 자식'으로 대변되는 현실적 조건, 즉 화자의 '생활 토대' 때문에 결실을 맺지 못한다. 이 때문에 보금자리를 떠나 방황하던 화자는 과거의 잘못을 뉘우치고 다시 직장으로 돌아온다. 되돌아온 화자를 감싸주고 잃은 사랑을 되찾아 주는 인물은 '승남대대장'이다. '승남대대장'은 '남 모르게 보옥이를 두 번이나 찾아'가고 화자의 '입당 보증을 해주려고 려단 정치부와 도당에까지 걸음을' 한다. 화자와 '보옥'은 '승남대대장'의 묘지에서 다시 만나 사랑을 확인한다. 즉, 이들의 사랑은 '승남대대장'이라는 외부적 인물의 매개를 통해 재결합되는 것이다. 이는 혁명적 이념에 지배되는 북한 사회의 개인적 사랑의 모습을 구체적으로 보여준다.

「경암에서의 하루밤」도 이와 비슷한 구조를 지닌다. 이 작품에서는 당 정책 시행 과정에서 나타난 권위주의·관료주의가 사랑의 장애로 등장한다.

"들자니 길동무가 면위원장이 되였다고 복실이란 처녀와 파혼을 했다는데 그게 사실입니까?"

길한덕의 눈섭이 쭝긋 일어 섰다.

"아닙니다. 그 집에서 〈호조미〉를 안냈기에 말좀 했는데 조웅식아버님이 결별을 선언했습니다. 전 제가 채웠…다고 생각합니다."

— 리영환, 「경암에서의 하루밤」, 『조선문학』, 2002년 12월호, p.23.

'길한덕'과 '조복실'의 사랑은 어려운 여건의 노동자들을 돕기 위해 농민들에게 식량을 걷는 '호조미 운동' 때문에 파경을 맞는다. 이들은 마음을 터놓고 적극적으로 오해를 풀기보다는, 사랑을 포기하는 쪽을 선택하는 수동적 인물로 그려진다. 오해는 김정숙의 중개를 통해 해소된다. 이 작품에서 김정숙은 「시작점에서」의 '승남대대장'과 유사한 기능을 한다. '길한덕'과 '조복실'의 사랑 또한 외부적 중재에 의해 결실(혁명적 사랑)을 맺게 되는 것이다.

「고향에 온 처녀」는 새로 부임한 '불도젤' 교대 운전수 '채향'과 기존의 운전수 '범국' 사이의 풋풋한 사랑을 보여주는 작품이다.

불시에 형언하기 어려운 향기가 그의 온몸에 들씌어 졌다.

구석구석마다에 어린 채향의 다정다감한 정서가 페속으로 기분 좋게 흘러 들었다. 앞창 유리에는 없던 토끼인형까지 대롱대롱 매달려 있다. 올롱하니 치뜬 토끼의 눈은 꼭 채향의 눈동자 같다. 마치 범국을 쏘아 보는듯 하였다.

범국은 신경질적으로 토끼인형을 툭 치였다.

―강혜옥, 「고향에 온 처녀」, 『청년문학』, 2003년 1월호, p.36.

도시 냄새가 풍기는 꽃처럼 연약한 처녀 '채향'이 교대 운전수로 왔다는 사실에 '범국'은 실망감을 감추지 못한다. 그러나 '채향'과 함께 '불도젤'을 운전하고부터 '범국'은 '형언하기 어려운 향기', '채향의 다정다감한 정서'가 가슴속으로 흘러드는 느낌을 받는다. '채향'의 헌신적인 노력과 당에 대한 충성을 이해하고부터 '범국'은 '채향'에 대한 연정 때문에 심장이 뛰기 시작한다. '채향'에 대한 오해는 '범국'이 그녀의 진면목을 확인함으로써 해소된다. '범국'이 깨닫게 되는 '채향'의 진가는 당에 대한 충성심, 즉 혁명적 과업과 연결된다는 점에서 이들의 사랑은 혁명적 사랑의 연장선에 놓인다.

다음으로, 비전향 장기수의 사랑을 다룬 작품이 눈길을 끈다. 「들꽃향기」는 죽음을 매개로 한 사랑의 애틋함을 형상화한 작품이다. 남쪽이 고향인 비전향 장기수가 끝까지 자신의 신념을 지키다가 결국 북쪽을 선택한다는 이야기와 맞물려 전개되는 이 작품의 비극적 사랑은 혁명적 사랑을 형상화한 위의 작품들보다 진한 감동을 선사한다.

기나긴 10년세월이 흘러도 여전히 한모습으로 해마다 찾아 오는 경아를 만류하다 못해 지쳐 버린 나는 아픈 말로 그의 여린 마음을 후벼 내려했다.

〔…중략…〕

"고약한 사람만큼 외로운 인간이 없다더니… 또 나를 찾아와 나를 배반에로 유혹하려 한다는걸 알기에 다시는 만나지 않겠다."는 서리찬 말 한마디 남기고 돌아 서리라고 마음 다졌다.

하지만 서로 얼굴 붉히며 가슴 맺힐 말을 하지 않아도 되였다. 그가 더는 면회를 오지 않았던것이다. 이젠 그의 마음도 변색되였으리라고 생각했다. 허나 지금까지도 흐려지지 않은 그의 애틋한 마음이 담긴 차입품을 지켜 보는 나의 눈굽은 뜨거워 진다.

― 석유균, 「들꽃향기」, 『조선문학』, 2002년 12월호, p.51.

사랑하는 남자를 감옥에 두고 남자의 뜻에 헌신하는 '경아'의 모습과 자신의 죽음을 알리지 않고 계속 차입품을 넣어 주라던 그녀의 당부 등은 앞의 작품들이 전경화하고 있는 혁명적 이념의 울타리를 넘어 생생한 감동을 전해 준다.

이상의 작품들이 시사하는 개인적 사랑의 면면에도 불구하고 여전히 사랑의 담론이 공적 이데올로기에 종속되고 있다는 점은 아쉬움으로 남는다. 이념이나 당위적 명제를 앞세우기보다는 이들이 일상 속에서 느끼게 되는 애환이나 갈등을 구체적으로 그렸으면 보다 생동감을 획득할 수 있었을 것이다. 그렇다고 북한 사회의 현재적 모습을 정직하게 드러내며 혁명적 사랑에 대한 희망을 포기하지 않으려는 노력의 소중함을 과소평가하려는 것은 아니다. '안식처이자 구속'인 혁명적 사랑의 양면성과 현재적 의미를 정직하게 수용하며, 사회주의적 사랑이라는 울타리와 그 바깥의 경계를 동시에 포착하려는 자세가 요구된다. 어느 한 쪽을 과장함으로써 사랑의 총체적 의미를 퇴색시키기보다 상처난 사랑의 실체를 정직하게 응시하려는 태도가 필요하다.

2. 이원적 서사 구조의 의미

최근 북한소설에서 또 하나 뚜렷이 부각되는 문제는 사회주의적 현실을 형상화할 때 표출되는 딜레마이다. 이러한 양가성은 사건과 인물의 이원적 설정을 바탕으로 한 서사 구조에 반영되어 있다. 작품 속에 드러난 사건과 인물은 두 개의 이야기가 교차·병행하는 이중적 서사 구조에 얽혀 있다. 이는 혁명적 사랑과 개인적 사랑의 관계와도 유사한 궤적을 그리고 있다.

김일성, 김정일, 김정숙 등과 병행하는 서사는 최근의 작품에서도 여전히 지배적인 힘을 발휘한다. 이들은 당 정책을 수행해 가는 과정에서 국제 정세에 대한 진단이나 이념과 신념에 바탕한 '고난의 행군'에 대한 격려 등을 통해 작품의 서사를 장악하고 있다. 이러한 거대 서사는 '숨은 영웅'들의 일상적 이야기나 사회주의적 현실 속을 살아가는 인민들의 욕망과 갈등을 드러내는 일상적 서사에 안팎으로 개입한다.

서사의 이중 구조는 주관적 열망(당 정책)과 실제 생활의 괴리를 표출한다. 하지만 이전의 작품들과는 달리 북한 사회의 실상이 구체적으로 제시되고 있다는 점은 주목할 만하다. 이는 북한 인민들의 소소한 일상적 이야기가 전경화된 거대 서사를 서서히 잠식하고 작품의 전면에 부각되기 시작한다는 점에서 드러난다.

> 겨울이 아무리 사나와도 저 흰 눈 덮인 산발들과 강변의 두터운 살얼음장 밑에서도 생명 가진 유기체들은 여전히 생의 욕망을 잃지 않고 봄맞이준비를 하고 있을 것이다. 우리는 기다릴것이 아니라 강성대국건설의 새 봄을 앞당겨 불러 와야 한다. 우리의 힘으로, 우리의 식대로……
> —윤경찬, 「동력」, 『청년문학』, 2003년 1월호, p.10.

난 오늘 정말 기쁩니다. 자기 힘을 믿지 못하고 주저앉았던 한 기술자가 래일을 확신하는 신념의 강자가 되여 일어 선것이 나에게는 무엇보다 기쁩니다. 인간이 결심하고 달라붙으면 못해 낼 일이 없습니다. 난 이번에 전수민기사를 통해서 우리의 강성대국건설구상이 결코 우리의 욕망이 아니라 가까운 기간에 현실로 될것이라는것을 다시 확신하게 되였습니다. 전기가 공업의 동력이라면 사회주의를 진전시키고 완성시키는 동력은 이 제도의 래일을 확신하는 인간들의 신념입니다. 신념이 강하면 반드시 승리자가 됩니다.

―「동력」, p.16.

전경화된 서사는 인물의 주관적 열망에 의해 추동된다. '강성대국건설의 새 봄'은 자연의 순환 논리에 의해 뒷받침되고 있으며, '사회주의를 진전시키고 완성시키는 동력'은 '제도의 래일을 확신하는 인간들의 신념'에 의해 에너지를 공급받는다. 그러나 이러한 당위적 명제에 바탕한 거대 서사의 그물망이 아무리 촘촘하다고 해도 일상적 삶의 다양한 모순은 표출되기 마련이다. 전경화된 주관적 열망 이면에 비낀 북한 사회의 현실은 고통스럽고 암담하다.

어찌하여 60년대에 자기 손으로 전기기관차를 만들어 낸 우리 인민이 오늘에 와서 거기에 등잔불을 켜놓지 않으면 안되게 되였는가? 왜 우리 인민은 텔레비죤과 랭동기를 비롯한 전기일용제품들을 갖추어 놓고서도 등잔불을 켜놓고 저녁식사를 하지 않으면 안되게 되였는가?
날로 악랄해 지는 적들의 경제봉쇄와 고립압살 책동의 후과다.

―김대성, 「정든 고장」, 『청년문학』, 2002년 12월호, p.12.

이미 1960년대에 '전기기관차'를 만들어낸, '텔레비죤'과 '랭동기'를 비롯한 '전기일용제품들'을 갖추어 놓은 북한의 인민들이 '등잔불'을 켜놓고 저녁식사를 하는 현실에 대한 안타까움이 '적들의 경제봉쇄와 고립압살 책동'에 대한 분노로 이어지고 있는 장면은 주관적 열망에 바탕한 당 정책의 한계를 스스로 시인하는 꼴과 다르지 않다.

장군님께서는 걸상에 비스듬히 앉으시여 설날에 쌍둥이네 가정에서 펼쳐지게 될 그 즐거운 광경을 그려 보시였다.
축복의 꽃보라인양 함박눈이 내리는데 전기난방이 된 아담한 살림집에서는 천연색텔레비죤이 춤노래를 펼친다. 천리 떨어 진 평양에서 진행되고 있는 학생소년들의 설맞이공연을 바라보면서 온 가족이 푸짐한 밥상에 둘러 앉는다.
매 사람앞에 기름진 통닭이 한마리씩 차례진다.
밥상 한가운데는 삶아서 껍질을 벗긴 하얀 닭알이 피라미트모양으로 쌓아 져 있다. 쌍둥이네 할아버지인 박관식기사가 띄우개식발전소를 설계한 그 재능 있는 손에 잔을 들고 방금 맞아들이 부어준 강계포도술을 마시려는데 동생들이 가족을 이끌고 연줄연줄 들어 선다. 저마다 손에는 통닭과 닭알꾸러미를 들었다.
박기사네는 형제들까지 다 합치면 공장에 나가는 사람이 30명이나 된다지. 그러니 설명절에 공급 받을 닭고기가 60키로요, 닭알은 300알이다.
얼어 드는 방안에 등잔불을 켜놓고 칡뿌리를 섞은 대용식품이란걸 억지로 먹을 때 그들이 불과 몇해어간에 이렇게 따뜻한 방안에서 천연색텔레비죤을 켜놓고 닭고기잔치를 벌리게 될 상상이나 하였을까? 장자강기슭에 궁전처럼 솟아 난 닭내포국집으로 온 가족이 앞서거니 뒤서거니 하며 찾아가게 될줄을 꿈이나 꾸어 보았을까?

―「정든 고장」, p.18.

김정일이 '자강도 로동계급'의 미래의 삶을 상상하는 장면이다. 위의 작품에는 이례적으로 북한 사회의 현실이 생생하게 담겨 있다. 김정일의 꿈은 '시련의 나날에 결사관철의 정신으로 당을 받들어 온 자강도 로동계급의 밥상'에 '늘쌍' 닭고기와 닭알이 오르는 것이다. 이러한 모습은 식량 사정이 악화되어, 명절날에도 끼니 걱정을 해야 하는 북한 사회의 실상을 역설적으로 반증한다.

이렇듯, 거대 서사와 거기에 비낀 일상적 삶의 역설적 공존을 감내해야 하는 것이 사회주의 이념을 고수하는 북한 사회의 현실적 운명이다. 이념이 현실을 장악하고 있으나, 바로 그 이념이 디테일한 일상적 삶의 소멸을 초래하는 비극, 즉 이념은 스스로를 긍정하면 할수록 동시에 자신의 텃밭인 현실을 부정해야 하는 모순적 운명에 처하게 되는 것이다.

최근의 주체소설은 거대 서사의 재창조를 목표로 하고 있지는 않은 듯하다. 우리는 북한의 소설이 현재 진행중인 역사적 이행, 즉 세속적 근대화 양식에 대한 강력한 거부이자 대항의 의미를 지닌다는 사실을 의도적으로 간과해 왔다. 근대성의 전지구적 흐름에서 이탈한 정적이고 종교적 색채까지 풍기는 주체소설이 동시대를 살아가는 우리의 세속적 삶을 되돌아보게 하는 계기를 제공하고 있다는 점은 부인하기 어렵다.

이제 주체소설은 '항일혁명전통으로의 복귀'라는 자신의 내밀한 욕망이 하나의 상상이자 허구라는 사실을 인식해 가고 있는 듯하다. 항일혁명전통(과거/거대 서사)과 사회주의적 현실(현재/일상의 서사)의 결절점(結節點)을 통해 주체소설은 새로운 미래를 개척해야 할 지점에 와 있다. 우리는 이러한 북한의 소설이 거대 담론(주체사상)의 테두리에 종속되지 않고 현실의 구체적 삶에 대한 일상적 기획으로 확장되기를, 나아가 서구적 의미의 근대성에 대한 강력한 회의와 거부를 통해 주체적인 탈식민적 전망으로 거듭나기를 기대한다.

'거인'의 몰락과 북한소설의 향방

1. 잡종의 담론

세계가 하나의 전산망으로 연결되는 '잡종(hybrid)'의 시대이다. 나라와 나라 사이의 경계는 흐려지고 문화는 국경을 넘나든다. 동일한 정체성을 갈망하는 주체적 열망은 타자를 받아들여야 하는 객관 현실과 몸을 섞고 있으며, 과거와 현재, 전통문화와 외래문화 심지어 지배문화와 저항문화까지도 동시에 새겨지고 지워진다. 바야흐로 '우리/타자'라는 이분법적 척도로 이질적인 문화를 재단하는 태도에서 벗어나, 다양한 문화들이 공존하는 열린 네트워크에 대한 성찰로 발상을 전환해야 할 때이다. 팽팽하게 맞서는 극단적 입장 사이에서 길항작용(拮抗作用)하는 제3의 길을 모색하는 것, 이것이야말로 잡종의 시대가 요구하는 자세가 아닐까?

지금껏 우리는 북한의 현실을 바라보는 데 이중적 잣대를 적용해 왔다. 북한은 늘 지리상으로는 가깝지만 이념상으로는 먼, 감성적(심정적)으로는 친근하지만 이성적(현실적)으로는 낯선 괴물이었다. 우리들의 의식과 무의식에 깊이 각인되어 있는 이러한 양면성을 교차시키는 작업, 즉 북한에 대한 인식의 간극이 혼종되는 지점에서 문화의 이질감을 극복할 수 있는 단초가 마련될 수 있을 것이다. 동일성(남한)의 시각으로 타자(북한)를 흡수하려 할 때, 우리는 타자의 희생을 제물로 중심의 권좌에 오를 수 있을 것이다. 이러한 구심력으로서의 권좌는 자본의 논리로 타자를 지배하는 근대 담론의 본질을 함축한다. 그러나 중심에 대한 욕망(동일성)을 잠시 유보하고 타자(타자성)를 향해 한 걸음 다가설 때, 두 세계가 중첩되고 교차되는 보다 큰 영역에서 열린 중심의 자리를 차지할 수 있다. 진정한 잡종의 담론은 '타자가 왜 우리와 다를까'라는 문제의식에서 출발해서, 나와 타자를 함께 바라볼 수 있는 관점에서 차이를 맥락화하고, 이를 통해 좁혀 나갈 수 있는 차이에 주목함으로써, 다름을 유지하되 대화를 가능케 하는 공통 분모를 만들어 나가는 과정이다.

2. 일상의 전장화

최근 북한에서 발표된 소설에서 과거와 현재, 전쟁과 일상이 혼융된 작품이 두드러지게 눈에 띄는 현상은 핵 문제를 비롯한 국내외적 난제에 직면한 북한의 절박한 현실과 무관하지 않다. 올해는 북한식 표현으로 "전승 50돐이 되는 뜻깊은" 해이다. 북한은 "사생결단의 각오로 떨쳐 일어나 조국수호의 결전장에서 창작의 붓을 달리던 1950년대의 종군작가들의 창작본새와 류례없이 간고한 《고난의 행군》시기에 창조된 1990년대의 창작기풍으로 선군문학작품창작에 총 돌진"해야 한다고 역설한다.[1] 영웅적인 희생정신을 발휘하는 '혁명적 군인정신'이야말로 시대가 요구하는 전형적 성격이며, '일상을 전장화'하는 최근의 작품에서 이들의 전형은 '사회주의 강성대국 건설'을 위해 매진하는 모습으로 그려진다.

「눈보라는 후덥다」는 백두산 지구를 사회주의의 선경(仙境)으로 꾸미기 위해 온몸을 바쳐 일하는 한 처녀 돌격대원의 이야기이다. 끝이 보이지 않는 눈 쌓인 길을 2시간 30분이나 걸어, 통나무를 잘라 운반해야 하는 '통나무생산전투'는 인간 체력의 한계를 넘나드는 고통스런 노역이다. 그러나 돌격대원들은 이를 거뜬하게 이겨내고 임무를 완수한다. 생사를 넘나드는 고통스런 현실을 '일상을 전장화'하는 이념 무장을 통해 극복할 수 있었던 것이다.

"저기를 좀 봐요. 산중턱엘 말이예요."
모두의 눈길들이 그가 가리키는쪽으로 쏠렸다.
"백포를 쓴 유격대원들이 매복하고 있는것 같지 않아요."
잠잠히 걷자니 또 심심한 모양이였다.
"그럼, 우린 왜놈〈토벌대〉란 말이야? 어이쿠."
"하하하." "호호호"
사람들은 눈물이 찔끔 나오도록 한바탕 웃었다.
그 소리엔 나도 웃었다. 정말로 산중턱에 빨찌산들이 매복하고 있는것만 같았다. 금시 돌격나팔 소리가 울리고 산아래로 쏟아져 내려올것만 같았다. 그런 생각은 통나무전투장에 도착할 때까지 없어지지 않았다. 참 이상했다. 빨찌산들의 발자취가 어려있는 백두산지구라는 생각이 항시적으로 체현되여 있는 까닭인것 같았다.
―박일명, 「눈보라는 후덥다」, 『조선문학』, 2003년 5월호, pp.24~25.

---

1) 「불타는 창작적열정을 안고 선군문학창작의 붓대를 달리자」, 『조선문학』, 2003년 3월호, p.4 참조.

새 천년이 시작되는 2000년, 통나무를 베고 운반하는 고역을 그것도 전혀 경험이 없는 처녀 돌격대원이 수행하는 모습은, 우리의 상식으로는 납득하기 어려운 북한의 현실이다. 돌격대원들은 고통스런 노동 속에서 '항일 빨찌산의 발자취'를 불러와 체현함으로써 결전의 각오를 다진다. 과거와 현재, 일제시대 유격대원의 삶과 통나무 작업을 수행하는 돌격대원의 일상이 겹쳐짐으로써 현실적 고통은 거짓말처럼 해소된다.

이러한 '일상의 전장화'는 기관사들의 자잘한 일상을 스케치한 소품인 「나의 재부」에서도 드러난다. 이 작품은 자재와 물자를 운반하는 기관사의 삶을 형상화한 작품이다. 화자는 '세멘트' 공급이 지연되어 공사가 당장 멎을 지경에 이른 '성하발전소'의 인수원에게 '세멘트' 차량을 운반해 달라는 부탁을 받는다. 그러나 기관차의 견인 정량 때문에 '세멘트' 차량을 달아 줄 수 없는 형편이다. 게다가 철길이 '또아리처럼 둥그렇게 원을 지으며' 이어진 '또아리굴'을 통과해야 하는 상황에서는 '인정에 사로잡혀 모험할 권리'가 없다고 생각한다. 그러나 동료 '민범아바이'의 충고와 열흘씩이나 '세멘트' 차량과 동거 생활을 하였을 인수원의 안타까움을 생각하며 화자는 '세멘트' 차량을 기관차에 연결한다. '또아리굴'을 통과할 걱정으로 노심초사하는 화자에게 '아바이'는 다음과 같이 말하며 안심시킨다.

"아바이, 만약 의도대로 되지 않는다면······"
아바이의 숱진 눈섭이 치켜 올라 갔다.
"만약이라구? 그렇다면 오늘이 전시라고 생각해보자구. 미국놈들의 비행기가 여기를 겨냥하고 달려 든다고 하면 말이야. 그땐 저 세멘트차량들을 어떻게 하겠나? 저기에 탄약이 실렸다면 말이야."
—장영성, 「나의 재부」, 『청년문학』 2003년 3월호, pp.21~22.

열차가 '또아리굴'에 들어서자 화자는 격전장에 들어선 듯한 기분에 사로잡힌다. "하늘을 썰며 날아 드는 까마귀떼 같은 적습격기편대들, 귀청을 째는듯 한 폭음, 차창으로 쓸어 들어 오는 매캐한 화약내, 하지만 기적소리 높이 울리며 전선으로 전선으로 달려 가는 기관차……." 마침내 열차는 무사히 '또아리굴'을 통과한다. 굴을 무사히 빠져 나온 화자는 강성대국을 향해 내달리는 조국을 위해 수백 톤의 '세멘트'를 날랐다는 기쁨, 그 '세멘트'가 만년대계의 기념비적 창조물을 짓는 기초가 되리라는 생각에 가슴이 한껏 부풀어오른다.

이렇듯 위의 두 작품은 '일상의 전장화'를 통해 당면한 현실적 어려움을 극복하려는 모습을 보여준다. 그러나 '일상을 전장화해야 한다'는 주관적 열정을 강조·반복한다고 해서 현실적 어려움이 자연스레 극복되는 것은 아니다. 이것이 구체적이고 일상적 삶의 요구와 어떻게 접맥될 수 있을 것인지에 대한 실질적인 탐색이 뒤따라야 할 것이다.

3. 이상과 현실의 갈등

오광철의 「눈보라속의 이야기」는 일상을 전장화해야 한다는 이상과 실제 현실 사이의 갈등을 비교적 심도 있게 다루고 있는 작품이다. 이 작품의 서두에 배치된 다음의 꿈 장면은 북한소설에서 보기 드문 긴장감을 연출한다.

그것은 무서운 꿈이였다. 온 세상이 거대한 얼음세계로 변한듯 어디나 차겁게 번쩍이는데 인옥은 온몸이 꽁꽁 얼어 그 흰 세계속을 갈팡질팡하고 있었다. 문뜩 우 우 하는 무서운 눈보라소리가 터지고 바로 그속에서 형언할 길 없이 무서운 형체가 꿈틀거리며 덮쳐들었다. 구불구불 타래치는 거대한 몸뚱이, 천만개의 고드름이 삐죽삐죽 내민것 같은 무서운 발톱들……

그 무섭게 꿈틀대는 온몸에서 숨마저 써늘하게 식어 들어 오는듯 한 혹독한 랭기가 풍겨 왔다.

인옥은 그것이 《흰룡》이라는 것을 알았다.

혹독한 추위와 눈보라의 상징으로 자기가 그려본 그 《흰룡》……

바로 그 《흰룡》이 무수한 얼음발톱을 자기 몸에 쿡 박고 거대한 눈보라의 꼬리로 얼굴을 후려쳤을 때 인옥은 온몸이 추위에 옥죄여 들고 숨이 컥 막히는것을 느꼈다. 인옥은 비명을 지르며 몸부림쳤다.

그 순간 그는 꿈에서 깨여 났다.

―오광철, 「눈보라속의 이야기」, 『청년문학』 2003년 3월호, p.34.

수예창작단의 수예사였던 인옥은 '백두산지구혁명전적지건설사업'에 지원한다. 이곳으로 떠나올 때까지만 해도 그녀의 꿈은 컸다. 처녀의 몸으로 어렵고 힘든 건설장에서 '위훈'도 세우고 당원의 명예를 획득하고 돌아가 사람들을 놀라게 하려고 마음먹었던 것이다. 그러나 그녀에게 주어진 현실은 고향의 따스한 방 안에서 상상하던 것과는 너무도 달랐다. '흰룡'으로 상징되는 살인적인 추위와 눈보라는 '과연 스스로가 남의 짐이 되지 않고 끝까지 견뎌낼 수 있을까' 하는 두려움을 가지게 할 정도이다. 이러한 현실과 이상의 괴리에서 오는 두려움이 인옥의 온몸을 옥죄고 숨이 막히는 것 같은 몸부림(꿈)으로 표출된 것이다.

"인옥동무 이곳으로 탄원하여 올 때 위훈을 세우고 입당을 하고 돌아 가겠다고 결심을 하였다는데…… 사실이요?"

그제야 인옥은 지영철이 무엇을 말하려고 하는지 짐작이 갔다. 그는 야릇한 불쾌감을 느끼며 눈을 내리깔았다.

"왜요…… 그것이 잘못된 생각인가요?"

"잘못되기야 무슨…… 하지만 난 은근히 걱정이요. 자기 자신을 먼저 생각하면 이 백두산 눈보라를 이겨 내지 못하오."

두 사람 사이에는 숨 가쁜 침묵이 흘렀다.

한참만에야 지영철은 퍽 가라앉은 목소리로 조용조용 이야기했다.

"항일혁명투사들이 조국이 광복된 다음에 자기들이 우대를 받자는 생각을 하면서 이 눈보라를 뚫고 왜놈들과 싸운건 아니요. 만약 그런 생각을 꿈에라도 했다면 이 눈보라속의 고난을 이겨 내지 못했을 것이요."

―「눈보라속의 이야기」, pp.35~36.

위의 인용문은 '자기 자신을 먼저 생각하'던 인옥의 내면적 갈등이 지영철과의 대화를 매개로 '항일혁명투사'들의 삶과 포개지면서 해소되는 장면을 보여준다. 이는 개인적 욕망보다 공동체(조국)의 운명과 직결된 대의명분을 중시하는 북한 사회의 전형적 모습을 반영한다. 그렇다면 이러한 대의명분은 어디에서 발원하는가? 대의명분과 이를 위해 자신의 모든 것을 바쳐 진군하는 개인들의 열정을 매개해 주는 것은 무엇인가? 북한의 소설에서 쉽게 찾아질 수 없는 문제이다. 세대 갈등의 양면성을 보여주는 작품들은 이러한 질문에 대한 의미 있는 시사점을 제공해 준다.

4. 세대 갈등의 양면성

세대 갈등을 다루고 있는 작품들은 북한 사회의 복합성(양면성)을 반영하고 있어 주목을 요한다. 세대 갈등은 북한 현실의 딜레마를 가장 생생하게 보여주는 주제의 하나이다. 이상과 현실, 정신력(의지)과 과학기술(효율성), 폐쇄(주체성)와 개방 그리고 북한의 고립된 환경과 급변하는 세계사적 흐름 등으로 표출되는 구세대와 신세대의 대립적 문제의식은 오늘날 북한이 직면한 실질적이고도 절박한 과제를 함축하고 있다.

「산 화석」의 신주석은 이러한 점에서 문제적 인물이다.

> 그날…… 나는 그의 《특별한 수완》이란 집단의 리익을 위해서라면 제것을 아낌없이 바칠줄 아는 자기헌신성과 집단의 일이라면 제몸도 서슴없이 내대는 투신력에 있다는 것을 알았다. 기업소 모든 사람들이 그를 좋은 사람으로 존경하며 따르는것은 바로 그때문일것이다.
> ─김흥익,「산화석」,『조선문학』, 2003년 3월호, p.51.

> "사소한 리기심도 없이 기업소를 위해 자기를 더 바친우에 몇년전엔 안해까지 바친 그 좋은 일군이 공부를 하지 않고 현대기술을 외면하는 바람에 사람들의 말밥에 오르고 기업소의 생산발전에 지장이 되는걸 생각하면 어쨌으면 좋겠는지 모르겠단 말이요. 오히려 그가 혹독한 관료주의자이던가, 개인리기주의자였으면 이렇게까지 마음이 무겁지는 않을게거든! 아, 왜 그렇게 됐는가."
> ─「산 화석」, p.59.

신주석은 세대 갈등의 복합성을 반영하는 인물이다. 지금까지의 북한소설에서 부정적 인물은 주로 '혹독한 관료주의자'나 '개인리기주의자'로 설정되어 왔다. 그러나 「산 화석」의 신주석은 그렇지 않다는 점에서 문제적이다. '집단의 리익을 위해서라면 제것을 아낌없이 바칠줄 아는 자기 헌신성과 집단의 일이라면 제몸도 서슴없이 내대는 투신력'을 가진 모범 일꾼 신주석이 어느덧 '현대기술을 외면하는 바람에 사람들의 말밥에 오르고 기업소의 생산발전에 '지장'이 되는 인물로 전락한 것이다. 이러한 설정은 급변하는 시대적 흐름에 능동적으로 대처하려는 북한 사회의 자의식 표출로 볼 수 있으나, 동시에 북한 체제에 대한 위협으로까지 느껴질 수 있는 심각한 문제의식을 함축한다고 이해할 수도 있다. 이를테면, 「산 화석」에서는 신주석이 비판받는 구세대로 배척되고 있으나, 신주석과 유사한 삶의 태도를 보이는 인물들이 다른 작품들에서는 여전히 북한 체제를 지탱하는 주춧돌로 기능하면서 건재하고 있기 때문이다. 「눈보라는 후덥다」의 김석철 소대장이나 「해후」의 전기수 등이 그 대표적 인물이다. 김석철 소대장은 '기계톱'을 이용해 생산 효율을 높이려는 처녀돌격대원 은옥의 시도를 묵살하고 '오직 우리의 힘으로 우리앞에 맡겨진 통나무계획을 수행'하자고 역설하면서 과업을 성취하는 긍정적 인물로 그려진다.

「해후」의 전기수 또한 이와 유사한 태도를 보인다.

"내 말을 노여워 말라구. 지금 나라사정 나라사정 하는데 사실 어렵소. 그러나 그때에 비기겠소. 허나 지금은 기중기가 없소, 자동차가 없소, 혼합기가 없소 타발을 하면서 나라에 손을 내밀기가 일쑤구…… 아무것도 없고 재더미만 남은 빈터우에서 하나하나 일으켜 세울 때는 어렵다는 말도 타발도 몰랐는데…… 오늘 반장동무한테 한 말은 사실 내가 나자신에게 한 말이기도 하오."

―류민호, 「해후」, 『조선문학』, 2003년 3월호, p.70.

전기수는 기술의 낙후성, 나라 사정의 어려움을 불굴의 의지로 극복하자는 태도를 보여주고 있으며, 이러한 신념을 통해 기술의 힘에 의존하려는 '반장'을 교화시킨다.

이러한 신주석, 김석철, 전기수 등의 태도는 첨단기술에 관심을 돌리는 신세대, '리강무'의 논리와는 사뭇 대조된다.

"지금은 정보산업시대가 아닙니까?

선생님 앞에서 감히 이런 말하기가 주제 넘지만 기술 특히 첨단기술을 떠나서는 단 한발자국도 전진할수 없는 콤퓨터시대란 말입니다. 이건 곡괭이로 흙을 찍어내는 토공로동자도 인젠 온 폐부로 느끼고 있습니다.

그런데 그것을 외면하고 앉아서 사람들의 생활문제를 푼다니 어떻게 말입니까? 자금, 설비, 자재의 부족으로 기업소는 세워 두고 부업지운영을 잘 해서 당장 급한 세대들을 도와 주는 방법으로요? 아니면 지배인동지처럼 맨날 자기 집 재산을 들어 내다가 말입니까? 아니, 그렇게는 안됩니다. 좀 더 허리띠를 조이더라도 세계적발전추세에 맞게 기술을 대담하게 갱신하여 생산에서 근본적인 개선을 가져 오면 사람들의 생활문제는 절로 풀릴것입니다."

─「산 화석」, p.53.

리강무와 신주석, 즉 신세대와 구세대의 대비는「산 화석」에서 신간 기술서적과 낡은 책들, '봄비에 젖은 우에 해빛이 함뿍 쏟아지는 봄들판'과 '가을비에 젖은 잎이 떨어져 내리는 활엽수' 등 선명한 대조를 이룬다. 나아가 '새옷도 없이 낡은 걸 다 버리면 벌거벗구 있'게 될 것이라며 상황이 나아지면 그때 '판을 크게 벌리자'고 주장하는「래일을 담보하라」의 구세대들(갱장과 석훈)은 스스로를 찍혀야 될 '아름드리 거목의 년륜'으로 비유한다.

석훈이 문득 껍질이 깊이 터갈라 진 백양나무줄기를 툭툭 치며 입을 열었다.

"여보게, 우리 이젠 이 나무들을 찍읍세."

"아니, 그건 왜 찍는단 말이요? 우리 갱의 얼굴이나 같은걸?!"

"나무도 세월이 흐르고 나면 구새 먹은 고목이 되고 말지. 고목을 세워 놓고 쳐다봐선 뭘하겠나? 대신에 억세고 든든한 새 가지들을 박아 주자구. 또 이렇게 자라지 않으리……"

―맹경심, 「래일을 담보하라」, 『청년문학』, 2003년 5월호, p.39.

이러한 구세대의 몰락을 암시하는 결말은 북한 체제의 위기를 반영한다고 볼 수 있다. 이는 「산 화석」에서 '포르말린 용액 속의 말뚝망둥어'의 신세로 전락한 '거인' 신주석의 모습과 유사하다.

"난 며칠동안 신주석동무를 보면서 언젠가 어느 대학 생물실험실에서 본 포르말린용액속의 말뚝망둥어생각을 했소. 백만년이 흐르도록 진화되지 않았고 포르말린용액속에 집어 놓는 바람에 수십년동안 자기 모양을 그대로 보존하고 있는 그 이상하게 생긴 물고기를 말이요. 하지만 누구도 신주석이를 포르말린용액속에 집어 넣지 않았소. 그 자신이 스스로 자기주위를 포르말린용액화해 가지고 그 속에 들어 가 당신네가 연구하는 그런 화석이 되여 버리고 말았거든. 산 화석이!" [⋯중략⋯]

말을 끊고 그는 천천히 일어 섰다. 나도 따라 일어 섰다. 현미경아래, 화석우에 자꾸만 덧놓으며 애를 먹이던 신주석의 모습이 다시금 떠올랐다. 손수건으로 땀이 흥건히 내밴 얼굴을 씻으며 눈 줄데를 몰라 허둥거리는 그 《거인》의 모습이……

―「산 화석」, p.59.

'손수건으로 땀이 흥건히 내밴 얼굴을 씻으며 눈 줄 데를 몰라 허둥거리는' 이 '거인'의 모습이야말로 '조선민주주의인민공화국'의 맨 얼굴이 아닐까. 이 '거인'의 얼굴과 '김일성/김정일'의 모습이 겹쳐 보이는 것은 필자만의 착각일까? 개혁과 개방의 요구(신세대) 앞에서 이 '거인'(구세대)들이 어떠한 모습으로 거듭나게 될 것인가를 지켜 보는 일이 북한문학, 나아가 북한 사회의 미래를 가늠해 보는 바로미터가 되는 이유도 여기에 있다.